Irish–English
English–Irish
DICTIONARY

Compiled by Cló Ruraí

HIPPOCRENE BOOKS
New York

Hippocrene paperback edition, 2001

Compiled by Cló Ruraí

First published 2001 by Geddes & Grosset, an imprint of
Children's Leisure Products Limited, for Lagan Books

Copyright © 2001 Children's Leisure Products Limited,
David Dale House,
New Lanark, ML11 9DJ, Scotland

For information, address:
HIPPOCRENE BOOKS, INC.
171 Madison Avenue
New York, NY 10016

All rights reserved. No part of this publication may be
reproduced, stored in a retrieval system, or transmitted,
in any form or by any means, electronic, mechanical,
photocopying, recording or otherwise, without
the prior permission of the copyright holder

ISBN 0-7818-0777-8

Irish–English
English–Irish
DICTIONARY

Introduction

The Irish language is one of the three Gaelic languages together with Scots Gaelic and Manx. The language has been spoken in Ireland for at least two thousand years and records of its literature stretch back to about the year 800 AD.

Irish remained the majority language in the country until the middle of the nineteenth century when the famine saw over one million people dying and another million being forced to leave their homeland. The decline of the language was speeded up by the English authorities' official policy against the language, church discouragement and the crushing of the national psyche following the disaster of the famine.

The revival of the language began in earnest at the end of the nineteenth century and, while not always successful, has pointed the way for the language to be brought back into more popular usage throughout the country. Today there is an Irish language television station with Irish programs on others and two radio stations broadcasting in the language, two weekly newspapers, numerous magazines and a vibrant publishing industry with many novels, books of poetry and general works being published.

One feature of the modern Irish revival is that the Irish-speaking community has become an international community with many Irish speakers throughout the world. There are also a large number of Irish language websites on the internet.

The aim of this dictionary is to provide a wide range of vocabulary, being designed for both the student and those with a more general interest in Irish history and culture. Of course in a dictionary of this size it would be impossible to give every possible meaning of a word. What has been done is to leave the most obvious definition with some metaphorical uses given later with explanation. Some grammar pointers are given but it is recommended that the serious student should use this dictionary in conjunction with a modern grammar book and some of the printed, audio and audio-visual courses readily available. One which is recommended is *Now You're Talking* which is based on the series broadcast by the BBC. If there is any doubt about the meaning of any word in Irish it is recommended that Ó Dónaill's Irish–English dictionary *Foclóir Gaeilge–Béarla (An Gúm)*, published by An Gúmy, 1978, be consulted.

Grammar Notes

Aspiration and eclipsion

Irish differs greatly from English both structurally and in its treatment of individual words. In common with the other Celtic languages, Irish can show a grammatical change at the beginning of many words by either aspiration (lenition) or eclipsion. As a rule of thumb, aspiration usually is shown by the insertion of the letter 'h' after the consonant concerned, thereby softening its sound. Eclipsion refers to the placing of a certain consonant in front of the letter concerned thus changing its sound. Below is a list of letters and their eclipsing pairs (the eclipsing letter is marked in bold here):

consonant : **n**- f : **bh**f
b : **m**b g : **n**g
c : **g**c p : **b**p
d : **n**d t : **d**t

Another noticeable difference between English and Irish is that the verb usually starts the sentence e.g.:
Tá mé go maith. I am well.
   Tá indicates the present tense of the verb 'to be'.
Ólaim bainne. I drink milk.

The copula

In Irish, the copula is also used. Thus when one noun is described as being another noun the copula is used e.g.:
Is bean í (í = bean). She is a woman (She = woman).
   The copula is also used in a variety of other cases e.g.:
Is maith liom é. I like it. (Literally 'it is good with me', 'I consider it nice'.)
Is liomsa é. It is mine. (Literally 'it is with me'.)

Prepositions and verbal meanings

Irish, unlike English, depends much more on prepositions to indicate verbal meanings. For example the word *tabhair* can variously be translated as 'give' or 'take' depending on the preposition which follows it e.g.:
tabhair dom. give me ('give to me').
tabhair leat é. take it with you ('take it away with you').
   Thus a better definition for the word *tabhair* may be 'bear' or 'carry'. Therefore it should be borne in mind that definitions are sometimes approximations of a word which has no exact parallel in English.

Answering a question

When answering a question positively or negatively it is important to re-

peat the verb and tense in which the question was originally put and then to put in either a negative or positive marker at the start e.g.:
An dtuigeann tú? Do you understand?
Tuigeann. Yes.
Ní thuigeann. No.
or
An maith leat é? Do you like it?
Is maith. Yes.
Ní maith. No.

Genitive case

Irish, like Scots Gaelic, retains a genitive case. At its most basic a genitive conveys the meaning 'of' in English, but instead of having a separate word Irish shows this connection by changing the following word. The word *bosca* ('box') when put in front of the word *post* ('post'/'mail') puts it in the genitive case e.g.:
bosca poist. post box (literally box of [the] post).

Similarly, *cóta* ('coat') and *bean* ('woman') when put together in the phrase *cóta mná* means 'a woman's coat' (*mná* being the genitive form of 'bean'). It is to be noticed that the second word is changed. Below is a short description of some of the more regular types of words and their genitive case:

Masculine
Broad endings are usually slenderized e.g.:
bád becomes *báid*, *fear* becomes *fir*; *-acht* endings add the letter 'a'; *-éir/-iúir* endings change to *-éara/iúra*; *-ín* endings do not change their form; words ending in a vowel generally do not change; *-áil* endings change to *-ála*.

Feminine
Broad endings are often slenderized and the letter 'e' is added;
spúnóg becomes *spúnóige*; *-acht* endings add the letter '-a'; *-ach* endings change to *-aí*; *-each* endings change to *-í*.

Because of space constraints only the more irregular genitive forms have been given.

Verbs

Some verbs have been given in the form which approximates to the English infinitive e.g.:
rud a dhéanamh. to do something.
Whereas, some are given in the imperative form e.g.:
déan seo. do this.

Format

Words are given in alphabetical order. It is not uncommon in Irish for words to express a variety of meanings, and in such cases the most common meaning or meanings are given. Often further meanings are given, with significant differences separated by a semicolon. In many cases an explanatory note is inserted in brackets to help with clarification.

Abbreviations

abbrev	abbreviation		
adj	adjective		
adv	adverb		
anat	anatomy		
arith	arithmetic	*milit*	military
art	article	*mus*	music
bot	botanical	*neg*	negative
coll	colloquial/collective	*ocas*	occasionally
comput	computing	*orthog*	orthography
corres	correspondence	*part*	particle
derog	derogatory	*pers*	personal
esp	especially	*phys*	physical
excl	exclamation	*pl*	plural
f	noun (feminine gender)	*poss*	possessive
fam	familiar	*pp*	present or past participle
fem	feminine		
fig	figurative	*prep*	preposition
fin	financial	*pn*	pronoun
fml	formal	*refl*	reflexive
gen	genitive	*rel*	relative
govt	government	*relig*	religion
gram	grammar	*sing*	singular
imp	imperative	*usu*	usually
lit	literature	*v*	verb
m	noun (masculine gender)	*vi*	intransitive verb
med	medical	*vt*	transitive verb
m/f	a noun the gender of which may change	*vulg*	vulgar
	according to what it names, its case (often the genitive) or its dialect		

Irish–English
Gaeilge–Béarla
A

a *pn* their (+ *eclipse*); *rel pn* what; who. • *adj* her; his (+ *aspiration*); its; • *conj* that (*relative*).
ab *m* abbot.
abacás *m* abacus.
abair *vt* to say; to utter.
abairt *f* sentence.
ábalta *adj* able. • *vi* **bheith ábalta** to be able.
ábaltacht *f* ability.
abhac *m* dwarf.
abhainn *f* river.
ábhalmhór *adj* gigantic.
ábhar *m* material; matter; subject. • *adj* **ag baint le hábhar** relevant. • *adv* **ar an ábhar sin** consequently.
ábhar gearáin *m* cause for complaint.
abhcóide *m* advocate.
abhcóideacht *f* advocacy.
abhlann *f* wafer.
ábhraigh *vi* to fester.
abhus *adv* here.
ablach *m* carrion.
absalóideach *adj* absolute.
absalóideachas *m* absolutism.
acadamh *m* academy.
acadamhaí *m* academician.
acadúil *adj* academic.
ach *prep* except. • *conj* but.
ach amháin *prep* except for.
ach oiread *adv* either.
achainí *f* petition.
achar *m* distance; duration.
achomair *adj* concise.
achomharc *m* (*law*) appeal. • *vi* **déan achomharc** to appeal.
achrann *m* disturbance; tangle.
achtaigh *vi* to legislate. • *vt* to legislate; to enact.
achtúire *m* actuary.
aclaí *adj* supple.
aclaigh *vt* to exercise.
aclaíocht *f* dexterity; exercise; • *vi* **déan aclaíocht** to exercise.
acmhainn *f* capacity, capability.
acra *m* acre.
adamh *m* atom.
adamhach *adj* atomic.
ádh *m* luck.
adhaint *f* ignition.
adhaltrach *m* adulterer.
adhaltranas *m* adultery.
adharc *f* horn.
adhartán *m* cushion.
adhastar *m* halter.
adhfhuafaireacht *f* abomination.
adhlacadh *m* burial.
adhlaic *vt* to bury.
adhmad *m* wood, timber.
adhmadóireacht *f* carpentry.
adhradh *m* worship.
ádhúil *adj* fortunate.
admhaigh *vt* to acknowledge; to admit.
admháil *f* acknowledgment; admission.
ae *m* liver.
aer *m* air.

aerach *adj* jaunty; gay (*homosexual*). • *adv* **go haerach** gaily.
aeráid *f* climate.
aeráideach *adj* climatic.
aeráil *vt* to air.
aerfort *m* airport.
aerlíne *f* airline.
aerloingseoir *m* aeronaut.
aeróg *f* aerial .
aerphost *m* airmail.
aerthonn *f* airwave.
áfach *adv* however.
Afracach *adj m* African.
Afraic: *f* **An Afraic** Africa.
ag *prep* at; denotes possession; **tá peann agam** I have a pen.
agaill *vt* to accost.
againne *pn* ours (*emphatic*).
agair ar *vt* beseech.
agallamh *m* interview.
aghaidh *f* facade; face; front. • *adv* **ar aghaidh** forward(s); onward.• *vi* **éirí bán san aghaidh** to pale. • *prep* (+ *gen*) **in aghaidh** against; *prep* **le haghaidh** for.
agóid *f* objection, protest.
aguisín *m* appendix (*of book*); addendum.
agus *conj* and.
agus leis sin *adv* whereupon.
aibhleog *f* ember.
aibhleog dhóite *f* cinder.
aibí *adj* mature; ripe.
aibíd *f* habit (*monk*).
aibigh *vt vi* to ripen.
aibítir *f* alphabet.
aibítreach *adj* alphabetical.
Aibreán *m* April.
aibreog *f* apricot.
aice *f* nearness. • *prep* **in aice le** beside; by.

aicíd *f* disease.
aicne *f* acne.
aicsean *m* action.
aidhm *f* aim.
aidiacht *f* adjective.
aiféala *m* regret, remorse.
aiféaltas *m* embarrassment; regret.
aiféis *f* absurdity.
áiféiseach *adj* absurd, ludricous.
aifreann *m* (*church*) mass.
aigéad *m* acid.
aigéadacht *f* acidity.
aigéan *m* ocean; **An tAigéan Atlantach** Atlantic Ocean.
áiléar *m* attic.
ailgéabar *m* algebra.
ailiúnas *m* (*law*) alimony.
aill *f* cliff.
áilleacht *f* beauty.
ailse *f* cancer.
ailtire *m* architect.
ailtireacht *f* architecture.
áiméan *int* amen.
aimhleas *m* detriment.
aimhleasach *adj* adverse, harmful.
aimhréidh *f* tangle.
aimpliú *m* (*audio*) amplification.
aimrid *adj* barren; sterile.
aimsigh *vt* to find; to locate.
aimsir *f* time; weather.
aincheist *f* dilemma.
aincheachta *adj* unaccustomed; unused.
aindiachaí *m* atheist.
aindiachas *m* atheism.
aindleathacht *f* illegality.
ainéistéiseach *m* anaesthetic.
aineolach *adj* ignorant; **aineolach (ar)** unaware.
aineolas *m* ignorance.
aingeal *m* angel.

aingíne *f* angina.
ainglí *adj* angelic.
ainm *m* name. • *adj* **gan ainm** anonymous. • *vt* **ainm a thabhairt ar dhuine** to dub. • *m* **ainm bréige** alias; **ainm sinsearthachta** patronymic.
ainmhí *m* animal.
ainmhian *f* lust.
ainmnigh *vt* to assign; to nominate.
ainmniú *m* assignation.
ainnis *adj* deplorable; lousy, third-rate; miserable.
ainniseach *adj* abject.
ainriail *f* anarchy.
ainrialaí *m* anarchist.
ainrianta *adj* dissolute.
ainríocht *m* abnormality.
ainsealach *adj* chronic.
aint *f* aunt.
aintiarna *m* tyrant.
aintiún *m* anthem.
aipindic *f* (*anat*) appendix.
áirc *f* ark.
aird *f* consideration; heed; regard. • *vt* **aird a dhíriú** to call attention; **aird a thabhairt** heed.
airde *f* altitude; height; (*mus*) pitch. • *adv* **in airde** aloft.
airdeallach *adj* alert; wary.
aire *m* (*govt*) minister.
aireach *adj* attentive.
áireamh *m* calculation • *adj* **gan áireamh** countless.
áireamhán *m* calculator.
aire *f* attention, care.
airgead *m* money, cash; silver.
airgead tirim *m* cash.
airgeadaí *m* financier.
airgeadaíochta *f adj* fiscal.
airgeadas *m* finance.
airgeadóir *m* cashier.

airgeadra *m* currency.
airgtheach *adj* inventive.
airigh *vt* to perceive.
áirigh *vt* to count; to calculate; to reckon.
airíoch *m* caretaker.
áirithe *adj* particular.
áiritheoir *m* counter.
airsinic *f* arsenic.
airteagal *m* article.
airtríteas *m* arthritis.
ais: **ar ais** *adv* back.
áis *f* amenity; **áis éisteachta** *f* hearing aid.
Áise: *m* **An Áise** Asia.
Áiseach *adj m* Asiatic, Asian.
aiseag *m* vomit.
aisghair *vt* to abrogate.
aisghairm *m* abrogation.
aisig *vt vi* to vomit.
áisíneacht *f* agency.
aisíoc *m* refund. • *vt* to refund, reimburse, repay.
áisiúil *adj* convenient; serviceable.
aisling *f* vision, dream.
aislingeach *m* dreamer.
aiste *f* essay; quirk; **aiste bia** diet.
aisteach *adj* curious, strange.
aisteoir *m* actor.
aisteoireacht *f* **bheith ag aisteoireacht** *vi* (*theat*) to act.
aistrigh *vt* to move, flit (*house*); to transfer; to translate.
áit *f* place. • *m* **áit chónaithe** abode, dwelling. • *conj* **an áit** where. • *adv* **áit ar bith** anyplace; **áit éigin** somewhere.
aiteal *m* juniper.
aiteann *m* gorse; whin.
aitheantas *m* identification.
aithin *vt* to place, identify, recognise;

aithin roimh ré to foreknow.
aithne f identity.
aithnidiúil adj familiar.
aithnigh vt vi to know; to diagnose.
aithreachas m regret. • vt **tá aithreachas orm (faoi)** to regret.
aithrí f penance.
aithris f imitation; mimicry; recital. • vt to narrate; to relate.
áitigh vt to occupy; **áitigh (ar)** to persuade.
áitiú m persuasion.
áitiúil adj local.
áitreabh m domicile, dwelling.
áitreabhach m inhabitant.
áitreamh m premises.
áitrigh vt to inhabit.
ál m brood; litter (of young).
álainn adj beautiful; scenic.
Albain (na hAlban) f Scotland.
albam m album.
Albanach adj Scottish.
alcól m alcohol.
alcólach m alcoholic.
alcólacht f alcoholism.
allas m sweat.
allta adj wild.
almanag m almanac.
almóir m niche.
alp vt to devour.
alt m article; joint; knuckle.
altán m (geog) gorge.
altóir m altar.
altramaigh vt to foster.
altú (roimh bhia) m grace (prayer).
alúmanam m aluminium.
am m time; **am dinnéir** dinner time; **an t-am atá thart** past; **an t-am i láthair** present. • adj **i ndea-am** timeous. • adv **am éigin** sometime.
amach adv out; **as seo amach** henceforth. • vi **gob amach** to jut. • adj **amach is amach** downright.
amadán m imbecile, fool, idiot.
amaideach adj foolish, silly, stupid, ridiculous.
amaidí f nonsense.
amaitéarach m amateur.
amárach adv m tomorrow.
amas m aim (of a gun). • vt **déan amas** to putt.
ambasadóir m ambassador.
ambasáid f embassy.
amfaibiach adj m amphibian.
amh adj crude; raw.
amháin adj one; only.
ámharach adj lucky.
amharc m look; sight; view. • vi to gaze; to look. • vt to regard; **amharc (ar)** to view; to watch.
amhas m boor.
amhlaidh adv so.
amhránaí m singer, vocalist.
amhras m distrust; doubt. • vt **bí in amhras faoi rud** to doubt (something).
amhrasach adj doubtful; sceptical; suspicious; incredulous; (fig) fishy.
amplach adj rapacious; ravenous.
amscaí adj untidy.
amuigh adj exterior. • adv without.
an- adv very.
an art the.
anabaí adj abortive; immature.
anabaíocht f immaturity.
anáil f breath. • adj **as anáil** breathless. • vt **anáil a chur amach** to breathe out; **anáil a tharraingt isteach** to breathe in.
anailís f analysis. • vt **déan anailís ar** to analyse.
anailísí m analyst.
anall adv across; fro.

anam *m* soul.
anamúil *adj* spirited.
anás: ar an anás *adj* destitute.
anatamaíoch *adj* anatomical.
anatamaíocht *f* anatomy.
ancaire *m* anchor.
andúil *f* addiction.
andúileach *m* addict.
andúileach drugaí *m* drug addict.
aneas *adj* southerly, from the south.
anghrách *adj* erotic.
aniar *adj* westerly. • *adv* from the west.
aníos *adv* upward (*from below*).
• *adv* up (from below).
anlann *m* (*culin.*) relish, sauce.
anlathas *m* anarchy.
annamh *adj* rare. • *adv* seldom.
ann féin *adj* intrinsic.
anocht *adv m* tonight.
anoir *adj* (*wind*) easterly.
anonn *adv* across.
anord *m* chaos.
anordúil *adj* chaotic.
anraith *m* soup, broth.
anró *m* hardship.
anróiteach *adj* inclement.
anseo *adv* here.
ansin *adv* then; there.
antoisceach *adj* extreme; *m* extremist.
antraipeolaíocht *f* anthropology.
anuas *adv* downward(s) (*from above*).
• *prep* down (*from above*).
aoi *m* guest.
aoibh *f* mood.
aoibhinn *adj* delightful.
aoibhneach *adj* blissful.
aoibhneas *m* bliss.
aoileach *m* dung.
Aoine *f* **Dé hAoine** (on) Friday.
aoir *f* satire.
aoire *m* shepherd.

aois *f* age; century.
aolchloch *f* limestone.
aon *adj* one. • *pn* any. • *m* ace. • *f adv* **ar aon líne** abreast. • *adv* **faoi aon do** within an ace of. • *pn* **gach aon** each.
aonach *m* fair.
aonad *m* unit.
aonair (ceol) *m* (*mus*) solo.
aonarach *adj* alone; lone.
aon déag *m* eleven.
aonréadaí *m* soloist.
aontacht *f* unity.
Aontachtaí *m* (*pol*) Unionist.
aontaigh (le) *vi* to agree (with).
aontas *m* union.
aontíos *m* cohabitation.
aontoil *f* accord.
aontú *m* assent; accord. • *vi* **gan aontú le duine** to disagree.
aontumha *adj* celibate.
aorach *adj* satirical.
aorthóir *m* satirist.
aosach *m* adult.
aosta *adj* aged.
ápa *m* ape.
ar[1] *conj* that (*past tense indirect*).
ar[2] *prep* at (*time*); on, upon.
ár[1] *m* carnage; massacre; slaughter.
ár[2] *pn* our.
Arabach *adj* Arab, Arabic. • *m* Arab.
árachaigh *vt* to insure.
árachas *m* (*com*) insurance.
arán coirce *m* oatcake.
arán *m* bread; **arán sinséir** gingerbread.
araon *adj* both.
árasán *m* flat, apartment.
arbhar *m* cereal; corn.
ard- *adj* chief, supreme.
ard *adj* high; tall; capital; loud.
ardaigeantach *adj* high-minded.
ardaigh *vi* to grow, appreciate. • *vt*

ardaitheoir

to heighten; to ascend; to elevate; to raise.
ardaitheoir *m* lift, elevator; **ardaitheoir sciála** ski-lift.
ardán *m* stage; platform; pad (*for helicopter*).
ardcheannasach *adj* predominant.
ardchlár *m* plateau.
ardeaglais *f* cathedral.
ardeaspag *m* archbishop.
ardintleacht: *f* **tá ardintleacht aige** he has a brilliant mind.
ardmháistir *m* headmaster.
ardmháistreás *f* headmistress.
ardmhinicíochta *adj* high frequency.
argóint *f* argument, dispute. • *vt* **argóint a dhéanamh** to dispute.
argóinteach *adj* disputatious.
arís *adv* again .
arm *m* army; *f* **arm tine** firearm.
armáil *vt* to arm.
armlann *f* (*mil*) arsenal.
armlón *m* ammunition.
armónach *adj* harmonic.
arracht *f* spectre.
arrachtach *adj* grotesque. • *m* monster.
arraing *f* convulsion.
ársa *adj* ancient.
ársaitheoir *m* antiquary.
artaire *m* artery.
árthach *m* craft, vessel.
as *prep* from.
asal *m* ass.
asarlaí *m* magician.
ascaill *f* armpit.
asma *m* asthma.
aspairín *m* aspirin.
aspal *m* apostle.
aspalóid *f* absolution.
asphrionta *m* print out.
Astráil: *f* **An Astráil** Australia.

aturnae

Astrálach *adj m* Australian
astralaí *m* astrologer.
astralaíocht *f* astrology.
Astráláise: *f* **An Astráláise** Australasia.
ata *adj* bloated.
atáirg *vt* to reproduce.
atáirgeadh *m* reproduction.
atarlaigh *vi* to recur.
ateangaire *m* interpreter.
áth *m* ford.
athair (athar) *m* father; **athair altrama** foster-father; **athair céile** father-in-law.
athartha *adj* fatherly; paternal.
atharthacht *f* patrimony.
áthasach *adj* glad.
athbheochan *f* renaissance, revival.
athbheoigh *vt* to revive.
athbhreithnigh *vt* to review.
athbhrí *f* ambiguity.
athbhríoch *adj* ambiguous.
athchóirigh *vt* to refit; to restore.
athchóiriú *m* adaptation.
athchraol *vt* (*TV*) to rebroadcast.
athchuimhne *f* reminiscence.
athdhúbláil *vt vi* redouble.
athghabháil *f* recovery.
athghair *vt* to recall.
athimir *vt* to replay.
athláimhe *adj* secondhand.
athlíon *vt* to refill.
athnuaigh *vt* to renew.
athraigh *vi vt* to change; to vary.
athrú *m* alteration, change; mutation.
athsheol *vt* to redirect.
athshondach *adj* resonant.
athsmaoineamh *m* afterthought .
átigh *vi* to argue.
atlas *m* atlas.
atmaisféar *m* atmosphere.
atóg *vt* to rebuild.
aturnae *m* solicitor.

B

bá[1] *f* bay.
bá[2] *f* sympathy.
babhla *m* bowl.
bac *vt* to hinder, impede, obstruct; impediment, obstruction; **bac a bheith agat i do chuid cainte** to stammer.
bacach *adj* lame. • *m* cripple.
bacaíl *f* lameness.
bácáil *vt* to bake.
bachlóg *f* bud; slur (*speech*).
bacradadh: bheith ag bacadradh *vi* to limp.
bacús *m* bakery.
bád *m* boat; **bád farantóireachta** *f* ferry-boat; **bád tarrthála** *m* lifeboat.
badmantan *m* badminton.
bagair *vt* to threaten.
bagairt *f* threat. • *vt* **déan bagairt** to bluster.
bagáiste *m* baggage, luggage.
baghcat *m* boycott.
bagún *m* bacon.
báicéir *m* baker.
baictéarach *adj* bacterial.
báigh *vi vt* to drown; to plunge; to drench; to flood; to quench.
baile *adj* home. • *m* home; town.
bailéad *m* ballad.
bailí *adj* valid.
bailigh *vt* to assemble, collect, gather; to accumulate.
bailitheoir *m* collector.
bailiú *m* accumulation.
bailiúchán *m* collection.
baill ghiniúna *npl* genitals.

báille *m* bailiff.
bain *vt* to mow; to reap; to cut; to extract; to win; to achieve, attain; **bain an craiceann de** to skin; **bain as** to make off; **bain (rud) de (dhuine)** to exact; **bain cor as** to tweak; **bain croitheadh as** to shock; **bain de** to bereave; to deduct; to touch; **bain díoltas amach** to avenge; **bain greim as** to bite; **bain liomóg as duine** to pinch; **bain míthuiscint as** to misunderstand; **bain slis de** to chip; **bain suimín as** to sip; **bain sult as** to enjoy. • *vi* **bain amach** to arrive; **bain le** to meddle.
baincéir *m* banker.
baineann *adj* female.
bainis *f* wedding.
bainise *adj* bridal.
bainisteoir *m* manager.
bainisteoireacht *f* management.
bainistréas *f* manageress.
bainne *m* milk.
bainniúil *adj* milky.
bainseó *m* banjo.
baint: ag baint le hábhar *adj* relevant;
baint a bheith (agat) le *vt* to be involved with, associated with; **baint ó** to detract from. • *f* **baint amach** attainment
baintreach *f* widow; **baintreach fir** widower.
bairille *m* barrel; wine butt.
bairneach *m* limpet.
baist *vt* baptise, christen.

baisteadh *m* baptism, christening.
báistiúil *adj* rainy.
báiteach *adj* wan.
baitsiléir *m* bachelor.
bál *m* ball, dance.
balbh *adj* dumb; mute.
balbhán *m* dummy.
balcóin *f* balcony.
ball *m* member; organ; spot; **ball d'acadamh** academician; **ball dobhráin** mole, spot; **ball éadaigh** garment; **ball gorm** bruise. • *adv* **ar ball** presently, by and by.
balla *m* wall.
ballasta *m* ballast.
ballóid *f* ballot.
ballraíocht *f* membership.
balsamaigh *vt* to embalm.
bambú *m* bamboo.
bán *adj* blank; fallow; white.
ban-ab *f* abbess.
ban-aisteoir *m* actress.
bánaigh *vt* to bleach.
banaltra ceantair *f* district nurse.
banaltra *f* nurse.
banana *m* banana.
banc *m* bank.
banchliamhain *m* daughter-in-law.
banda[1] *adj* feminine.
banda[2] *m* band.
bándearg *adj* pink.
bandia *m* goddess.
banlaoch *m* heroine.
bannaí *npl* bail.
banoidhre *m* heiress.
banóstach *m* hostess.
banrach *f* padlock.
bansa *m* manse.
banúil *adj* ladylike; womanly.
baoi *m* (*mar*) buoy.
baois *f* folly.

baoite *m* bait.
baoth *adj* fatuous; inept.
barainneach *adj* parsimonious.
barántúil *adj* authentic.
barbaiciú *m* barbecue.
bardal *m* drake.
barr *m* (*culin*) cover; crop; top. • *vt* to crop. • *adv* **ar a bharr sin** further, furthermore; moreover; **dá bharr sin** thereby. • *adj* **thar barr** excellent; magnificent.
barra *m* bar; ingot.
barraineach *adj* abstemious.
barrúil *adj* droll, funny.
barúil *f* idea; opinion.
bás *m* death.
basár *m* bazaar.
basc *vt* to crush, to mangle.
básmhar *adj* mortal.
bata *m* stick; **bata druma** drumstick; **bata siúil** walking stick.
báúil *adj* sympathetic; **báúil (le)** sympathetic (with).
beach *f* bee.
beacht *adj* accurate; exact; precise. • *adv* **go beacht** exactly.
beag *adj* little, small; **beag beann (ar rud)** impervious.
beag bídeach *adj* minute.
beagán *adv* rather. • *m* few.
beagmhaitheasach *adj* worthless.
beagnach *adv* almost, nearly.
beairic *m* barracks.
béal *m* brim; mouth.
bealach *m* way; (TV) channel; **bealach isteach** access; entrance; **bealach mór** highway.
bealadh *m* grease.
bealaigh *vt* to grease, lubricate.
bealaithe *adj* greasy.
béalbhach *f* (*horse*) bit.

béalchuas *m* cavity.
béaloideas *m* folklore.
béalscaoilte *adj* indiscreet.
Bealtaine *f* May.
bean *f* woman; **Bean** Mrs; **bean (chéile)** wife; **bean déirce** beggar; **bean feasa** fortuneteller; **bean ghlúine** midwife; **bean ghrinn** comedienne; **bean ghnó** businesswoman; **bean luí** mistress; **bean mhuinteartha** kinswoman; **bean tí** landlady; **bean uasal** gentlewoman, lady.
beann[1] *f* antler.
beann[2] *f* regard; **beag beann ar** with little regard for.
beannacht *f* blessing, benediction; greeting.
beannaigh *vt* to bless; **beannaigh do** to greet; to salute.
beannaithe *adj* blessed.
beár *m* bar (*in pub*).
béar *m* bear.
bearbóir *m* barber.
Béarla *m* (*ling*) English.
béarlagair *m* jargon.
bearna *f* breach; gap.
bearnaigh *vt* to breach.
bearnas *m* (*geog*)pass.
bearr *vt* to clip; to prune; to shave.
bearránach *adj* irksome.
beart *m* (*comput*) byte; (*pol*) instrument; bundle; parcel; deed.
beartach *adj* artful.
beartaigh *vt* to brandish.
béasa *m* manner, behaviour.
beatha *f* life; fare (food).
beathaisnéis *f* biography.
béic *f* roar. • *vi* to bellow, roar.
béile *m* meal, repast. • *vi* **béile a ithe** to dine.

béim *f* emphasis.
beir ar *vt* to grasp; to catch; **beir barróg f (ar)** to hug.
beirt *f* two (persons). • *pn* **an bheirt** both.
beith *f* birch.
beithíoch *m* beast.
beo *adj* alive; live; animated; **beo bocht** destitute.
beochan *f* animation.
beoga *adj* brisk.
beogacht *f* briskness; vitality.
beoigh *vt* to animate.
beoir (beorach) *f* beer.
bheith *f* being, existence.• *adv* **thar a bheith** exceedingly; immeasurably.
bhur *pn* (*pl*) your(s).
bí *vi* to be (*see grammar notes*). • *adj* **a bhfuil dearmad déanta air (rud)** forgotten.
bia *m* food • *npl* **bia sliogán** shellfish.
biabhóg *f* rhubarb.
biachlár *m* menu.
bialann *f* restaurant.
bicíní *m* bikini.
bídeach *adj* tiny; **an-bhídeach** infinitesimal.
bileog nuachta *f* bulletin.
bille *m* bill.
billiún *m* billion.
bindealán *m* bandage.
binn *f* (*mountain*) peak; gable.
binse *m* bench.
bíobla *m* bible.
bíodh go *conj* though.
biogóid *m* bigot.
biogóideacht *f* bigotry.
bíogúil *adj* vivacious.
biorán *m* pin. • *f* **biorán cniotála** knitting needle.

biotáille *f* booze.
birling *f* galley.
bís *f* (*tool*) vice.
biseach *m* recovery.
bith: *adj pn* **ar bith** any.
bithcheimic *f* biochemistry.
bithcheimicí *m* biochemist.
bitheog *f* microbe.
bitheolaíoch *adj* biological.
bitheolaíocht *f* biology.
bithiúnach *m* (*person*) crook, ruffian; villain.
bitseach *f* bitch.
biúró *m* bureau.
bladhm *f* flame.
bladhmadh: bheith ag bladhmadh *vi* to blaze.
bladhmaire *m* boaster.
blagadán *m* bald person.
blaincéad *m* blanket.
blais *vt* to taste.
blaistigh *vt* to flavour.
blaosc f cnó *f* nutshell.
blas *m* accent; (language) brogue; flavour.
blasta *adj* delicious; savoury.
bláth *m* bloom, flower.
bláthach *adj* floral.
bláthfhleasc *f* garland.
bleachtaire *m* detective.
bléin *f* groin.
bliain *f* year; (wine) vintage; **An Bhliain Úr** New Year; **bliain bhisigh** leap year; **bliain ghealaí** lunar year. • *adv* **gach bliain** annually.
bliantúil *adj* annual, yearly.
bligh *vt* to milk.
blípire *m* bleeper.
bloc *m* block.
blogh *f* fragment.
bloiscíneach *adj* buxom.

blonag *f* lard; **blonag (míl mhóir)** blubber.
blús *m* blouse.
bó *f* cow.
bob *m* prank. • *vt* **bob a bhualadh (ar dhuine)** (*fig*) to circumvent; **bob a bhualadh (ar)** to con.
boc *m* buck, playboy, rascal.
bocht *adj* needy. poor.
bochtaigh *vt* to impoverish.
bod *m* penis.
bodach *m* lout.
bodhaire *f* deafness.
bodhar *adj* deaf; numb.
bodhraigh *vt* deafen.
bodóg *f* heifer.
bog *adj* lenient; soft. • *vi vt* to budge; to move; to relax; to soften.
bogásach *adj* complacent.
bogearraí *m* software.
bogha *m* bow; **bogha báistí** rainbow.
bogshodar *m* jog; • *vi* **bheith ar bogshodar** to jog.
bogthe *adj* lukewarm.
boige *f* softness.
boigéiseach *adj* indulgent.
boilg *f* bellows.
boilgeog *f* bubble.
boilsciú *m* (*money*) inflation.
bóín f Dé *f* ladybird.
boinéad *m* bonnet.
boiseog *f* slap.
bóithrín *m* lane.
boladh *m* odour, smell; sniff.
bolaigh *vt* to smell.
bolg *m* abdomen, belly. • *vi* **déan bolg le gréin** to sunbathe.
bolgach *adj* abdominal.
bolgam *m* draught (*drink*); mouthful.
bolgán *m* bulb.

bolta *m* bolt.
bolta a scaoileadh *vt* to unbolt.
boltáil *vt* to bolt.
bomaite *m* minute.
bómánta *adj* dull, stupid; hare-brained.
bómántacht *f* stupidity; dullness.
bóna *m* lapel.
bónas *m* bonus.
bonn[1] *m* base, foundation; tyre; **bonn (na coise)** sole.
bonn[2] *m* coin; medal.
bonnóg *f* bun; scone.
borb *adj* luxuriant; rude.
bord *m* board; table. • *adv* ar bord aboard; **thar bord** overboard.
borr *vi* to surge.
bos *f* palm.
bosca *m* box; **bosca bruscair** dustbin; **bosca litreacha** letter box.
both *f* booth, kiosk.
bothán *m* cabin; hut, shed; shieling.
bóthar *m* road. • *vt* bóthar a **thabhairt do** to sack.
bothóg *f* cabin.
botún *m* blunder.
brabús *m* profit. • *vt* déan brabús **ar** to profit.
brách: go brách *adv* evermore.
brachán *m* porridge.
bradán *m* salmon.
braich *f* malt.
braicheadóir *f* maltster.
braighdeanas *m* bondage; captivity.
braillín *m* bed sheet.
braiteoireacht *f* hesitation.
braith *vt* to betray; to detect; **braith ar** *vi* to rely (on).
bráithreachas *m* brotherhood.
bráithriúil *adj* brotherly, filial, fraternal.
branda *m* brandy.

braon *m* drop; dram, nip (*of drink*).
brat *m* covering; cloak; curtain; layer; **brat urláir** carpet.
bratach *f* flag.
bráthair *m* friar.
breá *adj* fine; (*meteor*) clement.
breab *f* bribe. • *vt* to bribe.
breabaireacht *f* bribery.
breac[1] *m* trout; **breac geal** salmon trout
breac[2] *adj* variegated.
breac- *adv* partly.
breacadh an lae *m* dawn.
breacán *m* plaid.
breac do dhochar *vt* (*com*) debit.
breactha *adj* dappled.
bréag *f* lie, falsehood. • *vi* **déan bréag** to lie.
bréagach *adj* dud; unreal.
bréagadóir *m* liar.
bréagán *m* toy.
bréagnaigh *vt* to contradict; to disprove; to refute.
bréagnú *m* contradiction.
bréagriocht *m* disguise.
bréan *adj* filthy, foul; rancid.
bréantas *m* stink.
Breatain: *f* An Bhreatain Bheag Wales; **An Bhreatain (Mhór)** (Great) Britain.
breathnaigh (ar) *vt* to regard; to scan; to watch.
bréid *m* cloth.
bréidín *m* tweed.
bréige *adj* counterfeit; false, fake.
breis *f* addition; extra. • *adv* de bh**reis** extra.
breise *adj* additional.
breith *f* (*law*) sentence; birth, delivery; **breith anabaí** miscarriage; **breith clainne** childbirth.

breitheamh *m* judge.

breithiúnas *m* (*law*) verdict; judgment; adjudication; discrimination.

breithlá *m* birthday.

breogán *m* crucible.

breoite *adj* ill.

breosla *m* fuel.

brí *f* import, meaning. • *adv* **dá bhrí sin** therefore; **in ísle brí** run down.

bríce *m* brick.

bríceadóir *m* bricklayer.

bricfeasta *m* breakfast.

bricíneach *adj* freckled.

bricíní *npl* freckles.

bricliath *adj* grizzled.

brídeach *f* bride.

bríomhar *adj* dynamic; lively.

brionglóid *f* dream.

briosc *adj* brisk; brittle; crisp.

briosca *m* biscuit.

Briotanach *adj* British; *n* Briton.

bris *vt* to break; to depose; **bris as oifig** to dismiss.

briseadh *m* defeat; fracture; (*fin*) change.

briste *adj* broken.

bríste *m* trousers; **bríste gairid** shorts, boxer shorts; **bríste géine** jeans.

brístín *nsg* pants, knickers.

bró *f* quern.

broc *m* badger.

brocailí *m* broccoli.

brocaire *m* terrier.

bródúil *adj* proud.

bróg *f* brogue; shoe.

bróicéir *m* broker.

bróicéireacht *f* brokerage.

broid *vt* to prod.

bróidnigh *vt* to embroider.

broim *m* fart (noisy).

broincíteas *m* bronchitis.

broinn *f* uterus, womb.

bróisiúr *m* brochure.

bróiste *m* brooch.

brollach *m* breast. • *adj* **le broll**ach **íseal** low-cut.

brón *m* mourning; sadness, sorrow.

brónach *adj* sorry, sad.

broncach *adj* bronchial.

bronn *vt* to donate; to present; **bronn (rud) ar** to bestow.

bronnadh *m* presentation; endowment; **bronnadh céimeanna** graduation (ceremony).

bronntanas *m* present, gift.

bronntóir *m* donor.

brosna *m* firewood.

brostaigh *vi* to hurry, rush; to hasten; to urge.

brothall *m* heat; sultriness.

brú *m* push; shove; pressure; **brú fola** blood pressure.

bruach *m* (*river, etc*) bank; brink; verge.

brúchtadh *m* eruption.

brúid *f* brute.

brúidiúil *adj* bestial; brutal.

brúidiúlacht *f* brutality.

brúigh *vt* to cram; to crush; to push, shove; to bruise; to mash; **brúigh isteach ar** to intrude; **brúigh síos** to depress, press down.

Bruiséil *f* **An Bhruiséil** Brussels.

bruite *adj* boiled.

bruith *vi vt* to boil.

bruitíneach *f* measles.

bruscar *m* garbage, junk, rubbish; litter.

bua *m* faculty; flair; victory. • *vt* **an**

buabhall / **bunú**

bua a fháil to carry the day; **bua a bhreith ar (dhuine)** to triumph (over someone).

buabhall *m* drinking horn; bugle (horn).

buabhallaí *m* bugler.

buach *adj* triumphant.

buachaill *m* boy; **buachaill bó cowherd**, cowboy; **buachaill freastail** page (boy).

buaf *f* toad.

buafhocal *m* punchline; epithet.

buaic *f* apex, climax, zenith.

buaiceas *m* wick.

buaigh *vt* to win; **buaigh ar** to conquer.

buail *vt vi* to beat; to thrash (corn); to strike, hit; to flap; to conquer; **buail (ar rud éigin)** to impinge (on something); **buail le** to meet; **buail sonc ar** to butt.

buailteoir *m* bat.

buaine *f* permanence.

buair *vt* to trouble, annoy.

buaireamh *m* care, worry.

buairt *f* anxiety; bother.

buaiteoir *m* victor.

bualadh *m* beating; **bualadh bos** applause.

buama *m* bomb.

buamáil *vt* to bomb.

buan *adj* durable, lasting, permanent.

buanna *npl* accomplishments.

buanseasmhach *adj* durable.

buartha *adj* anxious; sorry; (*person*) worried.

buatais *f* boot.

búcla *m* buckle.

Búdachas *m* Buddhism.

buí *adj m* yellow.

buicéad *m* bucket.

buidéal *m* bottle.

buile *f* fury; lunacy; frenzy. • *adj* ar buile frantic.

builín *m* loaf.

buille *m* hit.

buimpéis *f* pump, shoe.

buinneach *f* diarrhoea.

buinneán *m* sapling.

buíocán *m* yolk.

buíoch *adj* grateful; thankful.

buíocháin: na buíocháin *mpl* jaundice.

buíochas *m* gratitude. • *vt* gabh buíochas (le) to thank.

buíon *f* (*band*) body; **buíon cheoil** (*mus*) band.

buirgléir *m* burglar.

buirgléireacht *f* burglary.

buiséad *m* budget.

búistéir *m* butcher.

buitléir *m* butler.

bulaí *m* bully.

bullán *m* bullock.

bun *m* base; bottom; origin; **bun toitín** butt. • *f* **bun na spéire** horizon.

bunachar sonraí *m* database.

bunaigh *vt* to establish; to found.

bunáit *f* (*milit*) base.

bunaitheoir *m* founder.

bungaló *m* bungalow.

bunoscionn *adv adj* upside-down; chaotic.

bunreacht *m* (*pol*) constitution.

bunscoil *f* primary school.

bunstoc *npl* aborigines, original people.

buntáiste *m* advantage.

buntomhas *m* dimension.

bunú *m* foundation.

bunús *m* most; basis; **bunús an scéil** gist (of story).
bunúsach *adj* aboriginal; basic, elementary, fundamental; cardinal; essential.
burg *m* burgh.
burgar *m* beefburger.
bus *m* bus; **ar an bhus** *adv* by bus.
busta *m* bust.
butrach *adj* buttery.

C

cá (háit) *interr pn* where (+ *indirect*).
cabach *adj* garrulous.
cabaíl *f* garrulity.
cabaireacht *f* babble. • *vi* **déan cabaireacht** to chatter.
cabáiste *m* cabbage.
cabán *m* cabin.
cábán (píolóta) *m* cockpit.
cabanta *adj* flippant; glib.
cabhail *f* hull.
cabhlach *m* fleet, navy.
cabhrach *adj* helpful.
cabhraigh le *vi* to help.
cabhsa *m* causeway.
cábla *m* cable, hawser.
cac *m* dung; excrement.
cáca *m* cake.
cachtas *m* cactus.
cad *interr pron* what; how; why. • *n* **cad (é)** what (+ *direct*). • *adv* **cad as** whence (+ *indirect*); **cad é mar** how; **cad chuige** why (+ *indirect*).
cadairne *m* scrotum.
cadás *m* cotton.
cadhnra *m* battery.
cadóg *f* haddock.
caibidil *f* chapter.
caibinéad *m* cabinet.
caidéal *m* pump.
caidreamh *m* association (*of people*); intercourse; **caidreamh collaí** sexual intercourse; **caidreamh poiblí** public relations.
caidreamhach *adj* gregarious.
caife *m* café; coffee.
caiféin *f* caffein(e).
caifitéire *m* cafeteria.
caighean *m* cage.
cailc *f* chalk.
cáiligh *vt* to qualify.
cailín *m* girl; girlfriend; lass, lassie; maid; **cailín aimsire** maid; **cailín coimhdeachta** bridesmaid.
cáilíocht *f* qualification.
caill *vt* to lose; to miss.
caille *f* veil.
cailleach *f* hag; witch; coward.
cailleadh *m* loss.
caillte *adj* lost.
Cailvíneach *m* Calvinist.
caimiléireacht *f* duplicity; fraud.
cáin^1 *vt* to censure; to condemn; to criticise; to decry.
cáin^2 *f* tax. • *vt* **gearr cáin (ar)** to tax; **cáin bhreisluacha** *f* value added tax; **cáin ioncaim** *f* income tax.
cáinaisnéis *f* (*govt*) budget.
cáineadh *m* censure; condemnation.
cainneann *f* leek.
cainéal *m* channel.
cáinmheas *m* tax assessment.
caint *f* speech, talk; **caint na ndaoine** vernacular.
cainte *adj* oral.
cáinteach *adj* critical.
cáipéis *f* document, record.
caipín *m* cap.
caipitleachas *m* capitalism.
caiptlí *m* capitalist.
cairde *m* credit; respite.
cairdeas *m* friendship.
cairdín *m* (*mus*) accordion .
cairdinéal *m* cardinal.

cairdiúil *adj* friendly.
cairdiúlacht *f* friendliness.
cairéad *m* carrot.
cairéal *m* (*geog*) quarry.
cairpéad *m* carpet.
cairt *f* cart; chart; charter.
cairtchlár *m* cardboard.
cairtfhostaigh *vt* to charter.
cáis *f* cheese.
Cáisc *m* Easter.
caiséad *m* cassette.
caisearbhán *m* dandelion.
caisiné *m* casino.
caisleán *m* castle.
caite *adj* worn.
caiteachas *m* expenditure.
caith *vt* to consume; to expend; to spend (*money, time*); to cast; to throw; to wear (*clothes*); **caith amach** to dump; to eject; to oust; **caith amhras ar** to suspect; **caith anuas ar** to malign; **caith ar** to afflict; **caith clocha le duine** to pelt someone with stones; **caith dímheas ar** to denigrate; **caith go doscaí** to lavish; **caith le (duine, etc)** to treat; **caith (rud) san aer** to toss; **caith rud uait** to discard; **caith solas** to flash; **caith tabac** to smoke; **caith toitín** to smoke. • *vi* **caith seile** to spit.
caitheamh *m* throw; spending; **caitheamh aimsire** recreation, diversion, pastime, hobby.
caithfidh: caithfidh mé é a dhéanamh *vb* I have to do it .
cáithnín *m* particle.
caithréim *f* triumph.
caithréimeach *adj* triumphal.
caiticeasma *m* catechism.
Caitliceach *adj m* (*relig*) Catholic.
Caitliceachas *m* Catholicism.
cál *m* kale.
caladh cuain *m* jetty.
calafort *m* seaport.
calaois *f* foul; **déan calaois ar** *vt* to defraud.
calcalas *m* (*math, med*) calculus.
callaire *m* loudspeaker.
callán *m* din, racket, noise (*noise of people*); **callán a thógáil** *vi* to brawl.
callánach *adj* boisterous.
calóga arbhair *npl* cornflakes.
calra *m* calorie.
Calvaire *m* Calvary.
cam *adj* crooked, wry, bent.
cam an ime *m* (*bot*) buttercup.
camall *m* camel.
camán *m* hurley, shinty stick; (*mus*) quaver.
camas *m* (*mar*) cove.
camchosach *adj* bandy-legged.
camóg *f* bracket; comma.
camógaíocht *f* camogie (game similar to hurley).
campa *m* camp; **campa géibhinn** concentration camp.
campáil *vi* to camp.
campálaí *m* camper.
can *vt* to sing; **can (amhrán) de chrónán** to croon.
cána *m* cane.
canabhas *m* cannabis.
canáil *f* canal.
canbhás *m* canvas.
cancrach *adj* fretful.
candaí *m* candy.
canna *m* can.
canóin *f* cannon; canon.
cantaireacht *f* chant. • *vt* **cantaireacht a dhéanamh** to chant.
cantalach *adj* cantankerous, cross.

canúint *f* dialect.
caoch *vt* to daze; to dazzle. • *vi* **caoch na súile** to blink; **caoch súil** to wink.
caochán *m* mole.
caoga *adj* fifty.
caogadú *adj* fiftieth.
caoi *f* manner; **cén chaoi a bhfuil tú?** how are you?
caoin *adj* (*person*) benign, gentle. • *vi vt* to lament, bewail, keen, mourn; to weep; to deplore.
caoineadh *m* elegy; lament; lamentation.
caointeach *m* elegiac.
caoireoil *f* mutton.
caol[1] *adj* lean; skinny. • *m* **caol na láimhe** *m* wrist.
caol[2] *m* firth, kyle.
caolchúiseach *adj* subtle.
caomhnaigh *vt* to conserve.
caomhnóir *m* guardian.
caomhnú *m* conservation; conservancy.
caonach *m* moss.
caor *f* berry.
caora *f* ewe; sheep.
caorthann *m* rowan.
caoithiúil *adj* convenient; expedient.
caoithiúlacht *f* convenience; **ar do chaoithiúlacht** at your convenience.
capall *m* horse.
capán glúine *f* kneecap.
capsúl *m* capsule.
captaen *m* captain.
cár *m* teeth (set of); **cár bréagach** dentures.
cara (carad) *m* friend.
carabhán *m* caravan.
carachtar *m* character.
carbaihiodráit *f* carbohydrate.
carball *m* palate (hard).
carbón *m* carbon.
Carghas: *m* **An Carghas** Lent.
carn *vt* to accumulate; to heap; to pile. • *m* **carn aoiligh** dunghill; **carn fuílligh** dump.
carnabhal *m* carnival.
carnadh *m* accumulation.
carr *m* car; **carr cábán infhillte** convertible; **carr scriosta** wreck; **carr sleamhnáin** sledge, sleigh.
carráiste *m* carriage.
carria *m* deer; stag.
carsán *m* wheeze. • *vi* **cársán a bheith ionat** to wheeze.
cárta *m* card; **cárta airgid** cash card; **cárta baincéara** bank card; **cárta bordála** boarding pass; **cárta creidmheasa** credit card; **cárta poist** postcard.
carthanach *adj* beneficent; charitable.
cartlann *f* archive.
cartún *m* cartoon.
cartús *m* cartridge.
cas *vt vi* to turn; to spin; to twist; to sing; **cas le** to meet.
cás *m* cage; case. • *vt* **duine (rud) a chur isteach i gcás** to cage.• *adj* **sa dara cás** secondly.
casacht *f* cough. • *vi* **déan casacht** to cough.
casaigh *vt* to deplore.
casaoid *f* reprimand; complaint.
casaról *m* casserole.
caschoill *f* brushwood.
casóg *f* jacket.
casta *adj* intricate.
casúr *m* hammer.
casta *adj* complex; elaborate.
cat *m* cat. • *adj* **mar chat** feline.

cat crainn *m* marten.
catagóir *f* category.
catalóg *f* catalogue.
cataracht fionn *f* cataract.
cath *m* battle.
cathair (cathrach) *f* city; **cathair ghríobháin** labyrinth.
cathaoir (cathaoireach) *f* chair; **cathaoir uilleach** armchair.
cathaoirleach *m* chairman, chairperson.
cathartha *adj* civic.
cathéide *f* armour.
cé[1] *m* pier.
cé[2] *interr pn* who (+ *direct*) • *pn* whose. • *adj* **cé (acu)** which. • *conj* **cé acu** whether. • *pn* which; **cé go** although, though; whereas; **cén fáth** (+ *indirect*); *adv* why; **cén uair** (+ *direct*); *adv* when.
ceacht *m* lesson.
céachta *m* plough.
cead *m* consent; **cead isteach** admission; **cead scoir** leave.
céad *adj* first; **an chéad bhean** the first woman • *m* century; hundred. • *adj* hundred. • *adv* **faoin gcéad** per cent.
ceadaigh *vi vt* to consent; to allow, permit; to approve.
ceadaitheach *adj* permissive.
ceadal *m* (*mus*) recital.
céadghin *f* first-born.
Céadaoin: *f* **An Chéadaoin** Wednesday.
céadú *adj* hundredth.
ceadúnaigh *vt* to license.
ceadúnas *m* licence; permit; **ceadúnas tiomána** driving licence.
ceal *m* lack, absence; **cur ar ceal** *m* abolition.

cealg *f* sting; deception, deceit. • *vt* to sting; to deceive.
cealaigh *vt* to counteract; to annul; to cancel; to delete.
ceallra *m* battery.
cealú *m* cancellation.
ceamara *m* camera.
ceamaradóir *m* camera operator.
ceangal *m* link; bond; connection.
ceangail *vt* to tie, to bind; to connect; to fasten; to join; to lace.
ceangailteach *adj* astringent.
ceann *m* head. • *adv* **an ceann** apiece (thing); **ceann ar cheann** singly. • *vt* **an ceann a bhaint de scéal** to broach a question; **dul i gceann ruda** to go about a thing. • *prep* **go ceann** for (*time: future*). • *m* **ceann feadhna** captain; **ceann staighre** landing; **ceann tíre** headland; **ceann urra** chief.
ceann- *adj* capital.
céanna *adj* same; **den chineál chéanna** like. • *adv* **mar an gcéanna** likewise; ditto.
ceannaí *m* buyer; merchant.
ceannaigh *vt* to buy.
ceannairc *f* mutiny.
ceannairceach *m* rebel.
ceannaire *m* leader.
ceannas *m* dominion. • *vt* **bheith i gceannas ar** to dominate.
ceannasach *adj* dominant; assertive; ruling.
ceannbhán *m* bog-cotton.
ceannbhrat *m* canopy.
ceanncheathrú *fsg npl* (*milit*) headquarters.
ceanndána *adj* dogged; headstrong; stubborn.
ceannlitir (-treach) *f* capital letter.

ceannsolas *m* headlight.
ceansa *adj* meek; tame.
ceansacht *f* meekness.
ceansaigh *vt* to domesticate (*animal*); to appease; to tame.
ceant *m* auction.
ceantar *m* area, locality, district.
ceanúil *adj* affectionate, fond.
ceap *m* butt (target); pad. • *vt* to appoint; to design; to devise; to intercept; to trap.
ceapachán *m* appointment.
cearbhán *m* basking shark.
cearc *f* hen; **cearc fhraoigh** (bird) grouse.
ceardaí *m* craftsman.
ceardaíocht *f* workmanship.
cearnach *adj* square.
cearnamhán *m* hornet.
cearnóg *f* square.
cearr *adj* wrong. • *adv* awry; **tá rud éigin cearr** something's amiss.
cearrbhach *m* gambler.
cearrbhachas *m* gambling. • *vi* **bheith ag cearrbhachas** to gamble.
ceart *adj* correct; right. • *m* justice; right. • *vt* **cuir i gceart** to right.
céarta *f* forge.
ceartaigh *vt* to correct; to adjust; to rectify.
ceart oidhreachta *m* birthright.
céas *vt* to persecute.
céasadh *m* agony.
céasaigh *vt* to agonise.
céaslaigh *vi* to paddle.
ceathair *adj m* four; **ceathair déag** *m* fourteen.
ceathrar *m* foursome.
ceathrú[1] *adj m* fourth. • *f* **ceathrú pionta** gill. • *adv* **sa cheathrú háit** fourthly.

ceathrú[2] *f* quarter; stanza; (*anat*) thigh.
ceathrú déag *adj m* fourteenth.
ceil *vt* to cloak; to hide.
céile *m* consort, mate, partner, spouse; **céile comhraic** antagonist; opponent. • *adv* **de réir a chéile** gradually; **le chéile** together.
céilí *m* visit (to someone's house); social evening.
ceiliúir *vt* to celebrate; to warble; to fade, vanish.
ceiliúr *vt* to warble. • *m* **ceiliúr éan** birdsong.
ceiliúradh *m* celebration; **ceiliúradh céad bliain** centenary.
céillí *adj* sane; sensible.
ceilp *f* kelp.
ceilt *m* concealment; denial. • *adv* **faoi cheilt** *adv* secretly.
ceilteach *adj* secretive.
céim *f* degree; grade; step; (*educ*) degree; **céim bhacaí** limp; **céim fhada** stride.
céimí *m* graduate.
ceimic *f* chemistry.
ceimiceoir *m* chemist.
céimíocht *f* rank.
céimiúil *adj* eminent.
céimseach *adj* gradual, gradated.
céimseata (-n) *f* geometry.
ceinteagrád *m* centigrade.
ceintiméadar *m* centimetre.
céir *f* wax.
ceird *f* craft.
ceirmeach *adj* ceramic.
ceirnín *m* (*mus*) record.
ceirtlín *m* (*thread*) reel.
ceirtlis *f* cider.
ceist *f* issue; question.
ceistigh *vt* to question.

ceithearnach *m* (*chess*) pawn.
ceithre *adj* four.
ceo *m* fog; mist; haze.
ceobhrán *m* drizzle.
ceobhránach *adj* misty; hazy.
ceol *m* music. • *vt vi* to sing. • *m* **ceol aonair** (*mus*) solo; **ceol na méan** birdsong; *f* **ceol tíre** folksong.
ceolmhar *adj* musical; tuneful; (*mus*) harmonious.
ceomhar *adj* foggy.
cheana (féin) *adv* already.
choíche *adv* (in future) ever.
chomh *adv* so; **chomh maith** too, also. • *adj* **chomh fada ar shiúl** equidistant. • *conj* **chomh ... le** as.
chuig *prep* to.
chun *prep* to (+ *gen*). • *adj* **chun tosaigh** forward, to the fore.
ciall *f* meaning; sense; reason; wit. • *adj* **gan chiall** meaningless, senseless.
ciallaigh *vt* to imply, mean.
cianrialú *m* remote control.
ciap *vt* to annoy; to bait; to harass; to plague.
ciapach *adj* annoying.
ciapadh *m* annoyance.
ciarbhuí *adj* tawny.
ciaróg *f* beetle.
ciarsúr *m* handkerchief.
cibé *pn* whoever. • *adv* **cibé áit** wherever.
cic *m* kick.
ciceáil *vt* to kick.
cíl *f* keel.
cileagram *m* kilogram.
ciliméadar *m* kilometre.
cill *f* cell.
cime *m* captive.
cín lae *f* diary.

cine *m* race; **an cine daonna** humankind.
cineál *adj* kind. • *m* gender; make. • *adj* **den chineál chéanna** like.
cineálta *adj* kindly.
cinedheighilt *f* apartheid.
ciníochas *m* racism.
cinn ar *vt* to determine.
cinneadh *m* decision; determination.
cinnitheach *adj* decisive.
cinniúint *f* destiny; doom.
cinnte *adj* certain; sure. • *adv* **go cinnte** assuredly, surely.
cinnteachas *m* determinism.
cinnteacht *f* certainty, certitude.
cinntigh *vt* to confirm; to ascertain; to ensure.
cinntiú *m* confirmation.
cinsire *m* censor.
cinsireacht *f* censorship.
cíoch *f* breast.
cíochbheart *m* bra.
cíocrach *adj* avid; eager.
cíocras (chun) *m* craving (for).
cion[1] *m* affection; **tá cion agam ort** I am fond of you.
cion[2] *m* share.
cion[3] *m* offence.
cionmhaireacht *f* proportion.
cionn is (go) *conj* as.
ciontach *adj* guilty. • *m* convict; culprit.
ciontacht *f* delinquency; guilt.
ciontaigh *vt* to incriminate; to convict.
ciontóir *m* delinquent.
ciontú *m* conviction.
cíor *f* comb. • *vt* to comb; *f* **cíor thuathail** muddle.
ciorcad *m* (*elec*) circuit.

ciorcal *m* circle; ring.
ciorclach *adj* circular.
ciorclán *m* circular.
ciorraigh *vt* to hack; to mutilate.
ciorrú coil *m* incest.
cíos *m* rent.
ciotach *adj* awkward; clumsy; left-handed.
ciotachán *m* bungler.
ciotóg *f* left hand; left-handed person.
ciotógach *adj* left-handed.
ciotrúntacht *f* clumsiness.
cipín *m* match, stick; **bheith ar cipíní** to be in suspense, on tenterhooks.
circeoil *f* chicken (meat).
cis *f* handicap; rut.
ciseán *m* basket, hamper.
cispheil *f* basketball.
cist *f* cyst.
cisteog *f* casket.
cistin *f* kitchen.
citeal *m* kettle.
cithfholcadh *m* shower.
cithréim *f* deformity.
ciúb *m* cube.
ciúin *adj* calm; quiet; silent.
ciumhais *f* edge; margin.
ciúnaigh *vt* to calm; to quieten.
ciúnas *m* calm, calmness; placidity; silence.
clábar *m* mud.
clabhsúr *m* close.
cladach *m* seashore, shore.
cladhaire *m* coward; rogue.
clagarnach *f* clatter. • *vi* **déan clagarnach** to clatter.
claí *m* dyke.
claidhreacht *f* cowardice.
claíomh (claímh) *m* sword.

cláirseach[1] *f* harp.
cláirseach[2] *f* woodlouse.
cláirseoir *m* harpist.
clais *f* furrow.
clamhair *vt* to maul; to pull hair/skin off.
clamhán *m* buzzard.
clamhsán *m* grumble, grouse. • *vi* **déan clamhsán** to grumble.
clampaigh *vt* to clamp.
clampar *m* tumult; wrangle; **déan clampar** *vi* to wrangle.
clann *f* children, offspring; family.
claon *vt vi* to incline; to deviate; to divert; to slant.
claonadh *m* inclination; diversion; bias; slant.
claonpháirteachas *m* collusion.
clapsholas *m* dusk, gloaming, twilight.
clár *m* board; catalogue; lid; register; (*TV, etc*) programme; **clár comhardaithe** balance sheet; **clár dubh** blackboard; **clár fógraí** bulletin board.
cláraigh[1] *vt* to record.
cláraigh[2] *vt* to have sexual intercourse with.
clasaiceach *adj* classic; classical.
claspa *m* clasp.
clé *adj* left.
cleacht *vt* to practise; to rehearse.
cleachta *adj* acustomed.
cleachtadh *m* practice; rehearsal.
cleas *m* catch; contrivance; trick; prank; **cleas deaslámhaí** knack.
cleasach *adj* artful.
cléir *f* clergy.
cléireach *m* clerk.
cléiriúil *adj* clerical.
cleite *m* feather.

cliabh *m* (*anat*) chest; creel.
cliabhán *m* cradle.
cliamhain (~) *m* son-in-law.
cliant *m* client.
cliarscoil *f* seminary.
cliath *f* stave; **cliath fhuirste** harrow.
clinic *m* (doctor's) surgery, clinic.
cliobóg *f* filly.
clíoma *m* climate.
cliste *adj* bright, clever, smart.
clóbhuail *vt* to print.
clóca *m* cape, cloak.
cloch *f* rock; stone; **cloch shneachta** hailstone; **cloch thine** flint.
clochar *m* convent.
clog *m* bell; blister; clock. • *vi* to blister.
clóghrafaíocht *f* typography.
cloicheán *m* prawn.
cloigeann *m* skull.
cloígh *vt* defeat.
cloigín *m* bell.
cloíte *adj* abject.
clós *m* enclosure; yard.
closamhairc *adj* audiovisual.
clú *m* fame; reputation.
cluas *f* ear.
cluasán *m* earphone.
club *m* club.
clúdach *m* cover; envelope.
clúdaigh *vt* to cover; to veil.
cluiche *m* game; **cluiche cártaí** card game.
cluin *vt vi* to hear.
clúiteach *adj* famous.
clúmhach *adj* furry.
clúmhilleadh *m* defamation; slander.
clúmhúil *adj* mouldy.
cnádaigh *vi* to smoulder.
cnag *m* knock. • *vt* to knock; to click.

cnagaosta *adj* elderly.
cnaipe *m* button. • *vt* **cnaipí a cheangal** to button.
cnámh *f* bone; **cnámh droma** backbone; **cnámh géill** jawbone. • *adj* **gan chnámh** boneless.
cnámhach *adj* bony.
cnámharlach *m* skeleton; lanky person.
cnap *m* knob; lump.
cnapach *adj* lumpy.
cnapán *m* bump, swelling.
cnapsac *m* knapsack.
cneá *f* sore; wound.
cnead *vi* to pant. • *f* gasp.
cneáigh *vt* to wound.
cneamhaire *m* knave.
cneasacht *f* honesty; sincerity; probity.
cneasta *adj* honest, sincere; decent.
cneastacht *f* decency.
cniog *m* click.
cniotáil *vt* to knit.
cniotálaí *m* knitter.
cnó *m* nut; **cnó cócó** coconut.
cnoc *m* hill; **cnoc oighir** iceberg.
cnocach *adj* hilly.
cnuasach *m* anthology; compilation.
cobhsaí *adj* stable.
cócaire *m* cook.
cócaireacht *f* cookery.
cócaireán *m* cooker; **cócaireán gáis** gas cooker.
cócaráil *vi vt* to cook.
cóch *m* squall.
cochall *m* hood; (*bot*) capsule.
cócó *m* cocoa.
cocún *m* cocoon.
cód *m* code; **cód poist** postcode.
codail *vi* to sleep.
codán *m* fraction.

codladh *m* sleep. • *vi* **tá mé i mo chodladh** I am asleep.
codlatach *adj* drowsy, sleepy.
cófra *m* chest, coffer; cupboard.
cogadh *m* war.
cogain *vt* to chew.
cogar *m* whisper. • *vt vi* **abair i gcogar** to whisper.
coguas *m* (*anat*) palate (soft).
cogúil *m* warlike.
coibhneasta *adj* relative.
coicís *f* fortnight.
coigeadal *m* chant.
coigil *vt* to economise.
coigilt *f* frugality.
coigilteach *adj* frugal.
coileach *m* cock.
coileán *m* pup, cub (*animal*).
coiléar *m* collar.
coilíneach *adj* colonial.
coilíneacht *f* colony.
coilínigh *vt* to colonise.
cóilis *f* cauliflower.
coill[1] *f* wood.
coill[2] *vt* to castrate; to violate.
coilleadh *m* castration; violation; robbery.
coillteán *m* eunuch.
coim *f* waist. • *adv* **faoi choim** incognito.
coiméad *m* comet.
coimeádach *adj* conservative.
coiméide *f* comedy.
coimhlint *f* conflict.
coimhthíoch *adj* exotic; foreign; alien. • *m* foreigner; alien.
coimirceoir *m* guardian.
coimisiún *m* commission.
coimisiúnaigh *vt* to commission.
coimre *f* neatness; abridgment.
coimriú *m* abstract.

coincheap *m* concept.
coincréit *f* concrete.
coincréitigh *vt* to concrete.
coineascar *m* evening; twilight, dusk.
coinicéar *m* warren.
coinín *m* rabbit.
coinleach *m* stubble.
coinlín reo *m* icicle.
coinne *f* appointment, meeting, assignation, tryst. • *vt* **cuir i gcoinne** to object; **faoi choinne** *prep* for.
coinneal *f* candle.
coinneálach *adj* tenacious.
coinnigh *vt* to contain, hold; to keep, maintain; to retain.
coinnigh ort le *vt* to persevere.
coinséartó *m* concerto.
coinsias *m* conscience.
coinsiasach *adj* conscientious.
coinsíneacht *f* consignment.
coip *vt vi* to ferment; to foam.
cóip *f* copy.
cóipcheart *m* copyright.
coipeach *adj* effervescent.
coipeadh *m* fermenation; ferment.
coipeadh *vi* to fizz.
cóipeáil *vt* to copy.
coir *f* crime; offence; trespass; **coir a dhéanamh** *vt* to commit (a crime, etc).
cóir[2] *adj* just; proper. • *f* equity. • *vb aux* **ba chóir** (**dom**, etc) ought. • *adv* **mar is cóir** duly.
coirceog *f* hive.
coire *m* boiler; corrie; **coire guairneáin** whirlpool.
coiréal *m* coral.
cóirigh *vi* to dress. • *vt* to adjust; to arrange; to fix.
cóiriú *m* dressing; (*mus*) arrangement.

coiriúil *adj* criminal.
coirm *f* treat.
coirnéal *m* corner.
coirnín *m* bead; curl.
coirníní a chur i *vt* to curl.
coirnis *f* cornice.
Coirnis *f* (*ling*) Cornish.
coirpeach *m* criminal; outlaw.
coirpín *m* corpuscle.
coirt *f* bark (of a tree).
coisbheart *m* footwear.
cois: *adv* **ar cois** afoot; **le cois** besides.
coisc *vt* to block; to deter; to forbid, prohibit.
coiscéim *f* pace; step.
coiscín *m* sheath, condom, contraceptive.
coisí *m* pedestrian.
coisric *vt* to consecrate, bless.
coiste *m* committee.
cóiste *m* carriage, coach; **cóiste na marbh** hearse.
coiteann *adj* common.
coitianta *adj* accustomed; ordinary, undistinguished; popular, prevailing; usual.
col[1] *m* dislike.
col[2] *m* kinship; **col ceathar** cousin; **col cúigear** first cousin once removed.
colach *adj* incestuous.
colainn *f* body. • *adj* **i gcolainn dhaonna** *adj* incarnate.
coláiste *m* college.
colbha cosáin *m* kerb.
colg *m* bristle.
colgach *adj* bristly; irritable, peevish.
collaí *adj* carnal.
collaíocht *f* sexuality. • *vi* **collaíocht a bheith agat le duine** to have sex with someone.
colm *m* dove; scar.
colscaradh *m* divorce.
colscaraigh *vt vi* to divorce.
colún *m* column; pillar.
colúnaí *m* columnist.
colúr *m* pigeon.
comaoin *f* favour; obligation. • *adj* **faoi chomaoin** indebted.
comair *adj* shapely, trim.
comhábhar *m* ingredient.
comhad *m* file (*documents*).
comhadaigh *vi* to file.
comhaimseartha *adj* contemporaneous, contemporary.
comhair *vt* to count.
comhairigh *vt* to compute, calculate.
comhairle *f* advice; council; **idir dhá chomhairle** in a quandary.
comhairleoir *m* adviser; councillor.
comhairligh *vt* to advise.
cómhalartach *adj* mutual; reciprocal.
comhalta *m* member; foster-sibling.
comhaltacht *f* fellowship.
comhaontas *m* alliance.
comhaontú *m* agreement.
comhardaigh *vt* to equalise; (*fin*) to balance.
comharsa (-n) *f* neighbour.
comhartha *m* sign; **comhartha ceiste** question mark; **comhartha uaillbhreasa** exclamation mark.
comhbheith *f* coexistence.
comhbhrí *f* equivalent. • *adj* **ar comhbhrí (le)** equivalent (to).
comhbhrón *m* sympathy, commiseration. • *vt* **comhbhrón a dhéanamh le duine** to commiserate.

comhcheangail vi vt to combine; join.
comhcheangal m coalition; combination; affiliation.
comhcheilg f conspiracy, plot.
comhcheol m harmony.
comhchoirí m accomplice.
comhchruinniú m muster.
comhdháil f conference.
comhdhéanamh m (*phys*) constitution.
comhdheas adj ambidextrous.
comhdhírigh vi to converge.
comhéigean m coercion.
comhfhios m consciousness.
comhfhiosach adj conscious.
comhfhreagras m correspondence.
comhghairdeas m congratulations. • vt **comhghairdeas a dhéanamh (le)** to congratulate.
comhghuaillí m ally.
comhionannas m uniformity.
comhla f valve.
comhlacht m company, firm.
Comhlathas m Commonwealth.
comhlíon vt to fulfil; to perform.
comhlíonadh m fulfilment.
comhluadar m (*social*) company.
comhoibrí m colleague.
comhoibrigh (le) vi to cooperate; to collaborate.
comhpháirteach adj joint.
comhpháirtíocht f partnership. • adv **i gcomhpháirtíocht** jointly.
comhrá m chat, conversation. • vi **comhrá a dhéanamh (le)** to converse.
comhrac m combat; **comhrac aonair** m duel.
comhréir f proportion. • vt **cuir i gcomhréir (le)** to attune; **cuir i gcomhréir le chéile** (**smaointe**, etc) to harmonise (*thoughts, etc*).
comhréiteach m compromise.
comhriachtain f copulation. • vi **comhriachtain a dhéanamh** to copulate.
comhrian m (*map*) contour.
comhshamhlaigh vt to assimilate.
comhshínigh vt to countersign.
comhshondas m assonance.
comhtháite adj coherent; cohesive.
comhthaobhach adj collateral.
comhtharlaigh (le) vi coincide.
comhtharlú m coincidence.
comhtháthaigh vi vt fuse; integrate; cohere.
comhthéacs m context.
comhthíreach m compatriot.
comhthreomhar adj parallel.
comhuaineach adj simultaneous.
comórtas m competition; contest.
compánach m chum; companion.
compás m compass.
compord m comfort.
compordach adj comfortable.
comrádaí m comrade, mate.
conablach m carcass.
cónacht f equinox.
cónaí m residence; **i gcónaí** adv always.
cónaidhme adj federal.
cónaigh vi to dwell; to abide.
conairt f pack of hounds; rabble.
cónaisc vt vi to amalgamate; to merge.
conas adv how; **conas atá tú?** how are you?.
cónasc m conjunction.
conchró m kennel.
confach adj bad-tempered.
cóngarach adj adjacent; **cóngarach (do)** prep near (to).

cónra *f* coffin.
conradh *m* contract; (*pol*) league.
consan *m* (*gr*) consonant.
conspóid *f* controversy; dispute. • *vt* to dispute, argue, contest.
conspóideach *adj* argumentative; controversial.
constaic *f* impediment, obstacle.
contae *m* county.
contráilte *adj* wrong.
contrártha *adj* contrary.
contúirt *f* danger.
contúirteach *adj* dangerous, unsafe.
copóg *f* (*bot*) dock(en).
cor *m* turn; **cor bealaigh** detour; **cor cainte** idiom.
cór *m* choir.
cora *f* weir.
córas *m* system.
corc *m* cork. • *vt* **corc a chur i mbuidéal** to cork; **corc a bhaint as** to uncork.
corcairdhearg *adj* crimson.
corcra *adj* purple.
corcscriú *m* corkscrew.
corda *m* cord; string.
corn *m* (*mus*) horn. • *vt* to coil; to wrap.
coróin (-ónach) *f* crown.
corónach *adj* coronary.
corónaigh *vt* to crown.
corónú *m* coronation.
corp *m* body; corpse.
corpán *m* corpse.
corparáid *f* corporation.
corr¹ *adj* eccentric; odd, peculiar. .
corr² *f* heron; **corr f éisc** heron; **corr f bhán** stork; .
corraigh *vt* to agitate; to stir.
corrail *f* agitation.
corraitheach *adj* emotional; heady, thrilling.

corrmhéar *f* forefinger.
corrmhíol *m* mosquito.
corrthónach *adj* restless.
cos *f* foot; leg; haft.
cosain *vi* to cost. • *vt* to champion; to defend; to protect, shield.
cosaint *f* defence; protection. • *adj* **gan chosaint** defenceless.
cosán *m* path, footpath.
cosantach *adj* defensive.
cosantóir *m* defender, protector; (*auto*) bumper.
cosc *m* ban. • *vt* to ban.
coscán *m* brake.
cosmaid *f* cosmetic.
cosnochta *adj* barefoot(ed).
cos-slua *m* infantry.
cósta *adj* coastal. • *m* coast.
costas *m* cost.
costasach *adj* costly.
cosúil *adj* alike, similar. • *adv* akin.
cosúil le *adv* like.
cosúlacht *f* analogy; likeness.
cóta *m* coat; **cóta dúbailte** double-breasted coat.
cothabháil *f* sustenance; maintenance.
cothaigh *vt* to feed; to maintain.
cothrom *adj* equal; even; flat; level. • *m* balance; fairness; **cothrom an lae** anniversary. • *adv* **go cothrom** fairly.
cothromaigh *vt* to balance; to equalise (*game*).
cothrománach *adj* horizontal.
cothromas *m* (*fin*) equity.
cothromóid *f* equation.
crá *m* anguish; annoyance; irritation; bother.
craiceann *m* peel, rind, skin; **craiceann an chinn** scalp.

cráifeach *adj* devoted, holy.
cráigh *vt* to bother, harass, vex.
cráin *f* sow.
cranda *adj* decrepit.
crann *m* tree; mast; **crann creathach** (*bot*) aspen; **crann líomaí** lime tree; **crann tabhaill** catapult; **crann tógála** crane; **crann úll** apple tree; **crann cinn** bowsprit; *f* **crann teile** lindin tree.
crannchur *m* lottery; raffle.
crannóg *f* crannog, lake dwelling.
craobh *f* bough, branch; championship.
craobhabhainn *f* tributary.
craolaigh *vt vi* to broadcast.
craoltóir *m* broadcaster.
craos *m* gullet; gluttony. • *vt* **déan craos** to gorge.
craosach *adj* ravenous.
craosaire *m* glutton.
crap *vi* to contract; to shrink; to crumple. • *vt* to crumple.
crapadh *m* contraction.
cré-earraí *npl* earthenware.
creach *f* booty; plunder; prey, quarry. • *vi* to prey. • *vt* to plunder; to ravage; to rob.
creachadóir *m* robber; vandal.
creachlaois *f* light work; chore.
créacht *f* gash.
créam *vt* to cremate.
creathán *m* shudder, tremble, quiver.
creatúr *m* creature.
creid *vi vt* to believe; tocredit.
creideamh *m* (*relig*) conviction, belief; creed, faith, religion.
creidiúnaí *m* creditor.
creidmheas *m* credit.
creig *f* crag.
creim *vt* to corrode; to erode; to gnaw.

creimeadh *m* corrosion.
criathar *m* sieve.
críoch *f* border; dominion; end; finish.
críochdheighilt *f* (*pol*) partition.
críochnaigh *vi vt* to finish, end; to complete, accomplish; to conclude; to consummate.
críochnaithe *adj* accomplished.
críochnú *m* completion; accomplishment.
críochnúil *adj* thorough, businesslike.
críol *m* creel.
críonna *adj* prudent, wise.
críonnacht *f* wisdom.
crios *m* belt.
Críostaí *adj m* Christian.
critéar *m* criterion.
crith *m* quaver; quiver; tremor. • *vi* to quiver; to shiver; to vibrate.
crith talún *m* earthquake.
cró *m* byre, (small) outhouse; **cró folaigh** hiding-place; **cró muc** (pig) sty.
crobhaing *f* cluster.
croch *f* gallows. • *vt* to hang; to suspend.
cróch *m* saffron.
cróchar *m* bier; stretcher.
crochta *adj* steep.
cróga *adj* brave; heroic.
crógacht *f* bravery; valour; hardihood.
croí *m* core; heart.
croiméal *m* moustache.
crónán: bheith ag crónán *vi* to hum.
cróineolaíoch *adj* chronological.
cróineolaíocht *f* chronology.
croinic *f* chronicle.

croinicí *m* chronicler.
crois *f* crucifix.
croisín *m* (*mus*) crotchet.
croit *f* croft.
croitéir *m* crofter.
croith *vi vt* to wave; to jolt; to wag.
croitheadh láimhe *m* handshake.
croíúil *adj* cheerful; cordial; hearty.
croíúlacht *f* cheerfulness, cheeriness; heartiness.
crom *vi* to bend down; to crouch; to droop; **crom síos** to duck.
cromán *m* hip.
cronaigh *vt* to miss; to reprove.
crónán *m* drone (of bee); buzz, hum.
cros[1] *f* cross.
cros[2] *vt* to prohibit, forbid.
crosbhealach *m* crossroad.
croscheistigh *vt* to cross-examine.
croschineálach *m* hybrid.
croschruthach *adj* cruciform.
crosfhocal *m* crossword.
cros-síolrú *m* crossbreed.
crosóg mhara *f* starfish.
crotach *f* curlew.
crotal *m* lichen.
crú capaill *m* horseshoe.
crua *adj* hard; obdurate.
cruach *f* steel; **cruach fhéir** hayrick, haystack.
cruachadh *m* accumulation.
cruachás *m* plight.
cruachroíoch *adj* callous, pitiless.
crua-earraí *npl* hardware.
cruaigh *vt vi* to harden.
cruálach *adj* cruel.
cruálacht *f* cruelty.
cruan *m* enamel.
crúb *f* claw; hoof.
crúca *m* crook; hook.
crúcach *adj* hooked.
cruimh *f* caterpillar.
cruinn *adj* accurate; round.
cruinne *f* universe.
cruinneas *m* accuracy.
cruinneog *f* globe.
cruinniú *m* gathering; meeting.
cruit *f* hump; (*mus*) small harp.
cruithneacht *f* wheat.
crúsca *m* jar; jug.
crústa *m* crust.
cruth *m* form, shape.
cruthaigh *vt* to create; to form; to prove.
cruthú *m* creation; proof.
cuach *f* cuckoo.
cuachma *f* whelk.
cuaille *m* post, pole; **cuaille báire** goalpost; **cuaille eolais** signpost.
cuairt *f* call; stay. • *vt* **cuairt a thabhairt ar** to call on.
cuairteoir *m* caller, visitor.
cuan *m* harbour.
cuannacht *f* grace (manner).
cuar *m* curve. • *vt* to curve.
cuardach *m* search.
cuardaigh *vt* to search, to seek.
cuas *m* hollow; cavity.
cuasach *adj* hollow.
cufa *m* cuff.
cuí *adj* appropriate, apt, suitable. • *adv* **go cuí** duly.
cuibheasach *adj* moderate; passable.
cuibhiúil *adj* decorous.
cuid *adj* some. • *f* part; **cuid gruaige** hair; **do chuid a dhéanamh** to eat a meal. • *adv* **den chuid is mó** mainly.
cuideachta *f* (*social*) company. • *adv* **i gcuideachta** (*pers*) along (+ gen).
cuideachtúil *adj* sociable.

cuidigh *vi* to help. • *vt* **cuidigh le** to help, assist.

cuiditheoir *m* accomplice.

cuidiú *m* aid, assistance, help.

cúig *adj m* five. • *adj* **cúig déag** fifteen.

cúige *m* province.

cúigiú *adj* fifth.

cúigleáil *vt* to embezzle.

cuil *f* fly.

cúl *m* rear, back.

cuileann *m* (*bot*) holly.

cuilithín *m* ripple (on water).

cuilt *f* quilt.

cuimhne *f* memory; **cuimhne randamrochtona** (*comput*) random access memory (RAM). • *vt* **cuir i gcuimhne do (rud)** to remind.

cuimhneachán *m* keepsake, memento.

cuimhní cinn *npl* memoirs.

cuimhnigh ar *vt* to remember.

cuimil *vt* to wipe.

cuimilt *f* rub, rubbing, friction, attrition.

cuimse *f* good amount. • *adj* **as cuimse** extreme, utmost.

cuimsitheach *adj* comprehensive.

cuing *f* isthmus; yoke.

cuir *vt vi* to lay; to place (*object*); to plant; to put; to set; to send; to shed (*hair, leaves*).

cuir ag dul *vt* to start (*motor*).

cuir agallamh ar *vt* to interview.

cuir aiféaltas ar *vt* embarrass.

cuir allas *vt* to sweat.

cuir amú *vt* to waste.

cuir an dlí ar *vt* to sue.

cuir aois ar *vt* to age.

cuir (rud) ar *vt* to impose.

cuir ar ais *vt* to replace.

cuir ar athló *vt* to defer.

cuir ar ceal *vt* to abolish; to cancel.

cuir ar leibhéal *vt* to level.

cuir ar neamhní *vt* to overrule.

cuir ar oileán uaigneach *vt* to maroon.

cuir ar slabhra *vt* to chain.

cuir as a riocht (scéal) *vt* to garble.

cuir as áit *vt* to dislodge; to displace.

cuir as oidhreacht *vt* to disinherit.

cuir as oifig *vt* to depose.

cuir beaguchtach ar *vt* to discourage, dishearten.

cuir bréagriocht ar *vt* to disguise.

cuir cathú (ar) *vt* to tempt.

cuir chun bóthair *vt* to dismiss.

cuir chun cinn *vt* to advance.

cuir chun suain *vt* to lull.

cuir cuid den mhilleán ar *vt* to implicate.

cuir dallach dubh ar *vt* to bamboozle.

cuir de ghlanmheabhair *vt* to memorise.

cuir d'fhiacha ar dhuine rud éigin a dhéanamh *vt* to impel someone to do something.

cuir draíocht ar *vt* to enchant.

cuir duine ar fuascailt *vt* to ransom.

cuir duine in aghaidh (duine eile) *vt* to alienate.

cuir duine in aithne *vt* to introduce.

cuir eagla ar *vt* to scare.

cuir eanglach ar *vt* benumb.

cuir fad le *vt* to lengthen.

cuir fál ar *vt* to fence.

cuir faoi chois *vt* to suppress.

cuir faoi dhraíocht *vt* to fascinate.

cuir faoi gheasa *vt* bewitch.

cuir faoi léigear *vt* (*milit*) to besiege.

cuir fearg ar *vt* to incense, enrage.
cuir forrán ar *vt* to accost; to address, speak to.
cuir fuil *vi* to bleed.
cuir gáir mholta asat do (dhuine) *vt* to cheer.
cuir geall ar *vi vt* to bet.
cuir glas ar *vt* to lock.
cuir grág as *vi* to croak.
cuir gruaim ar *vt* to depress.
cuir i bhfeidhm *vt* to enforce; to implement.
cuir i bpríosún *vt* imprison.
cuir i dtaisce *vt* to hoard.
cuir i dtír *vt* to land.
cuir i gceart *vt* to right.
cuir i gcéill *vi* to pretend.
cuir i gcoinne *vt* to object.
cuir i gcomhréir (le) *vt* to attune.
cuir i gcomhréir a céile (smaointe, etc) *vt* to harmonise.
cuir i gcrích *vt* to accomplish.
cuir i gcuimhne do *vt* to remind.
cuir i leith (duine) *vt* to accuse; to impute.
cuir i ngeall *vt* to pawn.
cuir i ngníomh *vt* to realise.
cuir imní ar *vt* to worry.
cuir in iúl (rud) *vt* to inform.
cuir in iúl do (rud) *vt* to notify.
cuir in iúl *vt* to express.
cuir in olcas *vt* to aggravate.
cuir ina luí ar *vt* to instil.
cuir ionadh ar *vt* to astonish.
cuir iontas ar *vt* to amaze.
cuir isteach *vt* to insert; to interrupt.
cuir isteach ar *vt* to disturb; to hamper; to molest.
cuir le *vt* to add; to append; to apply.
cuir luach ar *vt* to appreciate.
cuir lúcháir f ar *vt* to delight.
cuir mearbhall ar *vt* to baffle; to fluster.
cuir míshásamh ar (dhuine) *vt* to displease.
cuir nótaí le *vt* to annotate.
cuir olc ar *vt* to offend.
cuir pionós ar *vt* to punish.
cuir rudaí in eagar *m* array.
cuir rud as a chuma *vt* to distort.
cuir rud i gcuimhne do *vt* to remind.
cuir rud i gcomparáid (le rud eile) *vt* to contrast; to compare.
cuir rud i leith duine *vt* to attribute; to reproach.
cuir rud in ionad ruda eile *vt* to substitute.
cuir rud in iúl *vt* to inform.
cuir rud in iúl do *vt* to notify.
cuir rud in oiriúint (do) *vt* to adapt.
cuir rud ina oibleagáid ar *vt* to oblige.
cuir rud ó chuma *vt* to deform.
cuir rud síos do dhuine *vt* to ascribe.
cuir rudaí le hais a chéile *vt* to juxtapose.
cuir sa phost *vt* to mail, to post, to send.
cuir samhnas ar *vt* to disgust.
cuir san áireamh *vt* to include.
cuir scaoll i *vt* to alarm.
cuir scéal as a riocht *vt* to garble (a message).
cuir seoladh ar *vt* to address.
cuir seomra, etc trína chéile *vt* to litter.
cuir síos ar *vt* to describe; to depict.
cuir slacht ar *vt* to tidy.
cuir sneachta *vi* to snow.
cuir sobal ar *vt* to lather.
cuir stailc suas *vi* to jib.

cuir straois ort féin *vi* to grin.
cuir trína chéile (seomra, etc) *vt* to litter.
cuir uisce ar *vt* to water.
cuir urlár ann *vt* to floor.
cuireadh *m* bidding (invitation); invitation.
cúiréir *m* courier.
cúirt *f* court.
cúirtéiseach *adj* courteous.
cuirtín *m* curtain.
cúis *f* case; cause; motive; reason.
cúis dlí *f* lawsuit.
cúiseamh *m* accusation.
cúiseoir *m* accuser.
cúisí *m* accused.
cúisigh *vt* to accuse.
cuisle *f* pulse.
cúiteamh *m* retribution; atonement. • *vt* **déan cúiteamh i** to atone.
cuisleannach *m* flautist.
cúitigh *vt* to compensate.
cúl *m* back; goal. • *adj* **ar gcúl** backward. • *adv* backwards.
cúl báire *m* goalkeeper.
cúl le stailc *f* blackleg.
cúlaigh *vi* to back; to recede; to retreat.
culaith *f* costume; suit; uniform; **culaith shnámha** bathing suit.
cúlchaint *f* gossip; backbiting. • *vi* **bheith ag cúlchaint (ar)** to gossip.
cúlchiste *m* reserve.
cúlra *m* background.
cultas *m* cult.
cultúr *m* culture.
cultúrtha *adj* cultural.
cum *vt* to compose; to devise.
cuma *f* look, appearance. • *adv* **ar chuma eile** otherwise. • *adj* **ar nós cuma liom** indifferent; **is cuma liom** I don't care.
cumadh *m* contrivance.
cumaisc *vt* to blend.
cumann *m* association, club.
cumann carthanachta *m* charity.
cumann foirgníochta *m* building society.
cumannachas *m* communism.
cumarsáid *f* communication.
cumas *m* ability; capability.
cumasach *adj* able.
cumasaigh *vt* to enable.
cumasc *m* blend.
cumha *m* homesickness, loneliness.
cumhach *adj* homesick.
cumhacht *f* power; **cumhacht uisce** water power. • *vt* **cumhacht a chinneachadh** to devolve power.
cumhdach *m* coating.
cumhra *adj* fragrant.
cumhracht *f* scent.
cumhraithe *adj* scented.
cumhrán *m* perfume.
cúng *adj* narrow.
cúngaigh *vt* to restrict. • *vi* **cúngaigh ar** encroach.
cúngú *m* constriction.
cúnta *adj* auxiliary.
cuntar bia *m* buffet.
cuntas *m* counting; record; account. • *vt* **déan cuntas** to count.
cuntasaíocht *f* bookkeeping.
cuntasóir *m* accountant; bookkeeper.
cuntasóireacht *f* accountancy.
cúntóir *m* assistant.
cupán *m* cup.
cúpláil *vt vi* to mate.
cúpón *m* coupon.
cur *m* sowing; burial; **cur i gcéill** bluff, pretence; **cur i gcrích** ac-

complishment; **cur isteach** disturbance; interruption; **cur síos (ar)** description.
cúr *m* foam; spume.
curach *m* canoe, currach.
curadh *m* champion.
curadóir *m* tiller.
curaíochta *adj* arable.
cúram *m* care; concern; custody.
cúramach *adj* careful.
curata *adj* gallant.
curfá *m* chorus.
cúrsa *m* circuit; course.
cúrsaí reatha *npl* current affairs.
cúrsáil *m* cruise.
curtha as alt *adj* disjointed.
curtha i gcrích *adj* accomplished.
cuspóireach *m* (*gr*) accusative.
cuthach *m* rage.
cúthail *adj* (*person*) backward; bashful; coy.

D

dá *conj* if (*cond/imp*).
dada *m* jot.
daibhir *adj* poor, indigent.
daichead *adj m* forty.
daidí *m* dad(dy).
dáigh *adj* adamant; obstinate.
dáil *vt* to dispense; to distribute.
dáil (-ála) *f* meeting, assembly; **dála Sheáin** like Seán; **mo dhála féin** like myself; **dála an scéil** by the way.
dáil (ar) *vt* to impart.
dáilcheantar *m* constituency.
dáileadh *m* dispensation.
dáileoir airgid *m* cash dispenser.
daille *m* blindness.
dáimh *f* affinity; **tá dáimh agam le** I have an affinity for.
daingean *adj* firm; secure; solid. • *m* fort, keep.
daingneacht *f* constancy.
daingnigh *vt* to secure.
dair (darach) *f* oak.
dáiríre *adj* earnest, serious; • *adv* **i ndáiríre** seriously.
daite *adj* coloured.
daitheacha *npl* rheumatism.
dalba *adj* bold.
dalbacht *f* boldness.
dall *adj* blind. • *m* blind person.
dallóg *f* window blind.
dallrú *m* glare.
dalta *m* pupil.
damanta *adj* damnable.
damba *m* dam.
dámh *f* faculty (*university*); retinue.
damhán alla *m* spider.
damhfhia *m* hart.
damhna *m* matter.
damhsa *m* dance.
damhsaigh *vt vi* to dance.
damnú *m* damnation.
dán *m* fate; poem; **an rud atá i ndán duit** what fate has in store for you.
dána *adj* bold; naughty.
dánacht *f* boldness.
daoine *m* folk, people.
daoire *f* dearness (*cost*).
daol *m* beetle.
daonáireamh *m* census.
daonlathach *adj* democratic.
daonlathaí *m* democrat.
daonlathas *m* democracy.
daonna *adj* human. • *m* **an cine daonna** humankind.
daonnacht *f* humanity (*quality*).
daonnachtúil *adj* humane.
daonra *m* population.
daor *adj* dear, expensive; **an-daor** exorbitant.
dara *adj* second. • *adj* **sa dara cás** secondly.
dara: an dara (ceann) déag *adj m* twelfth.
dáta *m* (*bot*) date.
dáta *m* date; **as dáta**. • *adj* out of date. • *adv* **de réir dátaí** chronologically.
dath *m* colour; dye. • *adj* **ar dhath na luaidhe** leaden.
dathaigh *vt* to dye; to colour.
dátheangach *adj* bilingual.
dathúil *adj* beautiful; colourful.
de *prep* from; of.

Dé *prep* on.

dea- *adj* good; **dea-chainteach** witty; **dea-mhéineach** benevolent; **i ndea-am** timeous. • *f* **dea-mhéin** benevolence, goodwill.

dea: mar dhea *adj* ostensible.

deacair *adj* difficult.

deachtaigh *vt* to dictate.

deachúlach *adj* decimal.

deacracht *f* difficulty.

déadchíor *m* dentures.

dea-ghníomh *m* benefaction.

déagóir *m* teenager.

dealaigh *vt* to separate; (*math*) to subtract; **dealaigh ó** to dissociate.

dealbh *f* statue.

dealbhóir *m* sculptor.

dealbhóireacht *f* sculpture.

dealrach *adj* gleaming.

dealraitheach *adj* radiant.

deamhan *m* demon; devil.

déan *vt* to commit; to do; to make; to manufacture.

déan achomharc *vi* to appeal.

déan aibhéil *vt* to exaggerate.

déan aithris (ar) *vt* to imitate.

déan amas *vt* to putt.

déan anailís ar *vt* to analyse.

déan aontíos le *vi* to cohabit.

déan ar *vt* to make for.

déan athmhuintearas idir *vt* to reconcile.

déan bagairt *vt* to bluster.

déan bolg le gréin *vi* to sunbathe.

déan brabús ar *vt* to profit.

déan bréag *vi* to lie.

déan cabaireacht *vi* to chatter.

déan calaois ar *vt* to defraud.

déan casacht *vi* to cough.

déan clagarnach *vi* to clatter.

déan clamhsán *vi* to grumble.

déan clampar *vi* to wrangle.

déan cleamhnas idir *vt* to betroth.

déan craos *vt* to gorge.

déan cuir síos ar *vt* to depict.

déan cúiteamh i *vt* to atone.

déan cuntas *vt* to count.

déan dreas comhrá le duine *vi* to chat (with someone).

déan éagsúil *vt* to diversify.

déan earráid *vi* to err, make a mistake.

déan faillí i rud *vt* to neglect.

déan féasta *vt* to have a feast.

déan fiodrince *vi* to pirouette.

déan fonóid faoi *vt* to jeer; to sneer at.

déan gáire *vi* to laugh.

déan gar do *vt* to oblige.

déan garaíocht do *vt* to accommodate.

déan gnúsacht *vi* to grunt.

déan gortghlanadh *vt* to weed.

déan idirdhealú idir *vt* to distinguish.

déan idirghabháil *vi* to intervene. • *vt* to mediate.

déan idirghuí *vi* to intercede.

déan iomrascáil (le) *vi* to wrestle.

déan iontas de *vi* to marvel.

déan lámhchleasaíocht *vt* to juggle.

déan liosta de *vt* to list.

déan luíochán roimh dhuine *vt* to waylay.

déan macalla *vi* to echo.

déan machnamh ar *vt* to reflect, meditate on; to deliberate.

déan magadh *vi* to jest. • *vt* **déan magadh faoi** to mock.

déan mangaireacht *vt* to peddle.

déan marcaíocht *vi* to ride.

déan méarnáil (ar lorg ruda) *vi* to grope.
déan mionghadaíocht *vt* to pilfer.
déan mionghaire *vi* to smile.
déan mionscrúdú ar *vt* to analyse.
déan moill *vi* to pause.
déan mórtas (as) *vi* to boast, brag.
déan neamhiontas de *vt* to ignore; **déan neamhshuim de** to disregard.
déan nós dlíthiúil *vt* to legalise.
déan olagón *vi* to wail.
déan ollghairdeas do *vt* to acclaim; **déan ollghairdeas faoi (rud)** to rejoice.
déan plámás le *vt* to flatter.
déan rím *vi* to rhyme.
déan rud go fáilí *vi* to sneak.
déan scíth *vi* to relax.
déan séitéireacht ar *vt* to cheat.
déan siamsa do *vt* to amuse.
déan suirí (le) *vt* to court.
déan tafann *vi* to bark.
déan tormáil *vi f* to rumble.
déan uisce faoi thalamh *vi* to conspire.
déanaí *f* lateness; **le déanaí.** • *adv* lately.
déanamh:duine a chur ó rud a dhéanamh *vt* to dissuade.
déanta *adj* done, made; accomplished.
dearadh *m* design.
dearbh *adj* sure; certain; actual.
dearbhaigh *vt* to affirm; to assert; to assure; to protest.
dearbhán *m* voucher.
dearbhú *m* assertion; assurance.
dearcadh *m* attitude; view, viewpoint.
dearcán *m* acorn.

Déardaoin *f* Thursday.
dearfa *adj* attested; certain; definite. • *adv* **go dearfa** categorically.
dearfach *adj* affirmative; positive.
dearfacht *f* certainty, certitude.
dearg *adj* red. • *vt* to kindle.
dearg- *adj* utter.
dearg-ghráin *f* abhorrence, detestation.
dearmad *m* forgetfulness. • *adj* **a bhfuil dearmad déanta air (rud)** forgotten. • *vi vt* **déan dearmad** to forget.
dearmadach *adj* absent-minded, forgetful.
dearnáil *vt* to darn.
dearóil *adj* forlorn.
deartháir (-ár) *m* brother.
dearthóir *m* designer.
deas *adj* (*hand*) right; nice; pretty.
deasbhord *m* starboard.
deasc *f* desk.
deascadh *npl* dregs.
deascán *m* deposit.
deasghnách *adj* ceremonial.
deasghnáth *m* ceremony; formality.
deaslámhach *adj* right-handed; deft.
deaslámhacht *f* dexterity.
deatach *m* smoke.
deatúil *adj* smoky.
débhliantúil *adj* biennial.
déchéileach *m* bigamist.
déchosach *m* biped.
deic *f* deck.
deich *adj m* ten. • *m* **deich mbliana** decade.
deichniú *adj m* tenth.
deichniúr *m* ten (persons).
deifir *f* haste, hurry. • *vt vi* **déan deifir** to hurry.
deifreach *adj* hasty.

deifrigh *vt* to hasten.
deighil *vt* to separate, part, divide.
deighilt *f* separation, division.
déileáil *f* dealings.
deilgneach *adj* prickly, thorny.
deimhin: go deimhin *adv* indeed.
deimhnigh *vt* to affirm; to certify; to check.
deimhniú *m* assurance; certification.
déine *f* intensity; rigour.
déirc *f* alms; dole. • *vi* **déirce a iarraidh** to beg.
deireadh *m* end; upshot; (*mar*) stern. • *adv* **ar deireadh** last.
Deireadh Fómhair *m* October.
deireanach *adj* final; last; latter; recent.
deirfiúr *f* sister; **deirfiúr chleamhnais** sister-in-law.
déirí *m* dairy.
deiridh *adj* hind; ultimate. • *m* rear.
deis *f* opportunity.
deis labhartha *f* eloquence.
deisbhéalach *adj* articulate; witty.
deisceart *m* south.
deiseal *m* (*side*) right.
deisigh *vt* to fix; to mend, repair.
deisiú *m* repair.
deismíneach *adj* prim.
déistin *f* distaste. • *adj* **déistineach** abominable; distasteful.
den=**de an**.
deo: go deo *adv* ever; forever; (*in neg. sentence*) never.
deoch (dí) *f* drink; **deoch leighis** dose.
deoir *f* tear.
deolchaire *f* gratuity.
deonach *adj* voluntary.
deonaigh *vt vi* to grant; consent. • *vi* **deonaigh (chun rud a dhéanamh)** to deign.
deontas *m* grant.
deontóir fola *m* blood donor.
deoraí *m* (*pers*) exile; **ní raibh duine ná deoraí ann** there was no one at all there.
deoraíocht *f* exile; **ar deoraíocht** in exile.
déroinn *vt* to bisect.
déshúiligh *m* binoculars, fieldglasses.
déthaobhach *adj* bilateral.
dhá *adj* two.
dia (dé) *m* deity; god.
diabhal *m* devil. • *adj* **diabhlaí** satanic.
diabhlaíocht *f* mischief.
diaga *adj* divine.
diaidh: i ndiaidh *prep* past. • *adv* after (+ *gen*); **ina dhiaidh sin** then.
diail *f* dial.
diailigh *vt* to dial.
dialann *f* diary.
diallait *f* saddle.
diamant *m* diamond.
diamhair *adj* dark, obscure, mysterious; abstruse; occult.
diamhasla *m* blasphemy.
dian *adj* arduous; intense; stern.
dianscaoileadh *m* decomposition.
diarsaigh *vt* to glean.
díbir *vt* to banish.
díbirt *f* banishment.
díbrigh *vt* to dispel.
dícháiligh *vt* to disqualify.
dícháilíocht *f* disqualification.
dícheall *m* best endeavour.
dícheallach *adj* diligent.
dichéillí *adj* unwise.
díchomórtais *adj* matchless.
díchorda *m* (*mus*) discord.
díchreid *vt* to disbelieve.
díchuimhne *f* oblivion.

dide *f* nipple.
dídean *m* shelter.
difear *m* difference; discrepancy.
dífhostaithe *adj* unemployed.
difrigh *vi* to differ.
difríocht *f* difference, discrepancy; disparity.
difriúil *adj* different.
dígeann *m* acme.
dígeanta *adj* persistent.
dígeantacht *f* obstinacy.
digit *f* digit.
digiteach *adj* digital.
díl (báistí) *m* downfall.
díláithrigh *vt* to displace.
dílárú *m* devolution.
díle *f* deluge.
díleáigh *vt* to digest.
dílis *adj* faithful, loyal.
dílleachta *m* orphan.
dílseacht *f* allegiance; fidelity; loyalty.
dílseánach *m* proprietor; loyal follower.
díluacháil *vt* to devalue.
díluaíocht *f* demerit.
díluchtaigh *vt* to unload.
dímheas *m* contempt.
dímheasúil *adj* contemptuous.
ding *vt* to cram; to ding. • *f* wedge; dent.
dingthe *adj* stuffed, dented; squat.
dinimiciúil *adj* dynamic.
dinimít *f* dynamite.
díníteach *adj* dignified.
dinnéar *m* dinner; **am dinnéir** dinner time.
díobhadh *m* abolition.
díobhaigh *vt* to abolish.
díobhálach *adj* harmful; injurious.
díog *f* ditch; dyke.

díogha *m* the worst; **rogha an dá dhíogha** a choice between two evils.
díograis *f* fervour, enthusiasm, relish, zeal.
díograiseach *adj* fervent; keen, zealous.
díol *vt* to pay; to sell; **díol ar lacáiste** to discount.
díoltas *m* reprisal; revenge, vengeance.
díoltóir leabhar *m* bookseller.
díomá *f* chagrin.
díomách *adj* dejected.
diomailteach *adj* wasteful; extravagant.
díomhaoin *adj* futile; idle; redundant; single (unattached); vain.
díomhaointeas *m* futility; idleness.
díomuan *adj* transient.
díon *vt* to protect; to make watertight; to immunise.
díon (dín) *m* roof.
diongbháilte *adj* worthy; firm, constant, resolute.
diopsamáine *f* dipsomania.
díosal *m* diesel.
díosc *vi* to creak.
diosca *m* (*comput*) disc; disk; **diosca crua** hard disk; **diosca flapach** floppy disk.
díoscán *m* gnashing. • *vt* **díoscán a bhaint as na fiacla** to gnash one's teeth.
dioscathiomáint *f* (*comput*) disk drive.
díoscó *m* disco.
díospóireacht *f* debate; discussion.
díothaigh *vt* to annihilate; to eliminate.
díothú *m* annihilation.

díphacáil *vt* to unpack.
dírbheathaisnéis *f* autobiography.
díreach *adj* candid; direct; outspoken; straight; upright; lineal. • *adv* **go díreach** candidly, directly; just.
dírigh *vi vt* to straighten; to direct. • *vt* **dírigh ar** to aim; to channel; **dírigh do mhéar ar** to point (at).
discréid *f* discretion.
díséad *m* (*mus*) duet.
díshealbhaigh *vt* to evict.
díshealbhú *m* eviction.
dísle (*npl* **díslí**) *m* die.
dispeansáid *f* dispensation.
díth *f* want. • *vt* **tá (rud) de dhíth orm** I want (something).
díthreabhach *m* hermit.
diúilicín *m* mussel.
diúltach *adj* negative.
diúltaigh *vt* to deny; to refuse; **diúltaigh do** to dismiss; **diúltaigh do (eiriceacht)** to abjure.
diúltú *m* refusal; **diúltú do (mhian)** abnegation.
diúracán treoraithe *m* guided missile.
dlaoi *f* lock of hair.
dleacht *f* duty (*customs*).
dlí *m* law.
dlíodóir *m* lawyer.
dlisteanach *adj* legitimate.
dliteanas *m* lawful claim; (*law*) liability.
dlíthiúil *adj* judicial. • *vt* **déan (nós) dlíthiúil** to legalise.
dlús *m* density.
dlúth *adj* compact; dense; intimate.
dlúthchaidreamh *m* intimacy.
dlúthdhiosca *m* compact disc.
dlúthpháirtíocht *f* solidarity.
do[1] *pn* (*sing*) your(s).
do[2] *prep* for.
dó[1] *m* two. • *adv* **faoi dhó** twice.
dó[2] *m* burn; combustion; **dó coiriúil** arson.
do-aimsithe *adj* elusive.
dobharchú *m* otter.
dobhardhroim *m* (*geog*) watershed.
dobhriathar *m* adverb.
dobhriste *adj* unbreakable.
dobrón *m* grief. • *vt* **déan dobrón** to grieve.
dobrónach *adj* disconsolate.
dócha *adj* probable. • *adv* **is dócha** probably.
dochar *m* damage; debit; disservice; harm. • *vt* **déan dochar do (rud)** to damage; to harm; to hurt. • *adj* **gan dochar** harmless.
dóchas *m* hope.
dóchasach *adj* hopeful.
dochreidte *adj* incredible.
docht *adj* rigid; strict.
dochtúir *m* doctor.
dócmhainneach *adj* insolvent.
dócmhainneacht *f* insolvency.
dó-dhéag *adj m* twelve.
dodhéanta *adj* impossible. • *f* **dodhéantacht** impossibility.
do-earráide *adj* infallible.
dofheicthe *adj* invisible.
dofhuascailte *adj* inextricable.
doghafa *adj* impregnable.
dogmach *adj* dogmatic.
doicheall *m* resentment.
doicheallach *adj* forbidding; inhospitable.
doiciméad *m* document.
dóigh *f* way; manner; condition; mannerism. • *adv* **ar dhóigh eile** differently; **ar dhóigh éigin** somehow.
dóigh *vt* burn.

dóighiúil *adj* handsome; bonny.
doiléir *adj* dim; dusky; vague.
doiléirigh *vt* to blur.
doiligh *adj* difficult.
doilíos (-ís) *m* remorse.
doimhneacht *f* depth.
doimhnigh *vt* to deepen.
doineann *f* storm, stormy weather.
doinne *f* brownness.
doirseoir *m* janitor, porter, doorkeeper.
doirt *vt* to pour; to shed; to spill.
doirteadh fola *m* bloodshed.
doirteal *m* sink.
do-ite *adj* inedible.
dóiteán *m* blaze.
dólásach *adj* disconsolate.
doleigheasta *adj* incurable.
doléite *adj* illegible.
doleithscéil *adj* inexcusable.
dollar *m* dollar.
domhain *adj* deep, profound; abstruse.
do-mhaite *adj* unpardonable.
domhan *m* world.
domhanda *adj* global.
domhanfhad *m* longitude.
domhanleithead *m* latitude.
do-mhillte *adj* foolproof.
domhínithe *adj* inexplicable.
Domhnach *m* Sunday; **Dé Domhnaigh** on Sunday.
domhothaithe *adj* imperceptible.
domlas *m* bile.
domplagán *m* dumpling.
dona *adj* bad; unfortunate. • *f* **donacht** badness; misfortune.
donn *adj* brown.
dóp *m* dope (*drug*).
doras *m* door; **doras tosaigh** front door.
dorcha *adj* dark.

dorchadas *m* darkness.
dorchaigh *vt* to darken.
dorchla *m* corridor.
dordán *m* (*sound*) drone.
dorn *m* fist; hilt.
dornáil *vi* to box.
dornálaí *m* boxer.
dornán *m* bunch; handful.
dorú *m* fishing line.
dos *m* bunch.
dosaen *m* dozen.
do-scartha *adj* inseparable.
doscriosta *adj* indelible.
dosháraithe *adj* incomparable.
doshásta *adj* implacable.
dosheachanta *adj* unavoidable.
dothrasnaithne *adj* impassable.
dothreáite *adj* impenetrable.
dothuigthe *adj* unintelligible, incomprehensible; impalpable.
draein (draenach) *f* drain.
dráibhéir *m* drover.
draíocht *f* enchantment; magic; druidism. • *vt* **draíocht a chur ar** to captivate.
draíochta *adj* magic.
draíodóir *m* wizard.
dram *m* dram.
dráma *m* drama
drámadóir *m* dramatist.
drantaigh *vi* to growl.
draoi *m* druid.
dreach *m* aspect.
dreancaid *f* flea.
dreap *vt vi* to climb.
dreapadóir *m* climber.
dreideáil *vi f* to dredge.
dreige *f* meteor.
dréimire *m* ladder.
dreoilín *m* wren; **Lá an Dreoilín** St Stephen's Day.

dríodar *m* deposit; dregs.
driog *vt* to distil.
driogaire *m* distiller.
drioglann *f* distillery.
driosúr *m* dresser.
dris *f* bramble.
drithligh *vi* to gleam; to glisten, glitter.
droch- *adj* wicked.
drochaigeantacht *f* malevolence.
drochmheas *m* disrespect.
drochordú *m* disrepair.
drogallach *adj* reluctant.
droichead *m* bridge; **droichead crochta** suspension bridge.
droim *m* back (*of person*); ridge.
dromchla *m* surface.
dromlach *m* spine; ridge.
drong *f* gang, faction.
dronnach *adj* convex.
drualus *m* mistletoe.
drúcht *m* dew.
druga *m* drug
drugadóir *m* druggist.
druid *vt* to close; to shut; **druid de phlab** to slam.
druid le *vi vt* to approach.
druidte *adj* shut.
druileáil *vt* to drill.
drúisiúil *adj* carnal; lecherous.
druma *m* drum; **drumadóir** drummer.
duáilce *f* vice.
duairc *adj* dismal.
duais *f* award; prize; reward.
duaithníocht *f* camouflage.
dualgas *m* duty.
duán *m* kidney.
duanaire *m* anthology.
duarcán *m* pessimist.
dúbailt *f* double.

dúbailte *adj* double; (**cóta**) double-breasted.
dubh *adj* black.
dubhach *adj* rueful.
dubhaigh *vt* to blacken; to sadden.
dúblaigh *vt* to double.
dúch *m* ink.
dúchas *m* heritage; title; heredity.
dúchasach *adj* endemic; innate; native. • *m* native.
dúcheist *f* puzzle.
duga *m* dock.
duibhe *f* blackness.
duibheagán *m* abyss.
dúil *f* element.
dúil *f* liking; expectation; craving; **tá dúil ag ann** I like it. • *adj* **gan dúil** unexpected.
duille *m* leaf.
duilleach *adj* leafy.
duilliúr *m* foliage.
duine *m* person. **an duine is ansa (le)** favourite. • *pn* **gach duine** everyone.
duine aitheantais *m* acquaintance.
duine aonair *m* individual.
duine ar bith *m* anyone.
duine ardnósach *m* snob.
duine éigin *pn* somebody.
duine róchúisiúil *m* prude.
duine uasal *m* gentleman.
dúisigh *vt vi* to rouse.
dul *m* going; **dul chun cinn** headway; progress. • *vt* **dul i gceann ruda** to go about a thing. • *adv* **dul le fána** downhill.
dul san iomaíocht (le) *vi* to compete (with).
dúlagrán *m* depressant.
dúmháil *m* blackmail.
dún[1] *m* fort; **Dún Éideann** Edinburgh.

dún² *vt* to shut.
dundalán *m* blockhead.
dúnmharaigh *vt* to murder.
dúnmharfóir *m* murderer; **dúnmharú** murder.
dunsa *m* dunce.
dúnta *adj* shut.
dúr *adj* dour, grim, surly; moody.
durnán *m* hobnail.
dúrúnta *adj* dour.
dúshlán *m* challenge; defiance.
• *adj* **dúshlánach** defiant. • *vt* **dúshlán a thabhairt ar dhuine (rud a dhéanamh)** to challenge someone (to do something).
dusta *m* dust.
dustáil *vt* to dust.
duthain *adj* fleeting.
dúthomhas *m* enigma.
dúthracht *f* devotion; assiduity.
dúthrachtach *adj* assiduous.

E

é *pn* (*object*) he; him; it; **é féin** himself; itself.

eabhar *m* ivory.

éacht *m* achievement; exploit; feat.

eachtra *f* adventure; episode.

eachtrúil *adj* adventurous, eventful.

eacnamaí *m* economist.

eacnamaíocht *f* economics; economy.

éacúiméineach *adj* ecumenical.

éad *m* envy; jealousy.

éadach *m* cloth, fabric; **éadach soithí** dishcloth.

éadaí *npl* clothes.

éadaingean *adj* insecure.

éadálach *adj* lucrative.

éadan *m* forehead. • *prep* **in éadan** (+ *gen*) against. • *adv* **i n-éadan na mala** uphill.

éadmhar *adj* jealous.

éadóchas *m* despair.

éadóchasach *adj* desperate.

éadoilteanach *adj* involuntary.

eadránaí *m* arbitrator.

eadránaigh *vt* to arbitrate; to separate combatants.

éadroime *f* lightness.

éadrom *adj* light.

éadromaigh *vt* to lighten.

éadromán *m* balloon; balloon-shaped person.

éag *vi* to die; to expire; to perish. • *adj* **in éag** extinct.

éaganta *adj* light-headed, giddy, senseless.

éagaoin *f* moan.

eagarthóir *m* editor.

eagla *f* fear. • *conj* **ar eagla (go)** in case, lest. • *adj* **gan eagla** fearless. • *vi* **tá eagla orm (roimh)** I am afraid (of).

eaglach *adj* afraid, fearful.

eaglais *f* church.

eaglaiseach *m* clergyman.

éagmais *f* absence.

éagnach *m* moan, groan.

éagaoin *f* moan. • *vi* **bheith ag éagaoin** to moan.

éagóir *f* wrong.

éagoitinne *f* originality.

éagothroime *f* inequality.

eagraí *m* organiser.

eagraigh *vt* to organise.

eagrán *m* edition.

éagsúil *adj* dissimilar, unlike; varied, diverse; distinct; various. • *vt* **déan éagsúil** to diversify.

éagsúlacht *f* diversity; variety.

éagumas *m* impotence.

éagumasach *adj* impotent.

eala *f* swan.

éalaigh *vi* to elope; to escape; to flit. • *vt* **éalaigh ó** to elude.

ealaín *f* art; **ealaín an tí** domestic arts.

ealaíontóir *m* artist.

éalaitheach *m* fugitive.

eallach *m sing* cattle.

éalú *m* escape.

éan *m* bird, fowl.

Eanáir *m* January.

éaneolaíocht *f* ornithology.

eangach *adj* jagged.

eangaigh *vt* to indent.

eanglach *m* numbness (from cold).
éarlais *f* deposit (as part payment).
earnáil *f* category; sector; division, class.
earra *m* commodity. • *mpl* **earraí** goods.
earrach: an t-earrach *m* (*season*) spring.
earraí gloine *f* glassware.
earraí grósaera *npl* groceries.
earraí iompórtálacha *npl* (*goods*) imports.
earraí tomhaltais *npl* consumer goods.
earráid *f* error; indiscretion; lapse. • *vi* **déan earráid** to err.
eas *m* waterfall.
easaontaigh *vt* to disunite; **easaontaigh (le)** to disagree (with).
easaontas *m* disagreement; discord; disunity.
éasca *adj* expeditious.
éascaigh *vt* to facilitate.
easláinte *f* ailment; ill-health.
easlán *adj* infirm. • *m* invalid.
easna *f* rib.
easnamh *m* deficit; lack.
easnamhach *adj* inadequate.
easpa *f* abscess; absence; deficiency, want; loss.
easpag *m* bishop.
eastát *m* estate.
easumhal *adj* disobedient.
easumhlaíocht *f* disobedience.
easurramach *adj* irreverent.
eibhear *m* granite.
éiceolaíocht *f* ecology.
éifeacht *f* force, significance; effect.
éifeachtach *adj* cogent; effective; efficient.
éifeachtacht *f* efficacy.

éigeandáil *f* emergency.
éigiallta *adj* irrational; senseless.
éigin: am éigin *adv* sometime; **ar dhóigh éigin** somehow; **tá rud éigin cearr** something's amiss.
éiginnte *adj* unsure.
Éigipt: An Éigipt *f* Egypt.
éigneasta *adj* insincere.
éignigh *vt* to rape.
éigniú *m* rape.
éigríonna *adj* unwise, imprudent; improvident.
eile *adj* alternative; other, else; more. • *adv* **ar chuma eile** otherwise; **ar dhóigh eile** differently.
éileamh *m* claim; demand.
eileatram *m* hearse.
eilifint *f* elephant.
éiligh *vt* to claim; to demand.
eilit *f* doe.
éilitheoir *m* claimant.
eimpíreach *adj* empirical.
éineacht: in éineacht le *prep* with.
Éire (na hÉireann) *m* Ireland; **in Éirinn** in Ireland.
eireaball *m* tail.
Éireannach *adj* Irish. • *m* Irish person.
éirí *m* (*vn of* **éirigh**); rise, rising; **éirí amach** (*pol*) rising; ascent; **éirí na gréine** sunrise.
eiriceacht *f* heresy.
éirigh *vi* to arise; to rise; to get, become; **éirigh amach** to rebel.
éirigh argóntach *vi* to quibble.
éirigh as *vi vt* to cease; to desist; to resign; **d'éirigh leis** it succeeded.
éirim *f* aptitude; intelligence; talent; journey; scope; range.
éirimiúil *adj* brainy; gifted.
eisceachtúil *adj* exceptional.

eisdíritheoir *m* extrovert.
eisiach *adj* exclusive.
eisilteach *m* effluent.
eisimirceach *m* emigrant.
éist (le) *vi* to listen (to). • *excl* hush!
éisteacht *f* hearing.
éisteoir *m* listener.
eite: an eite chlé *f* (*pol*) the left.
eithne *f* kernel.
eiticiúil *adj* ethical.
eitil *vi vt* to fly.
eitilt *f* flight. • *adj* **ar eitilt** airborne.
eitleán *m* aeroplane.
eitleog *f* kite.
eitneach *adj* ethnic.

eitre *f* groove; furrow.
eochair *f* key; keystone.
eochairchlár *m* keyboard.
eochraí *f* roe (*fish*).
eolach *adj* acquainted; knowing, knowledgeable; **eolach (ar)** aware; **go heolach** knowledgeable. • *adv* knowingly.
eolaí *m* scientist; expert; connoisseur; guide.
eolaíoch *adj* scientific.
eolaíocht *f* science.
eolas *m* cognisance; information; knowledge.
Eoraip: An Eoraip *f* Europe.
Eorpach *adj* European.

F

fá: fá dtaobh de *prep* concerning.
fabhal(scéal) *m* fable.
fabhar *m* favour, influence.
fabhrach *adj* auspicious.
fách: bí i bhfách le *vt* to approve of.
facs *m* fax.
fad *m* distance; duration; length. • *conj* while. • *m* **fad láimhe** reach; **fad saoil** longevity. • *adv* **ar fad** altogether; outright; quite; utterly; **ar a fhad** lengthways, lengthwise; **i bhfad (ó)** far (from)
fada *adj* far; long.
fadaigh *vt* to elongate; to lengthen.
fadálach *adj* slow, tardy; tedious.
fadchainteach *adj* long-winded.
fadfhulangach *adj* long-suffering.
fadhb *f* problem.
fadhbach *adj* problematic.
fadtonn *f* long-wave.
fadtonnach *adj* long-wave.
fadtréimhseach *adj* long-term.
fág *vi vt* to depart; to leave; to forego; to quit.
fág ar lár *vt* to omit; **fág as** to except.
fágáil *f* departure; leaving.
faic *f* nothing; **faic na fríde** nothing whatsoever.
faicheall *m* caution.
faichilleach *adj* careful; cautious.
fáidh *m* seer.
faigh *vt* to acquire; to fetch; to get; to receive.
faigh amach *vt* to ascertain, find out.
faigh an ceann is fearr ar *vt* to best, outwit.
faigh ar ais *vt* to reclaim; to recover.
faigh ar cíos *vt* to rent.
faigh bás *vi* to die.
faigh blas ar *vt* to relish; to savour.
faighin *f* vagina.
fáil *f* getting; finding; acquisition. • *vt* **an bua a fháil** to carry the day. • *adj* **ar fáil** available.
faill *f* unguarded state; chance; **fuair mé faill air** I caught him off-guard/I got a chance to speak to him.
faillí *f* default. • *vt* **déan faillí i rud** to neglect.
fáilte *f* welcome.
fáiltigh *vt* to welcome.
fáiltiú *m* reception.
fáinleog *f* swallow (*bird*).
fáinne *m* halo; ring; **an fáinne ó thuaidh** aurora borealis. • *f* **fáinne cluaise** earring.
faire *f* (*relig*) wake; vigil.
faireog *f* gland.
fairsing *adj* abundant; ample; commodious, roomy; extensive; spacious.
fairsingeacht *f* abundance; room, space.
fairsingiú *m* extension; expansion.
fáisc *vt* to clasp; to squash; to wring.
faisean *m* fashion.
faiseanta *adj* fashionable; stylish.
faisisteachas *m* fascism.
fáistineacht *f* divination, fortune telling.
fáithim *f* hem.
fáithmheas *m* (*med*) diagnosis. • *vt* to diagnose.

faithne *m* wart.
fál *m* hedge.
fala *f* grudge.
fallás *m* fallacy.
falróid: bheith ag falróid *vi* to loiter; to wander.
falsa *adj* idle; lazy.
falsacht *f* laziness.
falsaigh *vt* to fiddle (accounts); to forge.
falsaitheoir *m* forger.
falsóir *m* idler.
faltanas *m* spite.
fan *vi* to remain; to stay; to wait. • *vt* to rest; **fan go fóill** wait awhile; **fan le** to await. • *vi vt* **fan leis an am ceart** to bide one's time.
fan i bhfolach *vi* to lurk.
fána *f* slope.
fánach *adj* casual; futile; occasional; random. • *adv* **go fánach**, casually, etc.
fanaí *m* wanderer.
fanaiceach *m* fanatic.
fann *adj* faint; feeble.
fannléas *m* glimmer.
fantasaíocht *f* fantasy.
faobhar *m* edge.
faobhraigh *vt* to sharpen.
faoi *prep* about; below; under; underneath.
faoi choinne *prep* for.
faoi dhó *adv* twice.
faoileán *m* seagull. • *m* **faoileán scadán** herring gull.
faoin gcéad *adv* per cent.
faoiseamh *m* relief; reprieve.
faon *adj* prostrate.
faor: ar faor *adv* edgewise.
fara *m* perch (for bird).
faradh *m* ferry.

farasbarr *m* surplus.
farraige *f* sea.
fás *m* growth. • *vt vi* to grow.
fásach *m* desert; wilderness.
fáschoill *f* plantation.
fásra *m* vegetation.
fásta *adj* adult.
fáth *m* cause. • *adv* **cén fáth** (*indirect*) why.
fathach *m* giant.
fáthscéal *m* allegory, parable.
faurchroíoch *adj* callous.
feabhas *m* excellence; improvement. • *adj* **ar fheabhas** ideal; splendid.
Feabhra: Mí Feabhra *m* February.
feabhsaigh *vt vi* to improve, get better.
féach *vi* to look, see, observe. • *vt* **féach ar** to observe.
féach le rud a dhéanamh *vt* to try.
féachadóir *m* bystander.
feachtas *m* campaign.
fead *f* whistle (*sound*).
féad *vb aux* can, may; **féadaim é a dhéanamh** I can do it.
feadh *adv* along. • *prep* **ar feadh** for (*past*). • *adv* **ar feadh bomaite** awhile.
feadóg *f* whistle (*instrument*); **feadóg mhór** flute.
feall *m* betrayal.
feallmharaigh *vt* to assassinate.
feallmharfóir *m* assassin.
fealltóir *m* traitor.
fealsamh *m* philosopher.
fealsúnacht *f* philosophy.
feamainn *f* seaweed.
feann *vt* to fleece.
fear *vt* to excrete.
fear *m* man.

féar *m* grass; hay.
féarach *m* pasture.
fearannas *m* domain.
fearas *m* management; arrangement; fixture, outfit; appliance.
fear bréige *f* dummy; scarecrow.
fear céile *m* husband.
fear dána *m* minstrel.
fear déirce *m* beggar.
fear feasa *m* fortuneteller.
fearg *f* anger; indignation; outrage. • *vt* **fearg a tharraingt ort** to incur wrath.
feargach *adj* angry; indignant.
feargacht *f* manhood.
fear gnó *m* businessman.
fear grinn *m* clown; comedian.
fear gunna *m* gunman.
fear magaidh *m* jester.
féarmhar *adj* grassy.
fear muineartha *m* kinsman.
fearnóg *f* alder.
fear poist *m* postman.
fearr: is fearr *adj* best. • *vt* **is fearr (liom)** to prefer.
fearsaid *f* axle.
fear teorann *m* borderer.
fearthainn *f* rain. • *vi* **bheith ag cur fearthainne** to rain.
feartlaoi *f* epitaph.
fear tuaithe *m* countryman.
fearúil *adj* male; manful; virile.
fearúlacht *f* virility, manliness.
feasachán *m* bulletin (*broadcast*).
féasóg *f* beard.
féasta *m* feast. • *vt* **déan féasta** to junket.
feic *vt* to see; to witness.
feiceálach *adj* conspicuous; prominent.
feidhm *f* function; use, application; **feidhm-eochair** function key. • *adj* **as feidhm** obsolete; **gan feidhm** useless.
feidhmeannach *m* executive.
feidhmiú *m* operation.
feidhmiúcháin *npl* (*comput*) applications.
féidir: is féidir go *adv* it is possible that. • *vb aux* **is féidir liom** I can; **is féidir liom é a dhéanamh** I can do it. • *adv* **b'fhéidir** perhaps.
féile *f* feast, festival.
féileacán *m* butterfly; **féileacán oíche** moth.
féilire *m* calendar.
feiliúnach *adj* apt.
féiltiúil *adj* festive.
féin *suffix* -self. • *pn* own; **é féin** himself (*object*); itself; **í féin** herself (*object*); itself; **sé féin** himself; **sibh féin** yourselves; **sí féin** herself; **tú féin** yourself. • *pn pl* **iad féin** themselves. • *adv* **mar sin féin** nevertheless. • *conj* **mé féin** yet. • *pn* myself.
feiniméan *m* phenomenon.
féiniúlacht *f* identity (particular).
féinmharú *m* suicide.
féinmhuiníneach *adj* self-confident.
féinspéis *f* ego(t)ism.
feirm *f* farm.
feirmeoir *m* farmer.
feis *f* festival, carnival; sexual intercourse.
feisire parlaiminte *m* member of parliament.
feisteas *m* attire.
feistigh *vt* to arrange; to adjust; to equip; to moor.
feistithe *adj* equipped; well-dressed; tidy.

féith *f* vein; sinew; natural talent; **tá féith an cheoil ann** he has a talent for music; **féith scornaí** jugular.

feitheamh *m* watch, wait; anticipation. • *adj* **ar feitheamh** pending.

feithicil *f* vehicle.

feithid *f* bug; insect.

féithleann *m* (*bot*) honeysuckle.

féithuar *adj* chilly.

feochadán *m* thistle.

feoigh *vi* to wither; decay. • *vt* to sear.

feoil *f* flesh; meat.

feoiliteach *adj* carnivorous.

feoilséantóir *m* vegetarian.

feolmhar *adj* fleshy.

feothan *m* breeze, gust.

fia *m* deer; **fia rua** roe deer.

fiabhras *m* fever; **fiabhras léana** hay fever.

fiabhrasach *adj* feverish.

fiacail *f* cog; tooth.

fiach (féich) *m* debt.

fiach dubh (fiaigh) *m* raven.

fiacha *npl* debt.

fiaclach *adj* serrated.

fiaclóir *m* dentist.

fiaclóireacht *f* dentistry.

fiafheoil *f* venison.

fiafraigh *vt vi* to inquire.

fiafraigh (de) *vt* to ask, enquire.

fiail *f* weed.

fiáin *adj* wild.

fial *adj* generous, bounteous, bountiful; lavish.

fianaise *f* evidence. • *vt* **déan fianaise le** to attest.

fiar *adj* diagonal; oblique; **ar fiar** sidelong. • *adv* **ar fiarsceabha** askew.

fiarlán *m* zigzag.

fiche *adj m* twenty.

ficheall *f* chess.

fichillín *m* pawn.

fichiú *adj m* twentieth.

ficsean *m* fiction.

fidil *f* fiddle.

fidléir *m* fiddler.

fige *f* fig.

figh *vt* to intertwine; to weave.

figiúr *m* figure (*number*).

file *m* poet.

filiméala *f* nightingale.

filíocht *f* poetry.

fill *vi* to recur; to return. • *vt* to fold; to wrap.

filléadaigh *vt* to fillet.

filleadh *m* pleat; return.

fillte *adj* folded. • *m* **ticéad fillte** return ticket.

filltín *m* crease.

fimíneach *m* hypocrite.

fimíneacht *f* hypocrisy.

fíneáil *f* fine. • *vt* to fine.

fíneálta *adj* delicate.

fíneáltacht *f* delicacy.

fíneog *f* mite.

fíníúin *f* vine.

finné *m* witness.

finscéal *m* legend; fictitious tale.

finscéalach *adj* legendary.

fíoch *m* feud; anger; **fíoch bunaidh** blood feud.

fíochmhaireacht *f* fierceness.

fíochmhar *adj* fierce; rabid.

fíodóir *m* weaver.

fiodrince *m* pirouette. • *vi* **déan fiodrince** to pirouette.

fíon (-a) *m* wine.

fíonchaor *f* grape.

fiondar *m* fender.

fionn *adj* blond(e); fair. • *vt* to discover; to invent.

fionnachtaí *m* inventor.
fionnachtain *f* discovery; invention.
fionnadh *m* fur. • *vi vt* **bheith ag cur an fhionnaidh** (*animal*) to moult.
fionnuar *adj* cool; refreshing, fresh.
fiontar *m* enterprise; venture.
fiontrach *adj* enterprising.
fiontraí *m* entrepreneur.
fiontraíocht *f* enterprise.
fíor *adj* actual; true.
fíor- *prefix* genuine, real.
fíoraigh *vt* to verify.
fíoraigh (ráitis etc) *vt* to justify.
fíorálainn *adj* exquisite.
fíorú (ráiteas etc) *m* justification.
fios *m* knowledge; cognisance; **tá a fhios agam (go)** I know (that).
fiosrach *adj* curious, inquisitive.
fiosraigh *vt* to enquire.
fiosrúchán *m* inquiry.
firéad *m* ferret.
fireann *adj* masculine.
fireannach *m* male.
fíric *f* fact.
fírinne *f* truth.
fírinneach *adj* candid. • *adv* **go fírinneach** candidly; really.
fís *f* (mental) vision.
fisiceach *adj* physical.
fístaifeadán *m* video recorder.
fithis *f* orbit.
fiú *adj* worth; **is fiú punt é** it is worth a pound. • *adv* even.
fiúntach *adj* worthy.
fiúntas *m* merit; worth.
fiús *m* fuse.
flainín *m* flannel.
flaithiúil *adj* generous; hospitable.
flaithiúlacht *f* generosity; hospitality.
fleá *f* (*drinking*) feast; **fleá cheoil** music festival.
fleách *adj* gusty.
fleasc *m* flask.
fleasc (bláthanna) *f* wreath.
fleisc *f* flex.
flichshneachta *m* sleet.
fliú *m* influenza.
fliuch *adj* rainy; wet. • *vt* to moisten.
flosc *m* zest; flux, torment.
flúirse *f* plenty (+ *gen*), abundance.
flúirseach *adj* abundant; copious; profuse.
fobhríste *m sing* underpants.
focal *m* word; remark.
focal fonóide *f* gibe.
fócas *m* focus.
fócasaigh *vt* to focus.
fochupán *m* saucer.
foclach *adj* wordy.
foclóir *m* dictionary.
fód *m* sod; turf.
fodar *m* fodder.
fo-éadaí *mpl* underwear.
fógair *vi vt* to announce; to advertise; to declare; to proclaim.
foghlach *adj* predatory.
foghlaí *m* intruder, plunderer; **foghlaí mara** pirate.
foghlaim *vt* to learn; to teach.
fo-ghúna *m* petticoat.
fógra *m* advertisement; announcement; notice.
fógróir *m* herald, announcer, advertiser.
foiche *f* wasp.
foighne *f* patience.
foighneach *adj* patient.
fóill: go fóill *adv* still; yet.
fóillíocht *f* leisure, spare time.
foilsigh *vi* to reveal. • *vt* to publish.
foilsiú *m* publication; revelation.
foinse *f* origin, source.

fóirdheontas *m* subsidy.
fóir do *vt* to suit.
foireann (foirne) *f* cast; crew; team.
foirfe *adj* perfect.
foirfeacht *f* perfection.
foirgneamh *m* building; edifice.
foirgthe le *vt* infested with.
foirmigh *vt* to form.
foirmiúil *adj* formal.
foirmle *f* formula.
foirtile *f* fortitude.
foisceacht *f* closeness.
folaigh *adj* latent.
folaimhe *f* hollowness.
folaitheach *adj* clandestine.
folamh *adj* blank; empty; unoccupied.
folcadán *m* bath.
folcadh *m* bath (action).
folláin *adj* fit; healthy.
follasach *adj* apparent; evident; explicit; flagrant; categorical.
folmhaigh *vt* to discharge.
folmhú *m* discharge.
folt *m* hair.
foluain: ar foluain *adj* floating; hovering.
folúntas *m* vacancy.
folús *m* vacuum, void.
fómhar *m* autumn.
fómhar *m* harvest.
fón *m* phone.
fonn *m* (*mus*) air, melody, tune. • *adj* **fonn troda** itching for a fight. • *adv* **le fonn** with gusto.
fonnmhar *adj* melodious.
fonóid *f* derision. • *vt* **fonóid a dhéanamh faoi dhuine** to deride.
fonsa *m* rim.
foracha *f* guillemot.
forainm *m* pronoun.
foraois *f* forest.

foraoiseacht *f* forestry.
forbair *vt* to develop.
forbairt *f* advancement; development.
forbartha *adj* developed; advanced.
forc *m* fork.
forcheilt *f* cover-up.
forchlúdach *m* wrapper.
foréigean *m* violence.
foréigneach *adj* violent.
forghabh *vt* to usurp.
forlíonadh *m* supplement; addendum.
formáid *f* format.
formhéadaigh *vt* to magnify.
formhéadú *m* (*opt*) magnification.
formhothaitheach *adj* imperceptible; stealthy.
formhuinigh *vt* to endorse.
forógra *m* declaration; manifesto.
fórsa *m* force.
fortheach *m* annexe (*building*).
fortún *m* fortune.
fós *adv* still, yet.
fosta *adv* also; too.
fostaí *m* employee.
fostaigh *vt* to employ; to hire.
fostóir *m* employer.
fothoghchán *m* by-election.
fothrach tí *m* ruin (house).
Frainc: An Fhrainc *f* France.
frainceáil *vt* to frank (stamp).
Fraincis *f* (*ling*) French.
fráma *m* frame.
Francach *adj* French;. • *m* French person.
francach *m* rat.
fraoch[1] *m* (*bot*) heather.
fraoch[2] *m* wrath.
fraochmhar *adj* heathery.
fras *adj* abundant.

frása *m* phrase.
freagair *vi* to reply. • *vt* to answer.
freagra *m* answer; reply.
freagrach *adj* liable; responsive; accountable.
freagracht *f* liability, responsibility, accountability.
freagraigh do *vi* to correspond.
fréamh *f* root.
fréamhaí *m* derivation. • *vi* **fréamhaigh ó** to derive from.
freastail ar *vi* to cater, attend, serve.
freastal *m* attendance.
freastalaí *m* attendant; waiter, waitress; **freastalaí beáir** bartender.
frídín *m* (*bot*)germ.
frioch *vt* to fry.
friochtán *m* frying pan.
frithbheart *m* resistance.
frithchaith *vt* to reflect.
frithchuimilt *f* friction.
frithghiniúint *f* birth control, contraception.
frithghiniúnach *adj m* contraceptive.
frithir *adj* sore.
frithsheipteán *m* antiseptic.
frog *m* frog.
fuacht *m* chill; cold.
fuadaigh *vt* to abduct, kidnap; to hijack.
fuadaitheoir *m* abductor, hijacker, kidnapper.
fuadar *m* ado; bustle.
fuafar *adj* ghastly; hateful; loathsome.
fuaigh *vt vi* to sew.
fuáil *f* sewing.
fuaim *f* sound.
fuaimeolaíocht *f* acoustics.
fuaimíocht *f* acoustics.

fuaimnigh *vt* to pronounce; to sound.
fuaimrian *m* soundtrack.
fualán *m* urinal.
fuar *adj* chilly; cold.
fuaraigh *vt* to cool; to chill.
fuarán *m* fount, fountain; spring (of water).
fuaránta *adj* frigid.
fuascail *vt* to emancipate; to release; to redeem; to solve.
fuascailt *f* ransom.
fuath *m* abhorrence; antipathy; hate; **fuath ban** misogyny. • *vt* **is fuath (liom)** I hate; **fuath a bheith agat ar rud** to detest something.
fuathaigh *vt* to hate.
fud: ar fud na háite *prep* over the whole area.
fuil (fola) *f* blood.
fuilaistriú *m* blood transfusion.
fuileadán *m* blood vessel.
fuilghrúpa *m* blood group.
fuílleach *m* remains.
fuilteach *adj* bloody, gory.
fuin *vt* to knead.
fuinneamh *m* energy; vigour; impetus.
fuinneog *f* window.
fuinniúil *adj* energetic; lusty.
fuinseog *f* (*bot*) ash.
fuíoll *m* waste.
fuip *f* whip.
fuipeáil *vt* to whip.
fuipín *m* puffin.
fuirseoir *m* entertainer.
fuisce *m* whisky.
fuiseog *f* lark; skylark.
fuist! *excl* hush!
fulaing *vi vt* to suffer; to undergo.
fulangacht *f* passivity.
fulangaí *m* sufferer.
furasta *adj* easy.

G

gabh *vi* to go. • *vt* to apprehend, arrest; to capture; to catch; to seize.
gabh ar luas *vt* to speed.
gabh ar stailc *vt* to strike (*work*).
gabh ar *vt* to assume.
gabh buíochas (le) *vt* to thank.
gabh do leithscéal *vi* to apologise.
gabh i dtaithí le *vt* to accustom.
gabh leithscéal *vt* to excuse.
gabha *m* blacksmith; smith.
gabháil *f* assumption; catch; conquest; capture; **gabháil ceannais** coup (d'état).
gabhal *m* crotch; juncture.
gabhar *m* goat; **An Gabhar** Capricorn.
gabhdán *m* container.
gabhlaigh *vi* to fork.
gach *adj* each; every. • *pn* **gach aon** each; **gach duine** everyone. • *m* **gach rud** everything.
gadaí *m* thief.
gadaíocht *f* larceny, theft.
gadhar faire *m* watchdog.
Gaeilge *f* (*lang*) (Irish) Gaelic.
Gael *m* Gael, Irish person.
Gaelach *adj* Gaelic; Irish.
gailearaí *m* gallery.
Gaillimh *f* Galway.
gaineach *adj* scaly.
gaineamh *m* sand; **gaineamh beo** quicksand. • *f* **gaineamhchloch** sandstone.
gainmheach *adj* sandy.
gainne *f* dearth.
gainnéad *m* gannet.
gáir *vi* to exclaim. • *f* **gáir mholta** cheer; acclamation.
gairbhe *f* coarseness, asperity.
gairbhéal *m* gravel.
gairdín *m* garden.
gáire *m* laugh; laughter. • *vi* **déan gáire** to laugh. • *adj* **sna trithí gáire** (*laughter*) hysterical.
gaireacht *f* closeness.
gaireas *m* apparatus; appliance; gadget.
gairgeach *adj* acrimonious.
gairgeacht *f* acrimony; harshness.
gairleog *f* garlic.
gairm *f* calling, vocation.
gáirsiúil *adj* bawdy; obscene; vulgar.
gáirslúlacht *f* obscenity.
gairtéar *m* garter.
gaiste *m* trap.
gal *f* steam; vapour.
gála *m* gale.
galaigh *vi vt* to evaporate.
galánta *adj* genteel.
galántacht *f* finery.
galar *m* disease.
galf *m* golf.
Gall *m* foreigner.
gallda *adj* foreign.
gallúnach *f* soap.
galún *m* gallon.
gamhain (gamhna) *m* calf.
gan *prep* without.
gandal *m* gander.
ganntanas *m* shortage.
gaofar *adj* windy.
gaol *m* relation(ship).
gaolmhar *adj* related, akin.

gaoth¹ f wind; **gaoth aniar** westerly (wind).

gaoth² m inlet.

gar adj approximate; **gar (do)** close.

garach adj accommodating.

garaíocht f assistance, help.

garáiste m garage.

garbh adj coarse; rough.

garbhchríoch f highland. • mpl **na Garbhchríocha** the Highlands.

garchabhair f first aid.

garda m guard; **garda cósta** coastguard; **garda tarrthála** lifeguard.

gardaí mpl police.

gardáil vt to guard.

garg adj harsh.

gariníon f grandchild.

garmhac m grandchild.

garraíodóir m gardener.

garrán m grove.

gas m stalk; blade (of grass).

gás m gas.

gasta adj fast, quick.

gastranómach adj gastronomic.

gastranómachas m gastronomy.

gátar m distress.

gé f goose.

géag f arm; branch; limb.

géagán m limb; small branch; appendage.

geal adj bright; (*wine*) white. • m gin. • vt to blanch; to brighten.

gealach f moon.

gealgháireach adj cheerful.

geall m bet; wager.

gealltanas pósta m engagement.

gealt m lunatic; maniac.

gealtachas m dementia; craziness; panic.

gealtacht f insanity; lunacy; panic.

geanmnaí adj chaste.

geanmnaíocht f chastity.

geansaí m jersey, jumper.

geanúil adj loving.

géar adj acute; severe; austere; bitter; sharp.

géaraigh vt to intensify.

gearán m accusation; complaint. • vi **gearán a dhéanamh (faoi)** to complain.

gearánaí m (*law*) plaintiff.

géarchéim f crisis.

géarchúiseach adj astute; discerning; sagacious.

Gearmáin: An Ghearmáin f Germany.

Gearmáinis f (*lang*) German.

Gearmánach m adj German.

gearr vt to carve; to chop; to commute; to slash; to cut. • vi to cut. • adj brief, short. • vt **gearr de** to amputate.

gearradh m cut; slit.

gearrán m garron.

gearr cáin (ar) vt to tax.

gearr-radharcach adj near-sighted, shortsighted.

gearrshaolach adj ephemeral; momentary.

gearrthonn f shortwave.

geata m gate.

géibheann m captivity.

géill vt to cede; to obey; to submit, yield. • vi **géill (ar choinníollacha)** to capitulate.

géill do vt believe in.

géilleadh m surrender, submission; acceptance, credence.

geimhreadh m winter.

geimhriúil adj wintry.

géiniteach adj genetic.

geir f (*cooking*) fat.

géire *f* keenness; sharpness; severity; austerity.
géire intinne acumen.
geolaí *m* geologist.
geolaíoch *adj* geological.
geolaíocht *f* geology.
geolbhaigh *npl* gills; chops.
giall *m* hostage; jaw; jowl.
giar *m* gear (*car*).
gile *f* brightness.
gin *f* foetus; birth; child.
gineadóir *m* generator.
ginealach *m* genealogy; lineage.
ginealaigh *adj* genealogical.
ginealeolaí *m* genealogist.
ginearálta *adj* general; generic.
ginmhilleadh *m* abortion.
giobal *m* rag.
giodam *m* frivolity; restlessness; giddiness.
giodamach *adj* frivolous; restless.
giodróg *f* minx; flighty girl.
gíog *f* chirp; squeak; cheep. • *vi* **gíog a ligint asat** to chirp; to cheep; to squeak.
giolcach *f* reed.
giorraigh *vt* to abbreviate; to shorten; to abridge.
giorraisc *adj* abrupt, curt, short.
giorria *m* hare.
giorrú *m* abridgement; abbreviation.
giorta *m* (*harness*) girth.
giosta *m* yeast.
giota *m* bit, piece.
giotán *m* (*comput*) bit.
giotár *m* guitar.
girseach *f* girl, youngster.
giúis *f* fir.
giúistís *f* magistrate.
giúróir *m* juror.
glac *vt* to receive; to take; **glac le** to accept; to acknowledge; **glac seilbh ar** to appropriate.
glacadh *m* acceptance; assumption, supposition; reception.
glaineacht *f* cleanliness; purity.
glaise *f* greenness.
glam *f* howl; bark.
glan *adj* clean; chaste. • *vt* to clean; to clear.
glan le grafóg *vt* to hoe.
glan- *prefix* pure, clean.
glanadh *m* cleaning.
glaoch *m* call. • *vt* **glaoch a chur ar dhuine** to buzz someone.
glaoigh *vt* to call; to summon; **glaoigh ar** (*telephone*) to ring.
glas[1] *adj* green.
glas[2] *m* lock.
glasadóir *m* locksmith.
Glaschú *m* Glasgow.
glasghnéitheach *adj* livid.
glasíoc *m* instalment (payment).
glasóg *f* wagtail.
glasra *m* vegetable.
gleann *m* glen, vale, valley.
gleanntán *m* dale; dell.
gléas[1] *vi* to dress. • *vt* to clothe, dress.
gléas[2] *m* artifice; device; (*mus*) key; musical instrument; **gléas ceoil** musical instrument; **gléas freagartha** answering machine.
gléasadh *m* dressing.
gleo *m* noise.
gleoiseach *f* linnet.
gleoite *adj* pretty, neat, charming, delightful.
glic *adj* clever; sly; wily.
gliceas *m* craft, cunning.
gliomach *m* lobster.
gliondar *m* joy.

gliondrach *adj* blithe, joyful.
gliscín *m* lisp.
gliú *m* glue.
gloine *f* glass.
glóire *f* glory.
glór *m* tone; voice.
glórach *adj* loud; noisy.
glóraí *f* loudness.
glóthach *f* jelly.
glothar *m* gurgle.
gluais *vt* to move; to proceed.
gluaiseacht *f* motion, movement.
gluaisteán *m* car.
gluaisteánaí *m* motorist.
glúin *f* knee.
gnách *adj* accustomed; habitual; customary, usual, ordinary.
gnás *m* custom.
gnáth- *prefix* common, customary, everyday; general; habitual; normal, ordinary, usual. • *adv* **de ghnáth** generally, normally.
gnáthaigh *vt* to frequent.
gnáthchúrsa *m* routine.
gnáthleagan cainte *m* colloquialism.
gnáthsheilbh *f* obsession.
gné *f* kind; appearance; species.
gné mhínormálta (de rud) *m* abnormality.
gnéas *m* sex.
gníomh *m* act; (*legal*) deed; **dea-ghníomh** benefaction.
gníomhach *adj* active.
gníomhaigh *vi* to act.
gníomhaíocht *f* activity.
gníomhaire *m* agent.
gníomh uafáis *m* atrocity.
gnó *m* business; affair; **d'aon ghnó** on purpose.
gnólacht *f* business.
gnóthach *adj* busy.

gnóthaigh *vt* to gain.
gnúis *f* countenance; face.
gnúsacht *f* grunt. • *vi* **déan gnúsacht** to grunt.
go *prep* till, until; to.
go (gur *in past*) *conj* that.
go raibh maith agat thank you.
gob *m* beak. • *vt* to peck.
gob amach *vi* to jut.
goid *f* theft. • *vt* to steal.
goile *m* appetite; stomach.
goill ar *vi* to rankle. • *vt* to distress.
goilliúnach *adj* hurtful.
goirín *m* pimple.
goirme *f* blueness.
gonc *m* rebuff.
gontacht *f* brevity.
gor *vt vi* to incubate.
gorb *m* glutton.
gorm *adj* blue.
gorta *m* famine; starvation.
gortach *adj* hungry, meagre; skimpy.
gortaigh *vt* to hurt; to injure.
gorthach *adj* ardent.
gortú *m* injury.
gotha *m* gesture; pose; appearance.
grá *m* darling; love; **grá geal** sweetheart.
grabaire *m* imp.
grabháil *vt* to emboss.
grabhróg *f* crumb. • *fpl* **grabhróga aráin** breadcrumbs.
grád *m* grade.
grádán *m* gradient.
graeipe *f* graip.
grafóg *f* hoe. • *vt* **glan le grafóg** to hoe.
graificí *npl* graphics.
gráigh *vt* to adore.
gráin *f* aversion, loathing. • *vt* **tá gráin agam ar** to abhor.

gráinne *m* grain.
gráinneach *adj* granular.
gráinneog *f* hedgehog.
gráinniúil *adj* abominable.
gram *m* gram.
gramaisc *f* mob, rabble.
grámhar *adj* amorous.
gránna *adj* despicable; horrid; ugly.
gránnacht *f* ugliness.
graosta *adj* lewd.
graostacht *f* lewdness.
grásta *m* grace.
grástúil *adj* gracious.
gráta *m* grate.
greabhóg *f* tern.
greadadh *m* beating; trouncing; percussion.
greadóg *f* smack.
Gréagach *adj m* Greek.
greamachán *m* adhesive.
greamaigh *vt* to stick. • *vt vi* to adhere. • *vi* **greamaigh do** to adhere.
greamaigh rud de rud eile *vt* to attach.
greamaithe *adj* attached.
greamú *m* binding.
grean *m* grit, coarse sand.
greann *m* humour.
greannmhar *adj* amusing; comic, comical, droll, funny.
gréasaí *m* shoemaker.
Gréig: An Ghréig *f* Greece.
Gréigis *f* (*ling*) Greek.
greille *f* grid; grill.
greim *m* clutch; grasp; stitch. • *vi* **greim a choinneáil (ar)** to cling. • *vt* **greim a fháil ar** to clutch.
grian *f* sun.
grianach *adj* sunny.
grianchloch *f* (*min*) quartz.
grianda *adj* solar.
griandóite *adj* bronzed.

grianghraf *m* photograph.
grideall *f* griddle.
grinn *adj* discerning, perceptive, discerning.
grinneall *m* bottom (of sea, loch).
grinneas *m* clearness, accuracy; acumen.
grinnléigh *vt* to peruse.
grinnsúileach *adj* observant.
griog *vt* to tantalise; to tease, annoy.
gríos[1] *m* hot embers.
gríos[2] *m* rash.
gríosach *f* hot ashes; embers.
gríosaigh *vt* to urge.
gríosc *vt* to grill; to broil.
gríscín *m* chop.
grósa *m* gross (*144*).
grósaeir *m* grocer.
gruagach *adj* hairy. • *m* goblin.
gruaig *f* hair.
gruaim *f* depression; melancholy; dullness; gloom.
gruama *adj* black-humoured, morose; dismal; dull, gloomy; glum; melancholy; (*prospects*) bleak.
grúdaigh *vt* to brew (*beer*).
grúdaire *m* brewer.
grúdaireacht *f* brew; brewing.
grúdlann *f* brewery.
gruig *f* frown. • *vi* to scowl.
grúm *m* bridegroom.
grúpa *m* group.
guagach *adj* fickle, unstable; vacillating; unsteady; capricious.
guailleáil *vt* to jostle.
guailleáin *npl* braces.
guairí *npl* whiskers (of cat).
guairille *m* guerrilla.
guairneán *m* eddy.
gual *m* coal.
gualach *m* charcoal.

gualainn *f* shoulder.
guigh *vi vt* pray; to entreat.
guma coganta *m* chewing gum, bubblegum.
gúna *m* dress, gown.
gunna *m* gun.
gus *m* force; vigour; spirit, gumption.

guta *m* vowel.
guth *m* voice. • *adj* **d'aon ghuth** unanimous.
guthach *adj* vocal.
guthán *m* telephone; **guthán póca** mobile phone.

H

hagaois *f* haggis.
haiste *m* hatch.
halla *m* hall.
hata *m* hat.
hearóin *f* heroin.

héileacaptar *m* helicopter.
hidrileictreach *adj* hydroelectric.
híleantóir *m* Highlander.
histéireach *adj* hysterical.
homaighnéasach *adj m* homosexual.

I

í *pn* she; her; (*fem*) it; **í féin** herself (*object*); itself. *See* **féin**.

i *prep* in, into; **i leith** (+ *gen*) toward(s); **i measc** amid(st) (+ *gen*); among(st).

iacsaireacht *f* fishing.

iad *pn pl* they; **iad féin** themselves; **iad(san)** them; **iad seo** these; **iad sin** those.

iall *f* lace; dog lead; **iall bróige** shoelace.

iallach *m* constraint; compulsion. • *vt* **iallach a chur ar dhuine rud a dhéanamh** to compel.

iarainn *adj* (made of) iron.

iarann *m* iron.

iargúlta *adj* isolated; remote.

iarla *m* earl.

iarmhairt *f* consequence.

iarmhéid *m* (*fin*) balance.

iarnáil *vt* to iron.

iarnóin *f* afternoon.

iarnród *m* railroad, railway.

iarr *vt* to ask, request; to call for; to solicit; **iarr ar** to request.

iarr ar ais *vt* to reclaim.

iarracht *f* effort, attempt.

iarraidh *f* effort, attempt. • *adj* **ar iarraidh** missing; **gan iarraidh** unwanted.

iarratas *m* application; request.

iarrthóir *m* applicant; candidate.

iarsma *m* relic.

iarthar *m* west.

iartharach *adj* westerner.

iarthuaisceart *m* northwest.

iasacht *f* loan; **ar iasacht** on loan, borrowed.

iasachtaí *m* borrower.

iasachtóir *m* lender.

iasc *m* fish. • *vi* **vt** to fish. • *m* **iasc sliogánach** mollusc.

iascach *adj* abounding in fish.

iascaire *m* fisher(man); **iascaire coirneach** *m* osprey; **iascaire slaite** *m* angler.

iascaireacht *f* fishing; **iascaireacht slaite** angling.

iatacht *f* constipation.

íde *f* ill usage; **íde béil** verbal abuse.

idéal *m* ideal.

ídigh *vt* to consume, use up, wear out.

idir *adv, prep* between.

idir an dá linn *adv* meantime.

idirdhealú *m* discrimination; distinction. • *vt* **déan idirdhealú idir** to distinguish between, distinguish.

idirghabháil *f* intervention; mediation. • *vi vt* **déan idirghabháil** to intervene; to mediate.

idirghabhálaí *m* mediator.

idirlíon (-lín) *m* (*comput*) web, internet.

idirnáisiúnta *adj* international.

ifreann *m* hell.

Íle Islay.

iltíreach *adj* cosmopolitan.

im *m* butter.

imdhíonacht *f* immunity.

imeacht *m* event; going, departure. • *adv* **ar imeacht le sruth** adrift. • *vi* **imeacht de rúchladh** to career; **imeacht thar sáile** to go abroad.

imeagla *f* dread. • *vt* **imeagla a bheith ar dhuine roimh rud** to dread (something).
imeall *m* edge; outskirts.
imeallchríoch *f* frontier.
imigh *vi* to depart; to disappear; to go, depart, to leave; **imigh ar fud na háite** to roam; **imigh gan treo** drift; **imigh i saithe** to swarm.
imigh thart *vi* to elapse.
imir *vt* to play (game).
imirceach *adj* expatriate.
imleacán *m* navel.
imlíne *f* circumference.
imní *f* anxiety, care, worry.
imníoch *adj* anxious.
impigh (ar) *vt* to beg, implore; to petition. • *vi* to petition.
impireacht *f* empire.
impleacht *f* implication.
imreoir *m* player.
imrothlaigh *vt* to revolve.
imshaol *m* (*ecol*) environment.
imshruthú *m* (*anat*) circulation.
imtharraingt *f* (*physics*) gravity.
ináirithe *adj* calculable.
ináitrithe *adj* inhabitable.
inathraithe *adj* adaptable, changeable; convertible.
inbhainte amach *adj* attainable.
inbhear *m* estuary; **Inbhir Nis** Inverness.
inbhéartaigh *vt* to invert.
incháilithe *adj* eligible.
incheartaithe *adj* adjustable.
inchinn *f* brain.
inchloiste *adj* audible.
inchreidte *adj* believable, credible; plausible.
indíleáite *adj* digestible.
indíolta *adj* marketable; saleable.

infheicthe *adj* visible.
infheictheacht *f* visibility.
infheistigh *vt* to invest.
infhillte *adj* capable of being folded; collapsible.
ingearach *adj* perpendicular; vertical; upright.
inghlactha *adj* acceptable; admissible.
inghlacthacht *f* acceptability.
inimirce *f* immigration.
inimirceach *m* immigrant.
iníoctha *adj* payable; due.
iniompartha *adj* portable.
iníon *f* daughter.
Iníon *f* Miss.
inis *vt* to tell, relate.
inite *adj* eatable, edible.
iniúch *vt* to audit.
iniúchadh *m* audit.
iniúchóir *m* auditor.
inlasta *adj* inflammable.
inleighis *adj* curable.
inléite *adj* legible.
inléiteacht *f* legibility.
inmhaite *adj* justifiable.
inmharthana *adj* viable.
inmhe: in inmhe *vi* to be able.
inmheánach *adj* inner; internal.
inmholta *adj* admirable, commendable.
inné *adv* yesterday.
innéacs *m* index.
innéacsaigh *vt vi* to index.
inneall *m* engine; motor.
innealra *m* machinery.
innealtóir *m* engineer.
inneoin *f* anvil.
inní *mpl* bowels.
innill *vt* to engineer.
inniu *adv* today.

inphósta *adj* marriageable.
inroinnte *adj* divisible.
insamhlaithe *adj* imaginable.
inse *m* hinge.
insligh *vt* to insulate.
insroichte *adj* accessible.
insteall *vt* to inject.
instealladh *m* injection, jab.
instinn *f* instinct.
instinneach *adj* instinctive.
institiúid *f* institute; institution.
intinn *f* mind.
intíre *adj* inland.
intleacht *f* intellect; intelligence.
intleachtach *adj* ingenious; intellectual. • *m* intellectual
intomhaiste *adj* measurable.
intuaslagtha *adj* soluble.
intuigthe *adj* implicit; understandable.
íobair *vt* to sacrifice.
íobairt *f* sacrifice.
íobartach *m* victim.
íoc *vi vt* to contribute; to pay.
íochtar *m* bottom.
íochtarach *adj* inferior.
íocshláinte *f* balm, balsam; elixir.
íocshláinteach *adj* medicinal.
Iodálach *adj* Italian.
Iodáil: An Iodáil *f* Italy.
íogair *adj* sensitive.
íol *m* idol.
iolar *m* eagle.
iolra *m* plural.
iolracht *f* plurality.
iolraigh *vt* to multiply.
iomadúil *adj* multiple.
iomáint *f* hurling; shinty.
iomaíocht *f* rivalry; emulation.
iomaíochta *adj* rival.
iomaitheoir *m* competitor; rival; competition.

iomann *m* hymn.
iomarca *f* too much, too many.
iomarcach *adj* redundant; excess.
iomas *m* intuition.
íomhá *f* effigy; image.
iomlaisc *m* flounder.
iomlán *adj* absolute; all; complete, entire; utter; total; whole; intact; outright. • *m* sum; total. • *adv* **ar an iomlán** overall; **go hiomlán** altogether.
iomlatach *adj* playful; mischievous.
iompaigh *vi vt* to convert; to overturn. • *vt* (*mar*) **iompaigh (an bád) béal faoi** to capsize.
iompair *vi* to behave. • *vt* to bear; to carry.
iompar *m* (*transport*) conveyance; behaviour; deportment.
iompórtáil *vt* to import.
iompú *m* conversion; turning.
iomrall aimsire *m* anachronism.
iomrascáil *f* wrestling. • *vi* **déan iomrascáil (le)** to wrestle.
ionaclaigh *vt* inoculate.
ionad *m* place, venue.
ionadach *adj* substitute; vicarious.
ionadaí *m* representative.
ionadh *m* astonishment; wonder.
ionanálaigh *vt* inhale.
ionann *adj* identical; **is ionann X agus Y** X is identical to Y.
ionannas *m* sameness; equality.
ioncam *m* income.
ionchúisigh *vt* to prosecute.
iondúil *adj* customary, usual.
ionfabhtaigh *vt* infect.
ionfabhtú *m* infection.
ionga *f* (finger)nail.
ionnladh *m* ablution.
ionracas *m* honesty; integrity.

ionraic *adj* frank, honest.
ionsaí *m* (*phys*) aggression; assault, attack.
ionsaigh *vt* to assail, attack.
ionsaitheach *adj* aggressive.
ionsaitheoir *m* assailant.
iontach *adj* amazing, extraordinary, fantastic, marvellous, surprising. • *adv* very.
iontaise *f* fossil.
iontaofa *adj* reliable.
iontas *m* amazement; fascination; marvel, wonder; surprise. • *vi* **déan iontas de** to marvel.
ionúin *adj* beloved, dear.
iora *m* squirrel.
íoróin *f* irony.
íorónta *adj* ironic.
ioscaid *f* hollow at back of knee.
íoslach *m* basement.
Ioslamachas *m* Islam.
iothlainn *f* granary.
iris *f* magazine, journal.
iriseoir *m* journalist.
iriseoireacht *f* journalism.
is[1] *conj* and.
is[2] *vi* to be (*see grammar notes*).
is ar éigean gur rug sé air *adv* he hardly caught it.
is eol dom *vi* I know.
is liomsa é *vi* it belongs to me.
íseal *adj* low; **le brollach íseal** low-cut.
Ísiltír: An Ísiltír *f* Netherlands.
ísle: is ísle *adj* lowest.
ísligh *vt* to demote; to humble; to lower. • *vi* **ísligh tú féin** to demean.
ispín *m* sausage.
isteach *adj* inward. • *adv* in; inwards; inside. • *prep* **isteach i** into.
istigh *adj* inner. • *adv* indoor; within.
ith *vt vi* to eat; to consume.
ithir *f* soil.
iubhaile *f* jubilee.
Iúil *m* July.
iúr *m* yew.

J K

jab *m* job.
jacaí *m* jockey.
juncaed *m* junket.

karaté *m* karate
kebab *m* kebab

L

lá *m* day; **Lá an Luain** doomsday; **Lá Bealtaine** Mayday. • *adv* **gach lá** daily.
lábánach *adj* muddy.
labhair *vi vt* to talk; to speak, to utter.
labhras *m* laurel.
lacáiste *m* discount; rebate.
lách *adj* affable, amiable, genial.
lacha *f* duck.
ladar *m* ladle; **do ladar a chur isteach i rud** to interfere in something.
laethúil *adj* daily.
laftán *m* shelf (of rock).
lag *adj* dim; frail; weak.
lagaigh *vt* to dilute; to weaken.
laghdaigh *vt vi* to diminish; to reduce; to lighten; to lessen; to abate; to decrease; to dwindle.
laghdú *m* decrease; abridgment.
lagmheasartha *adj* mediocre.
Laidin *f* Latin.
láidir *adj* able-bodied; strong; emphatic.
láidreacht *f* strength.
laige *f* weakness, frailty.
láimhsigh *vt* to handle; to manipulate.
laindéar *m* lantern.
láinseáil *vt* to launch.
láir (lárach) *f* mare.
láithreach *adj* immediate.
láithreach bonn *adv* directly; immediately.
láithreacht *f* presence.
láithreán campála *m* campsite.
lamairne *m* jetty.
lámh *f* hand; handle. • *vi* **an lámh in uachtar a fháil ar (dheacracht *f*)** to cope.
lámh láidir force; violence.
lámhainn *f* glove.
lámhfhite *m* handwoven.
lámhleabhar *m* manual.
lamhnán *m* bladder.
lámhscríbhinn *f* manuscript.
lampa *m* lamp.
lán *adj* full; replete; utter; **a lán** many; much. • *m* **lán mara** high tide.
lánaimseartha *adj* full-time.
lánchosc *m* embargo.
lánfhásta *adj* full-grown.
lann *f* scale (of fish); blade (of weapon).
lansa *m* lancet.
lansaigh *vt* to lance.
lánstad *m* full stop.
lánúin *f* couple; lovers.
lao *m* calf.
laoch *m* hero.
laofheoil *f* veal.
lapa *m* paw.
lár *m* centre; middle.
lár- *adj* mid.
lardrús *m* larder.
lárionad *m* (*building*) centre.
lárnach *adj* central.
lárnaigh *vt* to centralise.
las *vt vi* to ignite; to light.
lása *m* lace.
lasair rabhaidh *f* flare.
lasán *m* match.
lasc *f* switch.
lasta *m* cargo; freight.

láthair: as láthair *adj* absent.
le *prep* with. • *adj* **ar nós cuma liom** indifferent; **is cuma liom** I don't care. • *vt* **is mian liom** to wish. • *f* **líomhain** allegation.
le haghaidh *prep* for.
le linn *conj* while. • *prep* during.
leaba (leapa) *f* bed. • *adv* **ar an leaba** abed.
leaba ancaire *f* anchorage.
leabhar *m* book; **leabhar cuntais** accounts book; **leabhar nótaí** notebook; **leabhar urnaí** prayerbook.
leabharlann *f* library.
leabharlannaí *m* librarian.
leabharliosta *m* bibliography.
leabhlaigh *vt* to libel.
leabhrach *adj* bookish.
leabhragán *m* bookcase.
leac *f* flagstone; ledge; sill; **leac dorais** doorstep; **leac uaighe** gravestone.
leacht[1] *m* liquid.
leacht[2] *m* gravestone; monument.
léacht *f* lecture.
leachtach *adj* liquid.
leachtaigh *vi vt* to liquefy; to liquidate.
leadóg *f* tennis.
leadránach *adj* boring.
leag *vt* to lay; (*mus*) to flatten; **leag síos** to deposit, put down.
leag amach *vt* to design.
leag (lámh, etc) ar *vt* to touch.
leagan *m* version.
leagan cainte *m* expression.
leáigh *vt vi* to melt; to thaw.
leaisteach *adj* elastic.
leamh *adj* bland; insipid; inane.
leamhan *m* moth.
leamhán *m* elm.

lean *vi* to ensue; to continue. • *vt* to follow. • *vi* **lean ar** to continue. • *vt* **lean de** to carry on, continue.
léan *m* affliction; anguish; grief.
leanbaí *adj* childish; infantile.
leanbaíocht *f* childhood; dotage.
leanbh *m* babe, baby; child.
leanbh tréigthe *m* foundling.
leann *m* ale.
leannán *m* lover, sweetheart.
leantach *adj* consecutive.
leanúnach *adj* continual; continuous.
leáphointe *m* melting point.
lear: thar lear *adv* abroad, overseas.
learóg *f* larch.
léarscáil *f* map.
leas *m* benefit; well-being; interest.
léas[1] *m* lease.
léas[2] *vt* to thrash; to flog.
léasacht *f* leasehold.
leasaigh *vt* to improve; to amend; to reform; to undo; to fertilise, manure.
leasainm *m* nickname.
leasc *adj* lazy; slow. • *vt* **is leasc le** to loathe.
leasú *m* amendment; manure.
leataobh *m* lay-by. • *adv* **i leataobh** aside; sideways.
leataobhach *adj* lopsided.
leath *vi* (*eyes*) to dilate.
leath- *adv* partly; half. • *adv f* **leath bealaigh** halfway. • *f* half. • *m* **leath-thon** (*mus*) semitone.
leathan *adj* broad; wide; **leathanaigeanta** broad-minded.
leathanach *m* page; **leathanach baile** (*comput*) home page.
leathar *m* leather.
leathbhróg *f* one of two shoes.
leathbhuidéal *m* half-bottle.

leathchamán *m* semiquaver.
leathchúpla *m* twin.
leathfhocal *m* byword; catchword.
leathfhocal *m* innuendo.
leathnaigh *vt* to expand.
leathóg bhallach *f* plaice.
leathoscailt: ar leathoscailt *adj* ajar.
leathrann *m* couplet.
leathsféar *m* hemisphere.
leatrom *m* discrimination. • *vt* **leatrom a dhéanamh ar (dhuine)** to discriminate against.
leatromach *adj* unfair.
leibhéal *m* level. • *f* **leibhéal na farraige** sea level.
leibide *f* sloven.
leibideach *adj* careless; slovenly.
leiceann *m* cheek.
leictreach *adj* electric.
leictreachas *m* electricity.
leictreon *m* electron.
leictreonach *adj* electronic.
leictriú *m* electrification.
leid *f* clue; hint.
léig *f* disuse; decay **dul i léig** to decay, decline, die out.
léigear *m* siege.
léigh *vt vi* to read.
leigheas *m* medicine; remedy; cure. • *vt* to cure; to heal. • *vi* to heal.
leighis *adj* medical.
léim *f* bound, jump; to leap. • *vi* to bound. • *vt* to jump; to skip; to leap.
léine *f* shirt.
leipreachán *m* leprechaun.
léir: go léir *adv* entirely.
léirigh *vt* to illustrate; to depict.
léiriú *m* demonstration; representation; illustration.

léirmheastóir *m* critic.
léirmheastóireacht *f* criticism (of arts, etc).
léirthuiscint *f* appreciation.
leis *f* haunch.
leis seo *adv* hereby.
leite *f* porridge.
leith: ar leith *adj* unique.
leithead *m* breadth; width.
leithéid: a leithéid de *adj* such.
léitheoir *m* reader.
leithinis *f* peninsula.
leithleach *adj* peculiar; distinct; selfish.
leithleachas *m* self-interest.
leithliseach *adj* isolated; absolute.
leithlisigh *vt* to isolate.
leithreas *m* lavatory, toilet.
leithscéal *m* apology; excuse. • *vi* **gabh do leithscéal** to apologise. • *vt* **gabh leithscéal** to excuse.
leitís *f* lettuce.
leon *m* lion; **leon baineann** *m* lioness.
leor: go leor *adj* sufficient. • *adv* enough; galore; plenty.
liamhán *m* lever.
liamhás *m* ham.
liath *adj* grey; grey-haired.
liathbhuí *adj* sallow.
liathróid *f* ball; **liathróid láimhe** handball.
lig *vt* to let.
lig amach *vt* to emit; **lig amach ar bannaí** to bail.
lig ar *vt* to affect (let on); pretend.
lig ar cíos *vt* to let, lease; to rent.
lig (do rud) titim *vt* to drop (something).
lig do thaca le *vi* to lean.
lig fead *vi* to whistle.

ligh vt to lick.
lig isteach vi (*shoes*) to leak. • vt to admit.
lig srann vi to snore.
lig sraoth vi to sneeze.
lig tríd vi (*tank*, etc) to leak.
limistéar m area.
líne f file, line; row, rank. • adv **ar aon líne** abreast
líneach adj linear.
lingeán m spring.
línigh vt to line.
línitheoir m draughtsman.
linn f pond, pool. • m **linn snámha** swimming pool.
lintéar m gully, drain.
liobarnach adj hanging loose; tattered; unwieldy.
liobrálach adj liberal.
líofa adj fluent; voluble.
líofacht f alacrity; fluency.
liomóg f nip, pinch.
liomóid f lemon.
líon m linen; net; web; **líon damháin alla** web; cobweb; **líon domhanda** (*comput*) World Wide Web.
líon vt to fill.
líonmhar adj numerous.
lionsa m lens.
liopa m flap; lip.
liopach adj labial.
liosta m list; inventory; **liosta dubh** blacklist. • vt **déan liosta de** to list.
liostacht f monotony, tediousness.
liostáil vi vt to enlist.
liotúirge m liturgy.
lipéad m label.
lir f lyre.
líreacán m lollipop.
liric f lyric.

lítear m litre.
liteartha adj literate.
litearthacht f literacy.
litir (litreach) f letter.
litreacha fpl mail, letters.
litrigh vt to spell.
litríocht f literature.
litriúil adj literal.
liú m whoop. • vi **lig liú** to whoop.
liúdramán m lanky person; drone.
liúntas m allowance; dole.
lobh vi to decay; to decompose.
lobhadh m decay; rot; caries.
lobhar m leper.
loca m (*animal*) fold, pen.
loch m lake.
lochán m puddle.
Lochlannach m Viking, Scandinavian.
locht m blame; defect; fault. • vt **an locht a chur ar** to blame; **locht a fháil ar** to censure. • adj **gan locht** blameless; faultless.
lochta m loft.
lochtach adj defective, faulty.
lochtaigh vt to fault, blame; to denigrate.
lódaigh vt to load.
lodair vi to cover with mud; to grovel.
lodartha adj base, vulgar; flabby.
lofa adj putrid; rotten.
log m cavity; hollow. • vt **log a chur i** to dent.
log ann vi (*comput*) to log on; **log as** to log off.
loghairt f lizard.
loic vi to flinch; to fail; to shirk; **loic sé orm** he let me down.
loicéad m locket.
loighciúil adj logical.

loighic *f* logic.
loigín *m* dimple.
loingeán *m* cartilage; gristle.
loinnir *f* lustre.
lóis *f* lotion.
loiscneach *adj* burning, scorching.
lóiste *m* lodge.
lóistéir *m* lodger.
lóistín *m* accommodation.
loit *vt* to hurt; to damage; to impair; to mar.
lom *adj* bare; gaunt. • *vt* to denude; to shear.
lom- *adj* mere.
lomadh *m* shearing.
lomán *m* log.
lomnocht *adj* naked.
lomra *m* fleece.
lón *m* lunch, luncheon.
lon dubh *m* blackbird.
lónadóireacht *f* catering.
long *f* ship; **long bhriste** wreck; **long chogaidh** warship.
longbhriseadh[1] *m* shipwreck.
longbhriseadh[2] *vi* to fall from grace.
longlann *f* dockyard.
lonnaíocht *f* settlement (of land village, etc).
lonrach *adj* brilliant; luminous.
lonraigh *vi* to glint; to glow; to shine.
lorg *m* dent; trace; vestige. • *vt* to look for.
lú: is lú *adj* least.
luach *m* value; worth.
luachair (luachra) *f* rush. • *pl* **luachra** rushes.
luacharachán *m* elf.
luachmhar *adj* precious; valuable.
luaidhe *f* lead. • *adj* **ar dhath na luaidhe** leaden.

luaigh *vt* to cite; to mention; to quote.
luainigh *vi* to swing; to fluctuate.
luaith *f* ashes.
luaithreadán *m* ashtray.
luamh *m* yacht.
Luan: An Luan *m* Monday; **Dé Luain** on Monday; **Luan an tSléibhe** Doomsday.
luas *m* speed. • *vt* **gabh ar luas** to speed.
luas- *adj* express.
luasaire *m* accelerator.
luasc *vt* to rock.
luascán *m* swing.
luasghéaraigh *vt* to accelerate.
luastraein *f* (*rail*) express.
luath *adj* early.
luathú *m* acceleration.
lúb *f* bend; coil; loop. • *vi vt* to bend; to curve. • *f* **lúb ar lár** loophole.
lúbra *m* maze.
lúbthacht *f* curvature.
luch *f* (*comput*) mouse.
lúcháir *f* delight; glee.
luchóg *f* mouse; **luch fhéir** fieldmouse.
lucht[1] *m* content, load; capacity; **lucht báid** cargo.
lucht[2] *npl* (category of) people. • *f* **lucht coimhdeachta** train, retinue. • *m* **lucht éisteachta** audience.
luchtaigh *vt* (*elec*) to charge.
lúfar *adj* agile; athletic.
luí *m* lying down; **luí na gréine** sunset.
luibh *f* herb.
luibheolaí *m* botanist.
luibheolaíocht *f* botany.
lúibín *f* ditty; bracket.
lúide *prep* minus.

luigh *vi* to lie. • *vt* **luigh (ar)** to rest; **luigh siar** to recline.
luigh isteach le *vi* to snuggle.
luíochán *m* ambush. • *vt* **déan luíochán roimh dhuine** to waylay.
luisne *f* blush; glow.
Lúnasa *m* August.
lus *m* plant; herb; **lus an chromchinn** daffodil; **lus súgach** asparagus.
lútáil *vi* to cringe.
lúthchleasaíocht *f* athletics.

M

má *conj* if (*pres/past*).
mac *m* son.
macalla *m* echo. • *vi* **déan macalla** to echo.
macánta *adj* decent; sincere.
macasamhail *f* like; counterpart; copy; duplicate.
machnaigh *vi* to meditate. • *vt* **machnaigh ar** to deliberate.
machnamh *m* contemplation; meditation.
mac imrisc *m* pupil (eye).
macnasach *adj* luxurious; sensual, sensuous.
mac tíre *f* wolf.
madadh (=madra) *m* dog; **madra caorach** sheepdog; **madra treoraithe** guide dog.
magadh *m* joke. • *vt* **déan magadh faoi** to mock, jest.
magairle *m* testicle.
maghar *m* small fish; fishing fly.
maicín *m* brawl.
maide *m* stick; **maide croise** crutch; **maide rámha** oar.
maidhm *vt* to burst; to detonate; to defeat. • *f* **maidhm thalún** landslide.
maidin *f* morning.
maígh *vt* to claim; to state.
maighdean *f* virgin; **maighdean mhara** mermaid.
maighnéad *m* magnet.
maighreán *m* grilse.
mailís *f* malice.
mailíseach *adj* malicious; nasty.
mailléad *m* mallet.

máineach *m* (*med*) maniac.
mainistir (mainistreach) *f* abbey; monastery.
máinlia *m* surgeon.
mainséar *m* manger.
mair *vi* to live; to survive.
máirseáil *f* march. • *vi* to march.
Máirt *f* Tuesday; **Dé Máirt** on Tuesday.
mairteoil *f* beef.
mairtíreach *m* martyr.
maisigh *vt* to illustrate; to decorate; to adorn; to grace.
maisitheoir *m* illustrator.
maisiú *m* illumination, decoration.
maisiúchán *m* decoration.
maisiúil *adj* fancy.
máisiún *m* freemason.
maistín *m* hooligan.
máistir *m* master; **máistir scoile** schoolmaster.
máistreacht *f* mastery.
máistreás *f* mistress; **máistreás scoile** schoolmistress.
máistriúil *adj* masterly.
maith *adj* good; well; considerable; **gan mhaith** dud. • *adv* **go maith** quite; well. • *vt* to forgive; **is maith le** I like; **ní maith liom (é)** I dislike (it); **go raibh maith agat** thank you. • *vi* **is maith an tuar é** it augurs well.
maitheas (-a) *f* goodness.
máithreachas *m* maternity.
máithriúil *adj* motherly.
maitín *m* matins.
mala *f* brae, brow; **mala chnoic** hill-

mála · *adv* **in éadan na mala** uphill.

mála *m* bag; sack; **mála láimhe** handbag; **mála scoile** satchel; **mála taistil** kitbag; **mála trealaimh** (*milit*) kitbag.

malartaigh *vt* to exchange.

mall *adj* late; slow.

mallacht *f* curse.

mallaibh: ar na mallaibh *adv* recently.

mallaigh *vt* to curse.

mallaithe *adj* accursed.

mallmhuir *f* neap-tide.

malltriallach *adj* deliberate, slow.

mám *f* handful.

mam, mamaí *f* mum, mummy

mamach *m* mammal.

mámh *m* trump card.

mana *m* motto.

manach *m* monk.

mangaire *m* haggler, hustler, dealer.

maoil[1] *f* hillock, knoll.

maoil[2]: **ag cur thar maoil (le)** *vi* to abound (in, with), overflow..

maoile *f* baldness.

maoileann *m* brow (of a hill).

maoin *f* property; wealth.

maoithneach *adj* sentimental.

maol *adj* bald; blunt; (*mus*) flat. · *m* flat.

maolaigh *vi* to relent. · *vt* to allay, alleviate, assuage; to relieve; to blunt; to flatten.

maolchnoc *m* knoll.

maolgháire *m* chuckle.

maolú *m* alleviation; absorption; **maolú fuaime** absorption (of sound).

maor *m* steward, warden; (*milit*) major; **maor druma** drum major; **maor géim** gamekeeper.

maorga *adj* grand; dignified; sedate.

maorlathas *m* bureaucracy.

maoth *adj* tender, soft.

maothaigh *vi vt* to soak; to saturate.

mar *conj* as, because.

mara *adj* marine; (*plants*) maritime.

marachuan *m* marijuana.

maraí *m* mariner.

maraigh *vt* to kill.

marbh *adj* dead.

marbhán *m* corpse.

marbhánta *adj* dull; inert.

marbhántacht *f* dullness; lethargy.

marbhsháinn *f* (*chess*) mate.

marcach *m* horseman; rider.

marcshlua *m* cavalry.

marfach *adj* deadly, fatal, lethal.

marfóir *m* killer.

margadh *m* deal; market.

margáil a dhéanamh faoi rud *vi* to haggle.

marmar *m* marble.

maróg *f* paunch; pudding.

Márta *m* March.

marthanóir *m* survivor.

más *m* mace.

mása *npl* buttocks.

masc *m* mask; **masc a bhaint de** *vt* to unmask.

masla *m* (verbal) abuse, insult, slur.

maslaigh *vt* to abuse, to call names, insult; to affront.

masmas *m* nausea.

mata *m* mat.

máta *m* (ship)mate.

matal *m* mantelpiece.

matamaitic *f* mathematics.

matán *m* muscle.

máthair (-ar) *f* mother; **máthair altrama** foster-mother; **máthair chéile** mother-in-law.

máthartha *adj* maternal.

mé *pn* I; me; **mé féin** myself. *See* **féin**. • *vi* **tá mé i mo chodladh** I am asleep.

meabhair *f* wit. • *adj* **as do mheabhair** insane.

meabhlú *m* deception; betrayal; seduction.

meacan dearg *m* carrot.

meáchan *m* weight.

méadaigh *vt* to dilate; to enhance; to enlarge; to increase, augment; to grow. • *vi* to augment; to grow.

méadail *f* paunch, stomach.

méadar *m* meter; metre.

meadhrán *m* vertigo.

meadhránach *adj* dizzy; giddy.

méadú *m* increase.

meáigh *vt* to weigh.

meaisín *m* machine.

meaitseáil *vt* to match.

méalach *adj* lamentable.

mealbhacán *m* melon.

meall[1] *m* mound.

meall[2] *vt* to coax; to deceive; to attract; to charm; to **disappoint**; to entice; to fool; to lure; to seduce; to woo.

meallacacht *f* charm.

mealladh *m* lure.

mealltach *adj* illusory.

mealltóir *m* impostor; beguiler.

mealltóireacht *f* (act of) coaxing, beguiling.

meán *m* average, mean; **meán-** *m* medium; **meán lae** noon; **meán oíche** midnight.

meánaicmeach *adj* bourgeois.

meánaoiseach *adj* medieval.

meánaosta *adj* middle-aged.

meánchiorcal *m* equator.

meancóg *f* mistake.

meanfach *f* yawn.

meannán *m* kid (goat).

meánscoil *f* secondary school.

meántonnach *m* medium wave.

mear *adj* quick.

méar *f* finger.

mearaí *m* craziness.

mearbhall *m* (of person) confusion. • *vt* **mearbhall a chur (ar)** to confuse.

mearbhia *m* fast food.

meargánta *adj* reckless.

meáróg *f* pebble.

mearspléachadh *vi* quick look; **mearspléachadh a thabhairt ar leabhar** *vi (book)* to browse.

mearú súl *m* mirage; hallucination.

meas[1] *m* admiration; esteem, respect; stature. • *vt* **tá meas mór agam ar** I admire.

meas[2] *vt* to appraise; to assess; to estimate.

measa: is measa *adj* worst.

measartha *adj* moderate, middling; abstemious.

measarthacht *f* moderation; abstemiousness.

measc *m* jumble, confusion; mash. • *vt* to blend; to mix. • *prep* **i measc** amid(st) (+ *gen*); among(st).

meascán *m* assortment; mixture.

measúil *adj* respectable.

measúnacht *m* assessment.

measúnaigh *vt* to appreciate; to assess.

measúnóir *m* assessor.

measúnú *m* assessment.

meata *adj* pale, sickly; cowardly; degenerate.

meatach *adj* decadent; perishable.

meath *m* decay, decline. • *vi* to dwindle; to degenerate; to fade; to perish. • *adv* **bheith ag meath** (of person) downhill.

meathú *m* recession.

meicneoir *m* mechanic.

meicníocht *f* mechanism.

méid *f* amount; dimension; magnitude; size. • *m* **méid** quantity. • *conj* **sa mhéid go** inasmuch as.

meidhir *f* gaiety, merriment.

meidhreach *adj* frisky; jolly; jovial.

meidhréis *f* jollity.

meidhreog *f* frisky, flighty girl.

meigilit *f* megalith.

meil *vt* to grind.

méileach: bheith ag méileach *m* bleat.

meirbh *adj* languid; (*meteor*) sultry.

meirg *f* rust.

Meiriceá *m* America.

Meiriceánach *adj m* American.

méiríntéacht: ag méiríntéacht *vn* fiddling.

meirleach *m* thief, bandit, outlaw, felon.

meisce *f* drunkenness. • *adj* **ar meisce** drunk.

méith *adj* (*fruit*) mellow; (*land*) fertile.

meitheal *f* working party; contingent.

Meitheamh *m* June.

meon *m* mind; temper, temperament.

mí *f* month; **mí na meala** honeymoon. • *m* **Mí Mheán Fómhair** September; **Mí na Nollag** December.

mí-ádh *m* misfortune; adversity.

mí-aibí *adj* unripe.

mian *f* desire; wish. • *vt* **is mian liom** to wish.

mianach[1] *m* aptitude; mettle

mianach[2] *m* mine; ore.

mianra *m* mineral.

mianrach *adj* mineral.

mias *f* basin; dish.

míbhuíoch *adj* ungrateful.

míbhuntáiste *m* disadvantage.

míchaoithiúlacht *f* inconvenience.

mícheart *adj* incorrect; wrong.

míchinniúint *f* doom.

míchlú *m* disfavour.

míchompardach *adj* uncomfortable.

míchompord *m* discomfort.

míchothrom *adj* uneven.

míchruinn *adj* inaccurate.

míchumas *m* disability; inability.

míchúramach *adj* careless.

micrea- *m prefix* (*comput*) micro-.

mídhaonna *adj* inhuman.

mídhíleá *m* indigestion; (*med*) dyspepsia.

mídhílis *adj* disloyal.

mídhleathach *adj* illegal.

mí-eagar *m* disorder.

mífhoighne *f* impatience.

mífhóirsteanach *adj* unsuitable.

mífhonnmhar *adj* disinclined.

mígheanasach *adj* indecent.

mígnaíúil *adj* ill-favoured; ungenerous; unpopular.

mígnaoi *f* dislike.

mígníomh *m* misdeed.

mí-iompar *m* misbehaviour.

mí-ionraic *adj* dishonest.

mil (meala) *f* honey.

mílaois *f* millennium.

míle *adj* thousand. • *m* thousand; mile.

míleata *adj* martial; military.

milis *adj* sweet.

milisbhriathrach *adj* mellifluous.

mílitheach *adj* pale; pallid; sickly looking.

mill *vt* to deface; to spoil; to destroy; to devastate; to blight.

milleán *m* blame.

milliún *m* million.

millteach *adj* baleful; baneful.

millteanach *adj* awful.

millteanas *m* destruction; devastation.

míloighciúil *adj* illogical.

milseán *m* sweet, candy.

milseog *f* confection; dessert, pudding, sweet.

mím *f* mime.

mímhacántacht *f* dishonesty.

mímhorálta *adj* immoral.

mímhoráltacht *f* immorality.

min *f* meal; powdered matter; **min choirce** oatmeal.

mín *adj* dainty; smooth.

mínáireach *adj* immodest.

mineach *adj* mealy.

minic *adj* frequent. • *adv* **go minic** often.

minicíocht *f* frequency.

mínigh *vt* to account for; to explain; to interpret.

míniú *m* explanation.

mínormálta *adj* abnormal.

miodóg *f* dagger, dirk.

míofar *adj* hideous.

mí-oiriúnach *adj* improper.

míol *m* louse; **míol críon** woodlouse.

míoleolaíocht *f* zoology.

míol mór *m* whale.

míolra *m* vermin.

míoltóg *f* midge.

mion *adj* small, minute; detailed; **go mion** in detail.

mion- *adj* minor.

mionaoiseach *m* (*law*) minor.

mionghadaíocht *f* pilfering.

miongháirc *m* smile.

mionn *m* oath.

mionnaigh *vt* to swear.

mionsamhail *f* miniature; small scale model.

mionscrúdaigh *vt* to scrutinize closely; to dissect.

miontuarastal *m* pittance.

mí-ord *m* disorder.

míorúilt *f* miracle.

míosúil *adj* monthly.

miosúr *m* measure; dose.

miotal *m* metal.

miotalach *adj* metallic; wiry.

miotas *m* myth.

miotaseolaíocht *f* mythology.

mírathúil *adj* unsuccessful.

míréasúnta *adj* absurd, preposterous; unreasonable.

mire: ar mire *adj* crazy.

mise *pn* me; **is mise (le meas)** your(s) sincerely.

míshásamh *m* dissatisfaction.

míshásta *adj* dissatisfied; discontented.

míshásúil *adj* unsatisfactory.

míshlachtmhar *adj* untidy, badly arranged; unsightly.

míshláintiúil *adj* unhealthy; insanitary.

míshocracht *f* unrest.

míshuaimhneas *m* discomfort.

misinéir *m* missionary.

misneach *m* courage.

misnigh *vt* to encourage, hearten.

misniúil *adj* courageous.

mistiúil *adj* mystical.

místuama *adj* imprudent.

míthaitneamh *m* dislike.

míthaitneamhach *adj* unpleasant.
míthuiscint *f* misunderstanding, misapprehension.
mí-úsáid *f* abuse.
mo *pn* my. • *poss pn* mine.
mó: den chuid f is mó *adv* mainly.
modh *m* method.
modh oibre *m* approach.
modhúil *adj* modest.
modhúlacht *f* modesty.
móid *f* vow.
móide *prep* plus.
móidigh *vi vt* to vow.
moill *f* delay; pause. • *vi* **déan moill** to pause. • *adv* **gan mhoill** soon, forthwith, shortly. • *vt* **moill a chur ar** to detain.
moille *f* slowness.
moilligh *vi* to linger. • *vt* delay.
móin (móna) *f* peat, turf (fuel).
móinéar *m* meadow.
moing *f* mane.
móinteán *m* moor.
mol *vt* to commend, to praise; to recommend; to suggest.
moladh *m* praise, recommendation; proposal. • *vt* **duine a mholadh** to humour.
moll *m* heap.
mómhar *adj* graceful.
monabhar *m* murmur.
monarc *m* monarch.
monarcha (-n) *f* factory.
monatóir *m* (*comput*) monitor.
moncaí *m* monkey.
monoplacht *f* monopoly.
mór *adj* big; large; great; grand; considerable.
morálta *adj* moral.
mórán *pn* many.
mórchuid f an mhórchuid *pn* most.

mórchúiseach *adj* pompous.
mórchumhachta *adj* high-powered.
mórdhíol *m* wholesale.
mórga *adj* majestic.
mórgacht *f* greatness; majesty.
mórleabhar cuntas *m* ledger.
mór-roinn *f* continent.
mórtas *m* boast; bragging. • *vi* **déan mórtas (as)** to boast, brag (about).
mórtasach *adj* boastful.
mórthír *f* mainland.
mothaigh *vt* to experience; to feel; to hear. • *vi* to hear.
mothallach *adj* bushy, shaggy.
mothar *m* jungle.
mothú(chán) *m* emotion; feeling; sensation.
muc *f* pig.
múch *vt* to extinguish; to smother.
múchtóir (tine) *m* extinguisher.
muga *m* mug.
muid *pn* we; us.
muid féin *pn pl* ourselves.
muileann *m* mill.
muilleoir *m* miller.
múin *vi vt* to teach; to educate.
muinchille *f* sleeve.
múineadh *m* manners.
muineál *m* neck.
muinín *f* trust. • *vt* **tá muinín agam aisti** I trust (her).
múinte *adj* mannerly, polite.
múinteoir *m* teacher; **múinteoir scoile** schoolteacher.
muintir *f* community; followers; people; kin, kindred.
muir *f* sea.
muirí *adj* nautical.
muirneach *adj* darling.
muirnigh *vt* to caress, fondle; to cherish.

muirnín *m* darling.
muirniú *m* caress.
muisriún *m* mushroom.
mullach *m* summit; top.
mún *m* urine. • *vt vi* to urinate, piss.
mungail *vt* to mumble.
múnla *m* mould.
múnlaigh *vt* to fashion, model, shape.
mura *conj* if (*neg*).
mura(r) *conj* unless.
murascaill *f* gulf.
murlán *m* handle; knob.
músaem *m* museum.
múscail *vi* to wake; to awake. • *vt* to arouse; to waken; to awake.
múscailt *f* awakening.
múscailte *adj* awake.
mustrach *adj* pompous.

N

na *art (fem gen)* the.
ná *adv* than.
nach (nár *in past*) *conj (neg)* that. • *rel pn (neg)* who.
nádúr *m* nature.
nádúrtha *adj* natural.
náid *f* nil, nought.
naimhdeach *adj* hostile; malevolent.
naimhdeas *m* hostility.
naíolann *f* crèche, nursery.
naíonán *m* infant.
náire *f* disgrace; shame.
náireach *adj* deplorable, disgraceful; ignominious; shameful.
náirigh *vt* to disgrace, shame.
náirithe *adj* ashamed.
náisiún *m* nation.
náisiúnachas *m* nationalism.
náisiúnaí *m* nationalist.
náisiúnta *adj* national.
náisiúntacht *f* nationality.
namhaid (-ad) *f* enemy.
naofa *adj* holy, sacred.
naoi *adj m* nine; **naoi (gcinn) déag** nineteen.
naomh *m* saint.
naomhaigh *vt* to sanctify.
naoscach *f* snipe.
naoú *adj m* ninth.
naprún *m* apron.
nár *conj (neg)* that. • *rel pn (neg)* who.
nasc *m* tie; connection. • *vt* to connect.
nath *m* adage.
nathair (-rach) *f* serpent; snake; viper; **nathair nimhe** adder.
neach *m* being; **neach neamhshaolta** alien (outer space).
neacht *f* niece.
nead *f* nest. • *m* **nead (iolair)** eyrie.
néal *m* cloud.
néal (támh) *m* trance; **néal codlata** nap, snooze.
néaltraithe *adj* demented.
neamh *f* heaven.
neamhábhartha *adj* immaterial.
neamhaí *adj* heavenly.
neamhaird *f* inattention; heedlessness, carelessness.
neamhairdiúil *adj* heedless.
neamháitrithe *adj* uninhabited.
neamharmtha *adj* unarmed.
neamhathraitheach *adj* invariable.
neamhbhailí *adj* invalid.
neamhbhásmhaireacht *f* immortality.
neamhbhásmhar *adj* immortal.
neamhchairdiúil *adj* unfriendly.
neamhcheolmhar *adj* unmusical.
neamhchinnte *adj* precarious; undecided.
neamhchiontach *adj* innocent.
neamhchlaon *adj* impartial.
neamhchlaonta *adj* disinterested.
neamhchodladh *m* insomnia.
neamh-chomhoiriúnach *adj* incompatible.
neamhchorraithe *adj* undisturbed.
neamhchríochnaithe *adj* unfinished.
neamhchríonna *adj* unwise, imprudent; impolitic.
neamhchúiseach *adj* casual.
neamhchumasach *adj* unable.
neamhchúramach *adj* inadvertent; negligent.
neamhdhíreach *adj* indirect.

neamhdhlisteanach *adj* illegitimate.
neamhdhóchúil *adj* improbable.
neamhdhóchúlacht *f* improbability.
neamhfhiúntach *adj* unworthy.
neamhfhoirmiúil *adj* casual; informal; colloquial.
neamhfhoirmiúlacht *f* informality.
neamhfholach *adj* (*med*) anaemic.
neamhghlan *adj* impure.
neamhghnách *adj* abnormal; uncommon; unusual.
neamhiomlán *adj* incomplete.
neamhionann *adj* unequal.
neamhionannas *m* disparity.
neamhláithrí *m* absentee.
neamhliteartha *adj* illiterate.
neamhní *m* nothing. • *adj* **ar neamhní** void.
neamhómós *m* disrespect.
neamhphearsanta *adj* impersonal.
neamhphraiticiúil *adj* impracticable.
neamhriachtanach *adj* unnecessary.
neamhrialta *adj* irregular.
neamhspleách *adj* independent; freelance.
neamhspleáchas *m* independence.
neamhthábhachtach *adj* unimportant.
neamhthorthúil *adj* infertile; unproductive.
neamhthrócaireach *adj* relentless.
neamhthruacánta *adj* ruthless.
neamhthuillte *adj* undeserved.
neamhurchóideach *adj* (*med*) benign.
neantóg *f* nettle.
néaróg *f* nerve.
neart *m* strength. • *f* **neart tola** willpower.
neodrach *adj* neutral.
ní[1] *m* thing.
ní[2] *neg vb part* **níl a fhios agam** I don't know; **ní fhaca mé** I didn't see.
Ní *f* female version of **Ó** surname.
nia *m* nephew.
nialas *m* zero.
nigh *vt* to wash.
nimh *f* poison; venom.
nimhíoc *f* antidote.
nimhneach *adj* sore.
níochán *m* washing.
níos *adv intensifier*: • *adv* **níos faide** farther; **níos fearr** better; **níos lú** less; **níos measa** worse; **níos sóisearaí** (*rank*) junior.
niteoir soithí *m* dishwasher.
nó *conj* either; or.
nócha *adj m* ninety.
nocht *adj* bare. • *vi* to appear. • *vt* to denude; to expose.
nochtadh *m* exposure.
nódaigh *vt* to graft, transplant.
nódú *m* graft, transplant.
nóiméad *m* instant; moment; minute.
nóinín *m* daisy.
nóinléiriú *m* matinee.
Nollaig (-ag) *f* Christmas.
nós *m* custom; habit. • *adj* **ar nós cuma liom** indifferent.
nósúil *adj* fastidious.
nóta *m* note; **nóta bainc** banknote; **nóta maise** grace-note.
nua *adj* new; **nua-aimseartha** modern. • *adv* **as an nua** afresh; anew.
nuachóirigh *vt* to modernise.
nuáil *f* innovation.
nuair (a) *conj* since; when.
nuálaí *m* innovator.
nuálaigh *vt* to innovate.
núicléach *m* nuclear.
núíosach *m* tyro.

O

ó *conj* since. • *prep* from; since. • *vt* **tá punt vaim** I need a pound [vaim=ó + mé].

obair *f* work. • *vi* to labour.

óbó *m* (*mus*) oboe.

obráid *f* (*med*) operation.

ócáid *f* occasion.

ochslaíoch *m* (*gram*) ablative.

ocht *m* eight. • *adj m* **ocht déag** eighteen.

ócht *f* virginity.

ochtagán *m* octagon.

ochtáibh *f* octave.

ochtapas *m* octopus.

ochtar *m* eight people, eightsome.

ochtó *adj m* eighty.

ochtú *m* eighth.

ocrach *adj* hungry.

ocras *m* hunger; **tá ocras orm** I am hungry.

óg *adj* young.

óganach *m* adolescent, youth.

ógh *f* virgin.

oibleagáideach *adj* obligatory; accommodating.

oibrí *m* labourer; worker.

oibrigh *vi* to work.

oíche *f* night; **Oíche Chinn Bhliana** New Year's Eve, Hogmanay; **Oíche Nollag** Christmas Eve; **Oíche Shamhna** Hallowe'en. • *adj, adv* **thar oíche** overnight.

óid *f* ode.

oide *m* tutor (guardian).

oideachais *adj* educational.

oideachas *m* education.

oideas *m* prescription; recipe.

oidhre *m* heir.

oidhreacht *f* heritage; legacy.

oidhreachtúil *adj* hereditary.

oifig *f* office; **oifig an phoist** post office.

oifigeach *m* officer.

óige *f* youth (state).

óigeanta *adj* juvenile; youthful.

óigeantacht *f* adolescence.

oigheann *m* oven; **oigheann micreathoinne** microwave.

oighear *m* ice.

oighearshruth *m* glacier.

oighearshruthú *m* glaciation.

oileán *m* island; **An tOileán Sciathanach** Skye; **An tOileán Úr** America.

oileánach *adj* insular. • *m* islander.

oilithreach *m* pilgrim.

oiniún *m* onion.

oirfide *m* entertainment.

oirirc *adj* eminent; illustrious; sublime.

oirirceas *m* distinction, merit.

oiriúnach *adj* pertinent; **oiriúnach (do)** applicable; compatible.

oiriúnacht *f* adaptability.

oirnigh *vt* to ordain.

oirthear *m* east.

oirthearach *adj* oriental.

oirthuaisceart *m* northeast.

oisín *m* fawn.

oisre *m* oyster.

oitir(-reach) *f* sandbank.

ól *vt vi* to drink. • *vt* to consume, imbibe.

ola *f* oil.

olacheantar m oilfield.
olann (olla) f wool.
olc adj bad; evil. • m evil; wrong.
olcas f badness.
oll- adj massive.
ollamh m professor.
Ollanach adj Dutch; n Hollander.
ollástacht f magnificence.
olldord m double bass.
ollmhaitheas m luxury.
ollmhargadh m supermarket.
ollmhór adj enormous; giant, immense, vast.
ollphuball m marquee.
ollscartaire m bulldozer.
ollscoil f university.
olltoghchán m general election.
ólta adj drunk.
óltóir m drinker.
olúil adj oily.
ómós m homage.
onnmhaire f export.
onnmhairigh vt to export.
onnmhairiú m exportation.
onóir f honour.
onóraigh vt to honour.
ór m gold.
óráid f address, oration, speech.
óráidí m orator.
óraigh vt to gild.
oráiste adj orange.
ord m order, sequence.
ordaigh vt to command, order.
órdhonn adj auburn.
ordóg m thumb.
ordú m command, order; **ordú poist** postal order.
órga adj golden.
orgán m organ.
orgánach adj organic.
orgásam m orgasm.
orlach f inch. • adv **faoi orlach do** within an inch of.
orlaigh vt to hammer.
os prep above, over; **os cionn** above; over; beyond, more than. • adv **os cionn gach uile ní** above all.
ós (= **ós is**): **ós rud é go/nach** conj seeing that, since.
os ard adv aloud.
oscail vt to open; to unwrap; **oscail amach** to unfold; **oscail na súile do (dhuine)** to disillusion.
os comhair prep opposite.
oscailt f aperture; opening.
oscailte adj open.
oscailteacht f candour; openness.
osnádúrtha m supernatural.
osrais f ostrich.
óstach m host.
Ostair: An Ostair f Austria.
óstán m hotel, inn.
óstóir m innkeeper.
otair adj gross, vulgar; obese.
othar m patient.
otharcharr m ambulance.
otharlann f hospital.
othras m sickness; ulcer.

P

pá *m* pay.
paca *m* packet.
pacáil *vt* to pack.
pagánach *adj* pagan; heathen. • *m* pagan; heathen.
paidir *f* prayer.
paidrín *m* rosary.
páipéar *m* paper; **páipéar súite** blotting paper.
páirc *f* field; park; **páirc imeartha** pitch (*sport*).
pairilis *f* paralysis.
pairiliseach *adj* paralytic(al).
páirtí *m* party; associate; sympathiser; partner.
paisean *m* passion.
paiseanta *adj* passionate.
paiste *m* patch.
páiste *m* child, youngster.
páistiúil *adj* childish.
paitín *m* clog.
pálás *m* palace.
pána *m* pane.
pancóg *f* pancake.
pantrach *f* pantry.
Pápa *m* Pope.
pápach *adj* papal.
paradacsa *m* paradox.
paradacsúil *m* paradoxical.
paragraf *m* paragraph.
paranóiach *adj* paranoid.
pardún *m* pardon; **pardún ginearálta** amnesty.
parlaimint *f* parliament.
paróiste *m* parish.
parthas *m* paradise.
pas *m* passport.

pasáll *vt* to pass (*sport*).
pasáiste *m* passage.
pasta *m* pasta.
patrún *m* benefactor.
pátrún *m* pattern.
patuaire *f* apathy.
péac *vt vi* to germinate; (*bot*) to shoot.
peaca *m* sin. • *vt* to trespass.
peacaigh *vi* to sin.
peann *m* pen.
péarla *m* pearl.
pearóid *f* parrot.
pearsanaigh *vt* to impersonate.
pearsanta *adj* personal.
péas *m* police.
peata *m* pet.
péine *m* (*bot*) pine.
péint *f* paint.
péinteáil *vt* to paint.
péintéireacht *f* painting (*art*).
péire *m* pair; brace.
péirse *f* perch (*fish*).
peirsil *f* parsley.
péist *f* monster; worm; **péist talún** earthworm.
peitreal *m* petrol.
péitse *m* pageboy.
péitseog *f* peach.
piachán *m* hoarseness.
piachánach *adj* hoarse.
pian *f* ache; pain. • *adj* **gan phian** painless; **i bpian an ghrá** lovesick.
pianmhar *adj* painful.
pianó *m* piano.
pianódóir *m* pianist.
piasún *m* pheasant.

píb *f* (*mus*) pipe; **píb mhór** bagpipe; **píb uilleann** uilleann pipes.
picilí *fpl* pickles.
pictiúr *m* painting, picture.
pictiúrlann *f* cinema.
pictiúrtha *adj* picturesque.
piléar *m* bullet.
pilibín *m* peewit.
piliúr *m* pillow.
pingin *f* penny.
pinsean *m* pension.
pinsinéir *m* pensioner.
píobán *m* hosepipe; windpipe.
piobar *m* pepper.
pioc *vt* to pick.
Piocht *m* Pict.
pióg *f* pie.
piollaire *m* pill.
piolón *m* pylon.
píolóta *m* pilot.
pionós *m* penalty; punishment; **pionós báis** capital punishment.
píopa *f* pipe. • *m* **píopa sceite** overflow.
piorra *m* pear.
píosa *m* bit, piece.
piostal *m* pistol.
pirimid *f* pyramid.
pis *f* pea.
piseog *f* superstition.
piteogach *adj* effeminate.
plá *f* plague; pest.
plab *m* bang. • *vt* to bang.
plainéad *m* planet.
plaisteach *adj* plastic.
plámás *m* flattery • *vt* **déan plámás le** to flatter.
planc *m* plank.
planda *m* plant.
plandáil *f* plantation.
plandlann *f* nursery.
plástar *m* plaster.
pláta *m* dish, plate.
pléadáil *vi vt* plead.
plean *m* plan; **plean aistir** itinerary.
pleanáil *vt* to plan.
pléasc *f* bang; blast. • *vi vt* to burst; to explode; to bang; to blast.
pléigh *vt* to debate; to discuss.
pléisiúr *m* pleasure.
pléisiúrtha *adj* agreeable; pleasant.
plocóid *f* (*elec*) plug.
plód *m* crowd; drove.
plódaigh *vi vt* to crowd.
plódú tráchta *m* traffic jam.
plota *m* plot.
plucamas: an plucamas *m* mumps.
pluma *m* plum.
plúr *m* flour.
pobal *m* community, people.
poblacht *f* republic.
póca *m* pocket.
póg *f* kiss. • *vt* to kiss.
poiblí *adj* public.
poiblíocht *f* publicity.
póilíní *mpl* police.
póirse *m* porch.
póit *f* hangover; excessive drinking. • *vi* **póit a dhéanamh** to booze.
poitigéir *m* chemist, pharmacist, druggist.
póitseáil *vt* to poach.
póitseálaí *m* poacher.
polasaí *m* policy; **polasaí árachais** insurance policy.
poll *m* aperture, hole; puncture. • *vt* to penetrate; to pierce; **tá poll sa teach** (*coded warning that someone is eavesdropping*).
pollta *adj* leaky; holed.
polltach *adj* biting (*wind*).
pónaí *m* pony.

pónaire *m* bean.
ponc *m* dot.
Poncánach *m* Yankee.
poncloisc *vt* to cauterise.
poncúil *adj* punctual.
pór *m* breed.
póraigh *vt* to breed.
port¹ *m* harbour, port.
port² *m* jig; tune.
portach *m* bog.
Portaingéil: An Phortaingéil *f* Portugal.
portán *m* crab; **An Portán** Cancer.
pós *vt* to marry, wed.
pósadh *m* marriage; matrimony.
post¹ *m* mail.
post² *m* job.
pósta *adj* married.
postáil *vt* to post.
postdíol *m* mail-order.
postúil *adj* officious.
pota *m* pot; **pota gliomach** lobster pot.
potaireacht *f* pottery.
prácás *m* mess.
praghas *m* price; **praghas luaite** quotation, price.
práinn *f* urgency.
práinneach *adj* imperative, urgent.
praiseach *f* potage; mess.
praiticiúil *adj* practical.
pras *adj* quick, prompt.
prás *m* brass.
práta *m* potato.
preab *vi* to start; to bound; to bounce; to flicker.

préachán *m* crow; **préachán dubh** rook (*bird*).
preasráiteas *m* press release.
priacal *m* peril; risk.
pribhléid *f* privilege.
printéir *m* (*comput*) printer.
príobháideach *adj* private.
prioc *vt* to prick; to prod.
príomh- *adj* capital; cardinal; chief, main.
príomhaisteoir *m* star (*movies*).
príomhchathair *f* capital city.
príomhchócaire *m* chef.
príomhshamhaltas *m* archetype.
prionsa *m* prince.
príosún *m* jail. • *vt* **duine a chur i bpríosún** to cage, imprison.
príosúnach *m* captive.
prochóg *f* cranny; den; hole; hovel.
proinnteach *m* canteen.
próiseas *m* process; **próiseálaí focal** word processor.
prós *m* prose.
Protastúnach *adj m* Protestant.
puball *m* tent.
púdar *m* powder.
puilpid *f* pulpit.
puisín *m* kitten.
pulc *vt* to stuff, gorge; to throng; to cram.
punt *m* pound.
purgaigh *vt* to purge.
purgóid *f* laxative.
putóg *f* gut; pudding (*sausage*).

R

rábach *adj* bold; dashing; rampant.
rabhadh *m* warning; caution.
racáil *vt* to rake.
racán *m* row, fight; scuffle; uproar.
rachmasaí *m* capitalist.
racht *m* fit (of anger, etc).
rachta *m* rafter.
radacach *adj* radical.
radaigh *vt vi* radiate.
radaitheoir *m* radiator.
radharc *m* scene; sight; vision; **radharc (na) súl** eyesight.
radharcach *adj* optical.
ráfla *m* rumour.
rafta *m* raft.
ragobair *f* overtime.
raicéad *m* racket.
raidhse *f* abundance.
raidhseach *adj* profuse.
raidió *m* radio.
raiméis *f* drivel, gibberish.
ráiteas *m* statement; **ráiteas bainc** bank statement.
ráithe *f* quarter (*season*).
raithneach *f* (*bot*) bracken; (*bot*) fern.
rámhaí *m* rower.
rámhaille *f* delirium; fanciful imaginings. • *vn* **ag rámhaille** raving (mad).
ramhar *adj* fat; plump; overweight.
randamach *adj* random.
rang *m* class; rank.
rangaigh *vt* to classify; to range.
rangú *m* classification.
rannpháirteach *adj* participating.
ransaigh *vi* to rummage. • *vt* to forage.

raon *m* range; **raon gailf** fairway.
rás *m* race.
rásúr *m* razor.
ráta *m* rate; **ráta malairte** exchange rate.
rath *m* prosperity.
ráth sneachta *m* snowdrift.
ráthaíocht *f* guarantee.
rathúil *adj* successful.
rathúnas *m* affluence.
ré *f* epoch; duration.
réab *vt* to tear, to shatter; to disrupt.
réabadh *m* tear; shattering; violation; disruption.
reacht *m* edict.
reachtaire *m* administrator; rector.
réalta *f* star.
réaltach *adj* starry.
réaltacht *f* reality.
réaltbhuíon *f* constellation.
réalteolaí *m* astronomer.
réalteolaíoch *adj* astronomical.
réalteolaíocht *f* astronomy.
réaltóg scannán *f* filmstar.
réamach *adj* phlegmatic(al).
réamh- *adj* ante-, pre-, fore-, preliminary.
réamhaisnéis *f* forecast.
réamhaithris *vt* to foretell, predict.
réamhbheartaithe *adj* deliberate.
réamhbhlas *m* foretaste.
réamhchantóir *m* precentor.
réamhchlaonadh *m* prejudice.
réamhchúram *m* precaution.
réamhchúramach *adj* precautionary.
réamhfhéachaint *f* foresight.

réamhfhios *m* foreknowledge.
réamhfhocal *m* foreword.
réamhghabh *vt* to anticipate.
réamhíocaíocht *f* financial advance.
réamhionad *m* foreground.
réamhrá *m* preface.
réamhsmaoineamh: gan réamhsmaoineamh *adj* unpremeditated.
réamhstairiúil *adj* prehistorical.
réamhtheachtaí *m* forerunner.
réasún *m* reason.
réasúnta *adj* reasonable, amenable.
reatha *adj* current.
reic *f* sale.
réidh *adj* ready.
réidhe *f* readiness.
reilig *f* graveyard, cemetery.
réiltín *m* asterisk.
réimnigh *vt* (*gram*) to conjugate.
reiptíl *f* reptile.
réir *f* will, wish; **de réir** accordingly. • *adv* **de réir a chéile** gradually; **de réir dátaí** chronologically; **faoi réir** ready; free; available; subject (to).
réiteoir *m* referee.
reithe *m* ram, tup.
réitigh *vt* to smooth, level; to disentangle.
reoán *m* icing.
reoigh *vi vt* to freeze.
reoite *adj* frosty (frozen).
reoiteoir *m* freezer.
rí *m* king.
rí (na) láimhe *f* forearm.
riachtanach *adj* necessary, vital.
riachtanas *m* necessity, need.
riail (rialach) *f* rule.
rialaigh *vi* to reign. • *vt* to govern, rule; to regulate.
rialtas *m* government; **rialtas dúchais** home rule.

riamh *adv* (*in past*) ever; (*in past*) always; never.
rian *m* dent; mark; track.
riar *vt* to administer. • *vi* **riar ar** to cater. • *vt* to minister; to serve.
riarachán *m* administration.
riaráiste *npl* arrears.
riarthach *adj* administrative.
riarthóir *m* administrator.
riascach *adj* marshy.
ribeog *f* shred.
ribín *m* ribbon.
ridire *m* knight.
ridireacht *f* knighthood; chivalry.
rige ola *m* oil rig.
righin *adj* tough.
righnigh *vi vt* to stiffen.
ríl *f* (*dance*) reel; **ríl ochtair** eightsome reel.
rím *f* rhyme. • *vi* **déan rím** to rhyme.
ríméadach *adj* jubilant.
rinn *f* point, tip, apex; promontory.
ríocht *f* kingdom.
ríogach *adj* spasmodic; impulsive.
ríomh *vt* to compute, calculate.
ríomhaire *m* computer.
ríomhaireacht *f* computer science.
ríomhchlár *m* (*comput*) program.
ríomhchláraitheoir *m* (*comput*) programmer.
ríomhchlárú *m* computer programming.
ríomhphost *m* email.
ríon *f* queen.
ríora *m* dynasty.
rí-rá *m* clamour.
rís *f* rice.
ríshliocht *m* dynasty.
rite *adj* taut; tense; steep, precipitous.
rith *vi* to run.

róba *m* robe.
robáil *vt* to rob.
robálaí *m* robber.
roc *m* wrinkle. • *vt* to wrinkle.
rocach *adj* corrugated.
rochtain *f* access.
ród *m* road.
rógaire *m* rogue.
rogha *f* alternative; best; choice; **rogha gach bia agus togha gach dí** choice of food and drink.
roghnaigh *vt* to choose.
roimh *adv* ahead; before; **roimh an díle** antediluvian; **roimhe sin** previously.
roinn *f* department; portion; **mór-roinn** continent. • *vt* to deal (*cards*); to apportion, dispense; to distribute; to share. • *vt vi* to divide.
roinnt *f* some (*separate items*); share; (*math*) division. • *adj* some. • *adv* **roinnt blianta ó shin** a few years back.
roithleán *m* wheel; pulley; fishing reel.
roll *vt* to roll.
rolla *m* roll.
rómánsach *adj* romantic.
rómánsaíocht *f* romance.
rón *m* seal.
ronnach *m* mackerel.
rópa *m* rope.
ros *m* promontory.
rós *m* rose.
rósach *adj* rosy.
róst *vt vi* roast.

rosualt *m* walrus.
roth *m* wheel; **roth fiaclach** cogwheel.
rothaíocht *f* cycling.
rothar *m* bicycle, cycle.
rothlaigh *vt* to spin.
rua *adj* red.
ruadhóigh *vt* to scorch.
ruaig *f* rout. • *vt* to dislodge; to dispel; to repel.
ruaigeadh *m* dispersal.
ruathar *m* (*milit*) charge; raid. • *vt* **ruathar a thabhairt faoi** to charge.
rud *m* object; thing; **gach rud** everything; **rud ar bith** anything. • *adv* **an rud céanna** ditto. • *vt* **bain rud de dhuine** *or* **caith rud ó dhuine** to deprive somebody of something; **rud a bheith de ghustal agat** to afford (to be able to afford); **rud a bheith i do sheilbh** to possess something. • *pn* **rud éigin** something.
rud a chomóradh *vt* to commemorate.
rud ársa *m* antique.
rufa *m* frill.
ruga *m* rug.
rúitín *m* ankle.
rún *m* intention; secret. • *vt* **tá de rún ag** to intend.
rúnaí *m* secretary.
rúnda *adj* esoteric; secret.
rúndacht *f* secrecy.
rúndiamhair *adj* mysterious. • *f* mystery.

S

sa *prep* in the (*sing*).
sábh *m* saw. • *vt* to saw.
sábháil *vt* to rescue; to save.
sábháilte *adj* safe.
sábháilteacht *f* safety.
sabhaircín *m* (*bot*) primrose.
sabóid *f* Sabbath.
sac *m* sack.
sacraimint *f* sacrament.
sagart *m* priest.
saibhir *adj* affluent, rich, wealthy.
saibhreas *m* riches.
saifír *f* sapphire.
sáigh *vt* to jab; **sáigh (le hadharc)** to gore.
saighdeadh *m* provocation.
saighdiúir *m* soldier; campaigner.
saighead *f* arrow.
sáil¹ *f* heel.
sáil² *adj* luscious.
sail chnis *f* dandruff.
sáile *m* brine.
saileach *f* sallow; willow.
sailéad *m* salad.
sáiltéar *m* salt cellar.
sainaicme *f* caste.
sainchónaí *m* domicile.
saineolach *adj* expert.
saineolaí *m* expert.
sainmhínigh *vt* to define.
sainmhíniú *m* definition.
sáinn *f* deadlock.
saint *f* avarice, cupidity, greed.
sáirsint *m* sergeant.
sáith *f* fill; feed; sufficiency. • *vi* **do sháith a ithe** to feast.
salach *adj* dirty.
salachar *m* dirt, grime, muck.
salaigh *vt* to dirty; to soil.
salann *m* salt.
salm *m* psalm.
saltair *f* psalter.
sámh *adj* serene, peaceful; tranquil.
samhail *f* model.
samhailteach *adj* imaginary.
samhalta *adj* virtual.
samhlaigh *vt* to imagine; **samhlaigh rud le rud eile** to associate one thing with another.
samhlaíocht *f* imagination.
samhnas *m* disgust; nausea.
samhnasach *adj* disgusting; nauseous.
samhradh *m* summer.
sampla *m* example; instance; sample.
samplach *adj* typical.
sannadh *m* (*law*) assignment.
santach *adj* avaricious; greedy.
santaigh *vt* to desire.
saobh *adj* slanted; twisted; perverse.
saofóir *m* pervert.
saoire *f* holiday; leave.
saoirse *f* freedom.
saoirseacht chloiche *f* masonry.
saoirsigh *vt* to cheapen.
saoiste *m* boss.
saoithínteacht *f* pedantry.
saoithiúlacht *f* eccentricity.
saol *m* life; **saol an teaghlaigh** domestic life.
saolaigh *vt* to deliver (baby).
saolta *adj* earthly; secular; worldly.
saonta *adj* naïve.
saor¹ *adj* cheap, inexpensive; free;

saor²

vacant; **saor in aisce** free (without cost); **saor ó dhleacht** duty-free; **saor-raoin** free-range. • *vt* to free; to acquit; to extricate.

saor² *m* craftsman; **saor adhmaid** carpenter; **saor cloiche** mason.

saoráidí *npl* facilities.

saoránach *m* citizen.

saorga *adj* artificial.

saorthrádáil *f* free trade.

saothar *m* work, toil; stress; exertion.

saotharlann *f* laboratory.

saothrach *adj* industrious; laborious.

saothraigh *vi vt* to graft; to cultivate; to earn.

sáraigh *vt* to violate; to infringe, contravene; to excel, outdo; to foil, frustrate; to rape; **sáraigh (dlí)** to trespass.

sárálainn *adj* gorgeous.

sárintleachtach *m* genius (person).

sárshaothar *m* masterpiece.

sásaigh *vt* to indulge; to please; to satiate, sate; to satisfy.

sásamh *m* approval; satisfaction.

Sasana *m* England.

Sasanach *adj m* English (wo)man.

sáspan *m* saucepan, pan.

sásta *adj* content; satisfied.

sásúil *adj* adequate; satisfactory.

satailít *f* satellite.

Satharn *m* Saturday; **Dé Sathairn** on Saturday.

scabhta *m* (*milit*) scout.

scadán *m* herring; **faoileán scadán** herring gull; **scadán leasaithe** kipper.

scag *vt* to filter.

scagaire *m* filter.

scaif *f* scarf.

scailleagánta *adj* lanky.

scaip *vt* to dispel; to dissipate; to scatter.

scaipeadh *adj* scattering. • *m* dispersal.

scaipthe *adj* scattered; disjointed.

scairbhileog *f* (*comput*) spreadsheet.

scaird *vi* to flush; to squirt.

scairdeitleán *m* jet plane.

scairt *f* shout. • *vt* to call.

scairteoir *m* caller.

scála *m* scale; (*mus*) scale.

scall *vt* to scald.

scalltán *m* chick.

scamall *m* cloud.

scamallach *adj* cloudy; webbed.

scamh *vt* to peel.

scamhóg *f* lung.

scannal *m* scandal.

scannalach *adj* disgraceful; scandalous.

scannalaigh *vt* to scandalise.

scannán *m* film. • *f* **scannán faisnéise** documentary.

scanradh *m* fright.

scanraigh *vt* to appal; to frighten.

scanrúil *adj* alarming; formidable; frightful.

scaoil *adj* loose. • *vt* to disconnect; to disengage; to fire; to relax; to release; to untie; **scaoil (amach)** to unfurl; **scaoil (duine ó dhualgas)** to absolve; **scaoil (duine ó mhóid)** to absolve; **scaoil (le)** to shoot. • *vi* **scaoil (speirm** *f***)** to ejaculate.

scaoileadh *m* discharge.

scaoilte *adj* loose.

scaoll *m* panic, fright.

scar *vi* to diverge. • *vt* to detach; to part, separate.

scaradh *m* separation, parting. • *adv* **ar scaradh gabhail** astride.
scartha (ó chéile) *adv* separated.
scata *m* drove.
scáta *m* skate.
scátáil *vi* to skate.
scáth *m* shade; shadow. • *f* **scáth fearthainne** umbrella.
scáthach *adj* shady.
scáthaigh *vt* to shade.
scáthán *m* looking glass, mirror.
scéal *m* narrative, story, tale, yarn; **scéal béaloidis** folktale; **scéal scéil** hearsay.
sceall *m* chip.
sceallóg *f* chip.
sceamh *f* yelp.
sceanra *m* cutlery.
scéim *f* scheme.
scéimh *f* beauty.
scéimhiúil *adj* beautiful.
sceimhlitheoireacht *f* terrorism.
scéiniúil *adj* lurid.
sceir *f* skerry; (*mar*) reef.
sceirdiúil *adj* bleak.
sceith *vi vt* to spawn; to overflow.
sceitimíní *npl* ecstasy; excitement. • *adj* **tá sceitimíní orm** I am ecstatic.
sceitse *m* sketch.
sciáil *vi* to ski.
sciamhach *adj* elegant.
sciamhacht *f* elegance.
sciamhaigh *vt* to deck; to embellish.
scian *f* knife, dirk.
sciata *m* skate (fish).
sciath *f* shield.
sciathán *m* wing; **sciathán leathair** (*zool*) bat.
scigaithris *f* burlesque; parody.
scigmhagadh *m* derision.
scigphictiúr *m* caricature.

scil *f* skill.
scilléad *m* pan, skillet.
scimeáil *vt* to skim.
sciob *vt* to grab; to snatch.
scioból *m* barn.
sciollach *m* scree.
sciomraigh *vt* to burnish.
sciorradh *m* slip, skid.
sciorta *m* skirt.
scíth *f* rest. • *vi* **déan scíth** to relax.
sciuird *f* dash; rush.
sciúirse *m* scourge; tall thin wiry person.
sciúr *vt* to scour; to scrub.
sclábhaí *m* slave.
sclábhaíocht *f* slavery; drudgery.
scliúchas *m* skirmish.
scoil *f* school; shoal.
scoill *vt* to scold.
scoilt *f* cleft; crack; cranny. • *vt* to crack; to split.
scoilteacha dathacha *fpl* rheumatism.
scoir *vi vt* to detach; to disconnect; to come to rest; to terminate.
scoirr *vi* to skid.
scoith *vt* to pass; to overtake.
scoláire *m* academic.
scóna *m* scone.
sconna *m* tap.
sconsa *m* fence.
scor *m* separation; termination; retirement.
scór *m* score.
scornach *f* throat.
scréach *f* shriek.
scread *f* scream.
screamhóg *f* flake.
scríbhneoir *m* writer.
scríbhneoireacht *f* writing.
scríob *vt vi* to scrape. • *vt* to grate; to chafe; to graze; to score; to scratch.

scríobach *adj* abrasive.
scríobadh *m* scratch, scrape. • *npl* scrapings.
scríobán *m* grater.
scríobh *vt* to write.
scrioptúrach *adj* biblical.
scrios *m* destruction; devastation; ruin. • *vt* to demolish; to destroy; to devastate; to erase;.to ravage; to wreck.
script *f* script.
scrolla *m* scroll.
scrúdaigh *vt* to examine; to inspect.
scrúdú *m* examination.
scrupall *m* scruple.
scrupallach *adj* scrupulous.
scuab *f* broom; brush. • *vt* to brush, sweep.
scuaine *f* queue.
sé[1] *pn m* he; **sé féin** himself.
sé[2] *adj m* six. • *adj m* **sé déag** sixteen.
seabhac *m* hawk.
séabra *m* zebra.
Seacaibíteach *adj m* Jacobite.
seach: faoi seach *adj* respective.
seachadadh *m* delivery.
seachaid *vt* to deliver.
seachain *vi* to beware. • *vt* to avoid.
seachmall *m* illusion.
seachnaigh *vt* to dodge.
seachrán *m* wandering; delusion. • *adv* **ar seachrán** astray.
seachránach *adj* wandering, straying; misguided.
seachród *m* bypass.
seacht *adj m* seven. • *adj m* **seacht déag** seventeen.
seachtain *f* week.
seachtar *m* seven (people).
seachtó *adj m* seventy.
seachtú *adj m* seventh.

seacláid *f* chocolate.
séadchomhartha *m* monument.
seadóg *f* grapefruit.
seafóid *f* absurdity; rubbish (idea).
seafóideach *adj* absurd.
seál *m* shawl.
séala *m* (official) seal.
sealadach *adj* temporary; provisional.
séalaigh *vt* to seal.
sealbhaigh *vt* to possess; to gain possession of; to occupy.
sealgaire *m* hunter.
Sealtainn *f* Shetland.
sealúchas *m* property.
seamair (seimre) *f* clover.
sean *adj* aged, old.
séan *vt* to deny; to disclaim; to disown; **séan creideamh** to abjure.
seanad *m* senate.
séanadh *m* denial; **séanadh (creidimh)** abnegation.
seanaimseartha *adj* out-of-date, old-fashioned.
seanaoiseach *adj* senile.
seanársa *adj* primitive.
seanathair *m* granddad, grandfather.
seanchaite *adj* worn out, obsolete, banal.
seanchas *m* lore, storytelling.
seanchríonna *adj* precocious.
seanda *adj* antique.
seandálaí *m* archaeologist.
seandéanamh: den tseandéanamh *adj* quaint.
seanfhaiseanta *adj* old-fashioned.
seanfhocal *m* proverb; saying.
seangán *m* ant.
seanmháthair *f* grandmother.
seanóir *m* elder (church).
seans *m* chance.

seansailéir *m* chancellor.
seantán *m* shanty, shack.
séarachas *m* sewer, sewerage.
searbh *adj* acerbic; acid; sour, tart; wry.
searbhasach *adj* cynical; sarcastic.
searbhónta *m* servant.
searg *vi* to wither; to shrivel; to decline.
searmanas *m* ceremony.
searrach *m* foal.
seas *vi* to stand.
seas ar *vi* to insist.
seas le *vt* to uphold.
seascair *adj* cosy, snug.
seascann *m* marsh; swamp.
seasmhach *adj* constant.
seasmhacht *f* consistency; constancy.
séasúr *m* season.
seic *m* cheque.
seiceadóir *m* executor; warden.
seiceáil *f* check; checkup. • *vt* to check.
seict *f* sect.
seicteach *m* sectarian.
séid *vi* to hoot; to blow. • *vt* to blow; to inflate.
séideán *m* gust.
SEIF *m* AIDS.
seift *f* device; resource.
seilbh *f* possession; occupancy. • *vt* **glac seilbh ar** to appropriate.
seile *f* saliva, spit.
seilf *f* shelf.
seilg *f* hunt; game. • *vt vi* to hunt. • *vi* to prey on. • *vt* to chase.
séimh *adj* mild; (*sound*) mellow.
seineafóbach *m* xenophobe.
seineafóibe *f* xenophobia.
seinn (ar) *vt* to play (instrument).
seinnteoir caiséad *m* cassette player.

séipéal *m* chapel.
seipteach *adj* septic.
seirbhe *f* acerbity; acrimony.
seirbhís *f* service.
seircín *m* jerkin.
seisear *m* six (people).
seisiún *m* session; **seisiún teagaisc** teach-in.
séitéir *m* cheat.
seo *pn* this. • *adj* **an mhí seo chugainn** next month. • *adv* **as seo amach** henceforth; **mar seo** thus. • *pn pl* **seo (iad)** these.
seobhaineach *m* chauvinist.
seodóir *m* jeweller.
seoid *f* gem; jewel.
seol[1] *m* sail; **seol cinn** jib; **seol tosaigh** foresail. • *vt vi* to sail.
seol[2] *vt* to send
seol (duine) chuig *vt* to refer.
seoladh *m* address.
seomra *m* room, chamber; **seomra bia** dining room; **seomra folctha** bathroom; **seomra leapa** bedroom; **seomra ranga** classroom; **seomra suí** sitting room, lounge.
séú *adj m* sixth.
sí[1] *adj* fairy.
sí[2] *f pn* she; her.
siad *pn pl* they.
siamsa *m* amusement; entertainment. • *vt* **déan siamsa do** to amuse.
siar *adv* backwards; westward, to the west.
sibh *pn pl* you. • *pn* **sibh féin** yourselves. *See* **féin**.
sibhialta *adj* civil.
sibhialtach *m* civilian.
sibhialtacht *f* civilisation.
síceach *adj* psychic.

sicín *m* chick, chicken.
sil *vi* to dribble; to drip; to trickle.
síl *vt vi* to suppose. • *vt* to consider.
síleáil *f* ceiling.
siléar *m* cellar.
silín *m* cherry.
silteach *adj* fluid; dripping; running.
simléar *m* chimney.
simplí *adj* homespun; plain; simple.
simpligh *vt* to simplify.
sin *pn* that. • *adv* **mar sin** so; **mar sin de** hence; **mar sin féin** nevertheless. • *conj* yet. • *adv* **ó shin** ago.
sín *vt* to stretch.
sine *f* nipple.
sine: is sine *adj* elder, oldest.
singil *adj* single.
siniciúil *adj* cynical.
síniú *m* signature.
sinn *pn* we; us. • *pn pl* **sinn féin** ourselves.
sinsear *m* ancestor, forefather.
sinsearach *adj* senior.
sinsearacht *f* ancestry.
sinseartha *adj* ancestral.
sínte *adj* stretched out; prostrate.
síntiús *m* contribution; subscription.
síobadh sneachta *m* blizzard.
sioc (seaca) *m* frost; **sioc bán** hoarfrost.
siocán *m* ice.
siocdhóite *adj* frostbitten.
síocháin *f* peace.
síochánachas *m* pacifism.
síochánaí *m* pacifist.
síochánta *adj* passive; peaceful.
sioctha *adj* icy, frozen.
síoda *m* silk.
sióg *f* fairy.

síol *m* seed.
síolaigh *vt vi* to seed.
síolraitheoir *m* breeder.
siombail *f* symbol.
siombalach *adj* symbolic.
sionnach *m* fox.
siopa *m* shop; **siopa leabhar** bookshop, bookstore.
sioráf *m* giraffe.
síoraí *adj* endless, eternal, everlasting; perennial. • *adv* **go síoraí** ceaselessly.
síoraíocht *f* eternity; **an tsíoraíocht** the hereafter.
siorc *m* shark.
síorghlas *adj* evergreen.
síoróip *f* syrup.
siorradh *m* draught (*wind*).
sios *vi* to hiss.
síos *adv* downward(s). • *prep* down.
siosúr *m* scissors.
síothlaigh *vt* to strain, filter; drain away.
síothlán *m* colander; percolator.
sip *f* zip, zipper.
sír *f* shire.
sirriam *m* sheriff.
siséal *m* chisel.
siúcra *m* sugar.
siúd *pn* that.
siúil *vi* to walk; **siúil de chois** to hike; **siúil go costrom** to plod; **siúil trí** to wade through. • *adv* **ar shiúl** away.
siúinéir *m* joiner.
siúinéireacht *f* joinery.
siúl *m* walk.
slabhra *m* chain.
slachtmhar *adj* neat.
slad *m* robbery; plunder, pillage. • *vt* to ravage.

sladaí *m* brigand; vandal.
sladmhargadh *m* bargain.
slaghdán *m* (*med*) cold.
sláinte *f* health.
sláinteachas *m* hygiene.
sláintiúil *adj* healthy; safe.
slán1 *m* farewell. • *excl* **slán (go fóill)!** goodbye! au revoir!.
slán2 *adj* safe.
slándáil *f* security.
slat1 *f* yard (0.914m)
slat2 *f* rod; **slat iascaigh** fishing rod; **slat tomhais** criterion.
slatbhalla *m* parapet.
sleá *f* spear.
sléacht *vi* to kneel.
sleamhain *adj* slippery.
sleamhnaigh *vi* to slide; to slip.
sleamhnán *m* slide.
sléibhteoir *m* mountaineer.
slí *f* way; **slí bheatha** livelihood; profession; career.
sliabh *m* mountain.
sliabhraon *m* range.
slinn *f* slate.
slíoc *vt* to pat; to stroke.
sliocht (sleachta) *m* issue, descendents; tribe; passage (in book); quotation.
slíoctha *adj* sleek.
slipéar *m* slipper.
slis *f* chip.
slisín *m* slice.
slítheánta *adj* sly, sneaky, devious.
slodán *m* pool (rain); puddle.
slog *vt vi* to gulp. • *vt* to swallow.
slogóg *f* gulp.
sloinne *m* surname.
slua *m* crowd, host.
sluaghairm *f* slogan.
smacht *m* control.

smachtaigh *vt* to control; to castigate; to chastise; to quell.
smachtú *m* control; chastisement.
smailc *f* snack.
smál *m* blemish; blot; mark. • *adj* **gan smál** immaculate.
smaoineamh *m* idea; thought. • *vt* **smaoineamh a chur i gceann duine** to imbue someone with an idea.
smaoinigh *vi* to think. • *vt* **smaoinigh ar** to contemplate, consider, reflect.
smaragaid *f* emerald.
smear *vt* to daub, smear.
sméar *f* berry; **sméar dhubh** bramble berry, blackberry.
smearadh *m* smear, daub; smattering.
sméid ar *vt* to beckon.
sméideadh cinn *m* nod.
smideadh *m* make-up.
smig *f* chin.
smólach *m* mavis, thrush.
smolchaite *adj* fusty.
smúdáil *vt* to smooth.
smugairle *m* thick spittle; snivel.
smugairle róin *m* jellyfish.
smuigleáil *vt* to smuggle.
smuigléir *m* smuggler.
smúr *vt vi* to sniff.
smúrthacht: bheith ag smúrthacht thart *vi* to prowl.
smut *m* snout.
sna *prep pl* in the.
snag *m* hiccup.
snag breac *m* magpie.
snagach *adj* inarticulate.
snaidhm *f* knot. • *vt* to knot.
snaidhmeach *adj* knotted, knotty.
snáithín *m* fibre.
snáithíneach *adj* fibrous.

snámh *vt vi* to swim. • *vi* to crawl; to float. • *adv* **ar snámh** afloat.
snámhach *adj* buoyant.
snámhacht *f* buoyancy.
snas *m* polish.
snasta *adj* glossy; cut, trimmed; well-finished.
snáth *m* yarn.
snáthaid *f* needle.
sneachta *m* snow.
sníomh *vt* to spin (thread).
snoigh *vt* to carve.
snoíodóireacht *f* carving.
sobal *m* foam, froth, lather.
sobhriste *adj* fragile.
socadán *m* busybody.
socair *adj* calm; impassive. • *adj* **go socair** leisurely.
sochaí *f* society.
sochar *m* benefit.
sochma *adj* easy-going; calm.
sóchmhainneach *adj* solvent.
sochraid *f* funeral.
sócmhainn *f* asset.
socraigh *vt* to decide; to arrange; to set; to settle; to sort; **socraigh ar** to determine.
socraíocht *f* settlement.
socrú *m* arrangement.
sócúlacht *f* ease.
sodar: bheith ag sodar *vi* to trot.
sofaisticiúil *adj* sophisticated.
soghabhála *adj* receptive.
soghonta *adj* vulnerable.
soiléir *adj* apparent, clear, obvious.
soiléireacht *f* clarity.
soiléirigh *vt* to clarify.
soiléiriú *m* clarification.
soilire *m* celery.
soilseach *adj* lucid.
soilsigh *vt* to illuminate; to enlighten.
soilsiú *m* illumination.
soirbhíoch *adj* optimistic.
soirbhíochas *m* optimism.
soiscéal *m* gospel.
sóisearach *adj* junior.
sóisialachas *m* socialism.
soitheach *m* container; dish.
soithí *m* crockery.
sól *m* sole (*fish*).
soláimhsithe *adj* manageable.
soláistí *npl* refreshments.
solamar *m* abundance of good things.
solas *m* light; **solas an lae** daylight.
sólás *m* solace, consolation. • *vt* **sólás a thabhairt (do)** to console.
sólásach *adj* consolatory.
soláthair *vt* to provide.
soléirithe *adj* demonstrable.
sollúnta *adj* solemn.
solúbtha *adj* adaptable; flexible.
solúbthacht *f* adaptability; flexibility.
somheasta *adj* calculable.
son: ar son Dé *m* for God's sake.
sona *adj* happy.
sonas *m* happiness.
sonóg *f* mascot.
sonra *m* detail.
sonrach *adj* particular; impressive.
sonraíoch *adj* remarkable.
sonrasc *m* (*comm*) invoice.
sonrúil *adj* definable.
sorcas *m* circus.
sorn *m* cooker, furnace; **sorn gáis** gas cooker.
sornóg *f* stove.
sórt *m* sort.
sos *f* pause; rest; (*mus*) rest. • *m* **sos cogaidh** armistice; **sos lámhaigh** ceasefire.
sotaire *m* brat.

sotal *m* arrogance; impertinence, impudence.
sotalach *adj* arrogant; impertinent.
sothuigthe *adj* intelligible.
spadánta *adj* listless.
spailpín *m* migratory labourer; vagabond.
Spáinn: An Spáinn *f* Spain.
spáinnéar *m* spaniel.
Spáinnis *f* Spanish;.
spaisteoir *m* rambler.
spaisteoireacht *f* stroll.
spáráil *vt* to spare.
sparán *m* purse; sporran.
spás *m* space.
spásaire *m* astronaut.
spásas *m* (*law*) reprieve.
spéaclaí *npl* spectacles.
speal *f* scythe. • *vt* to scythe.
spéir *f* sky.
speisialta *adj* special.
spiagaí *adj* flashy, showy, gaudy.
spiaire *m* spy.
spiara *m* partition (wall).
spideog *f* **bhronndearg** *f* robin (redbreast).
spíonán *m* gooseberry.
spiorad *m* spirit.
splanc *f* flash; spark.
spleách *adj* dependent.
spléachadh *m* glimpse; peep.
spleáchas *m* dependence.
spleodar *m* cheerfulness; exuberance.
spleodrach *adj* exuberant.
spoch *vt* to castrate.
spochadh *m* castration.
spoch (as) *vt* to tease; to boast.
spor *m* spur.
spórt *m* fun; sport.
spraoi *m* fun; spree; sport.
spré *f* dowry.
spreag *vt* to excite.
sprioc *f* landmark; target.
sprionlóir *m* miser.
spuaic *f* blister.
spúnóg *f* spoon.
srac *vt* to dismember.
srac (ó) *vt* to wrest; **srac (rud) ó (dhuine)** to wrench.
sracfhéachaint *f* glance.
sráid *f* street.
sráidbhaile *m* hamlet, village.
sraith *f* sequence; series; (*sport*) league.
sraoilleán *m* streamer.
sraon *vt* to deflect.
srath *m* strath, valley.
sreabhán *m* fluid.
sreabhlach *m* shrimp.
sreang *f* cord; string; wire; **sreang bogha** bowstring.
sreangach *adj* stringed.
srian *m* rein. • *vt* to curb.
sroich *vt* to attain; to reach.
sról *m* satin.
srón *f* nose; (*mar*) prow.
srónach *adj* nasal.
srónaíl: bí ag srónaíl *vi* to pry.
srónbheannach *m* rhinoceros.
sruth *m* current; stream.
sruthaigh *vi* to flow.
sruthán *m* brook, burn, stream, rivulet.
sruthlaigh *vt* to flush (toilet); to rinse.
sruthlán *m* runnel.
stábla *m* stable.
stad *m* stop, pause; standstill. • *vt vi* to halt. • *vi* to cease. • *vt* to stop. • *adj* **gan stad** ceaseless, nonstop. • *adv* ceaselessly. • *vt* **stad (de)** to cease.
stad tacsaithe *m* cabstand.

staid *f* state.

staidéar *m* study.

staighre *m* stairs; **staighre beo** escalator; **staighre éalaithe** fire escape. • *adv* **thíos staighre** downstairs; **thuas staighre** upstairs.

stail *f* stallion.

stailc *f* strike; **stailc ocrais** hunger strike.

stair *f* history.

stairiúil *adj* historic, historical.

stáisiún *m* station; **stáisiún cumhachta** power station.

Stáit Aontaithe (Mheiriceá) (SAM) *npl* United States (of America).

stálaithe *adj* stale.

stampa *m* embossing stamp.

stán *vi* to stare; to gape.

stangadh *m* jolt.

staonadh *m* abstinence.

staon (ó rud) *vi* to abstain, refrain (from something).

staraí *m* historian.

stát *m* state, country.

steallaire *m* syringe.

stéig *f* intestine; steak.

stiall *vt* to cut in strips; to lacerate.

stialladh *m* laceration.

stil *f* still.

stíl *f* style; **stíl bheatha** lifestyle.

stipeach *adj* astringent.

stiúgtha (leis an ocras) *adj* famished.

stiúir *f* rudder. • *vt* to manage; to steer.

stiúrthóir *m* director.

stoca *m* sock; stocking.

stócach *m* boy, young man.

stocaí *npl* hose (socks).

stoidiaca *m* zodiac.

stoirm *f* storm, tempest; **stoirm ghaoithe** hurricane.

stoirmeach *adj* stormy.

stól *m* stool.

stopadán *m* bung.

stopadh *m* cessation.

stopallán *m* plug.

stór *m* hoard, store; warehouse; treasure.

stóráil *vt* to store.

stráice tuirlingthe *m* landing strip.

strainc *f* grimace.

strainséir *m* stranger.

straois *f* grin.

streachail *vi* to struggle.

streachailt *f* struggle.

striapach *f* prostitute.

stríoc *f* parting (in hair).

stríocach *adj* streaky.

stróic *vt* to rend; to tear.

stroighin *f* cement.

stroighnigh *vt* to cement.

strus *m* (mental) strain, stress.

stua *m* arch.

stuaic *f* peak.

stuama *adj* sober; demure.

stuif *m* stuff.

sú *m* juice; soup.

sú craobh *f* raspberry.

sú leachta *m* absorption.

sú talún *f* strawberry.

suáilce *f* virtue.

suáilceach *adj* virtuous.

suaimhneach *adj* calm; quiet; restful; content.

suaimhneas *m* calmness; peace; tranquility.

suaimhnigh *vt* to quieten; to mollify.

suainíocht *f* dozing. • *vn* **ag suanaíocht** dozing.

suairc *adj* convivial; pleasant; cheerful.

suaith *vt* to mix; to knead; to shuffle (*cards*).

suaitheadh *m* mix; shake; upset.

suaitheantas *m* badge.

Sualainn: An tSualainn *f* Sweden.

suantraí *f* lullaby.

suarach *adj* despicable; mean; sordid, squalid; trivial.

suas *adj* upward. • *adv* up; **suas staighre** upstairs.

suasóg *f* yuppie.

suathaireacht *f* massage.

subh *m* jam.

substaint *f* substance.

súch *adj* fruity.

súgach *adj* tipsy.

suigh *vi* to sit; **suigh ar** to perch.

súigh *vt vi* to suck. • *vt* to absorb.

súgradh: *m* playing. • *vn* **ag súgradh (le)** playing (with).

súil *f* eye. • *vi* **do shúil a chaitheamh thar (rud)** to browse; **tá súil agam (go)** to hope.

suim *f* amount; sum; interest.

suimín *m* sip.

suimiú *m* (*math*) addition.

suimiúil *adj* interesting.

suíochán *m* pew; seat.

suipéar *m* supper.

súiteach *adj* absorbent.

suiteáil *vt* to instal.

sula *conj* before (+ *indir*).

súlach *m* gravy.

súmaire *m* leech.

súmhar *adj* juicy.

suntasach *adj* memorable; prominent.

sursaing *f* girdle, corset.

suth *m* embryo.

svaeid *m* swede, turnip.

T

tábhacht *f* importance. • *adj* **gan tábhacht** unimportant.
tábhachtach *adj* major; important; significant; **an-tábhachtach** momentous.
tabhair *vi vt* to contribute. • *vt* to give; to bring; to devote.
tabhair aire do rud *vt* to attend to.
tabhair amach do *vt* to nag.
tabhair an chíoch do *vt* to suckle.
tabhair ar (dhuine) (rud a dhéanamh) *vt* to force; to cause someone (to do something).
tabhair ar iasacht do (rud) *vt* to lend (something).
tabhair breith ar *vt* to judge.
tabhair broideadh do *vi* to jog.
tabhair bualadh bos (do) *vt vi* to applaud.
tabhair catsúil ar *vt* to ogle.
tabhair chun críche (obair, beart) *vt* to accomplish; to finalise.
tabhair chun suntais *vt* to highlight.
tabhair cuairt ar *vt* to visit.
tabhair cuireadh (do) *vt* to invite.
tabhair dídean (do) *vt* to house.
tabhair drochfhéachaint (ar) *vi* to glower.
tabhair drochíde do (dhuine, ainmhí) *vt* to abuse (a person, an animal).
tabhair dúshlán do *vt* to defy; **tabhair dúshlán duine (rud a dhéanamh)** to dare.
tabhair faoi *vt* to try.
tabhair faoi deara *vt* to apprehend; to detect; to note; to notice.
tabhair iarraidh *vt* to attempt.
tabhair íde béil do *vt* to abuse.
tabhair le fios *vt* to disclose; to imply; to indicate.
tabhair leat *vt* to bring; to take.
tabhair mionchuntas ar *vt* to detail.
tabhair pardún do *vt* to pardon.
tabhair rabhadh (do) *vt* to caution; forewarn, warn.
tabhair rabhadh do *vt* to warn.
tabhair rud ar iasacht do *vt* to lend.
tabhair seanmóir *vi* to preach.
tabhair spléachadh ar *vt* to peep.
tabhairt suas (corónach) *m* abdication.
tabhall *m* tablet.
tábla *m* table.
taca *n* support.
tacaigh (le) *vt* to back; to bolster; to prop.
tacas *m* easel.
tacht *vt* to choke.
tacóid *f* tack; tacket; **tacóid ordóige** drawing-pin.
tacsaí *m* cab.
tadhall *m* (*phys*) contact.
Tadhg: Tadhg an dá thaobh *m* two-faced person; **Tadhg an mhargaidh** the man on the street.
tae *m* tea.
taechupán *m* teacup.
tafann *m* bark (of a dog). • *vi* **déan tafann** to bark.
tagair (do) *vt* to refer.
tagairt *f* reference; allusion.
taibhse *f* ghost, phantom, apparition.
taibhsiúil *adj* ghostly.

taibléad *m* tablet.
taidhleoireacht *f* diplomacy.
taifead *m* record. • *vt* to record.
taighd *vt* to research.
taighdeoir *m* researcher.
táille *f* charge; fare; fee; rate.
taipéis *f* tapestry.
táiplis *f* draughts; **táiplis mhór** backgammon.
táir *adj* vile; mean; base.
tairbheach *adj* advantageous; beneficial; salutary.
tairg *vi* to bid.
táirg *vt* to produce; to yield.
táirgeoir *m* producer.
tairiscint *f* offer; bid.
tairne *m* nail.
tairngir *vt* to prophesy.
tais *adj* damp; humid; moist.
taisc *vt* to deposit (in bank); to reserve; to treasure.
taisce *f* cache; deposit. • *vt* **cuir i dtaisce** to hoard; **cur i dtaisce** to deposit.
taiscéal *vt* to explore.
taiscumar *m* reservoir.
taisme *f* accident; crash. • *adj* **de thaisme** by chance; fortuitous.
taispeáin *vt* to display; to manifest; to show; to point.
taispeánadh *m* manifestation.
taispeántach *adj* demonstrative.
taispeántas *m* display.
taisrigh *vt* dampen.
taisteal *m* travel.
taistil *vt vi* to travel.
taithí *f* experience. • *adj* **gan taithí** inexperienced. • *vt* **gabh i dtaithí le** to accustom.
taithigh *vt* to frequent; to experience; to practise; to haunt.

taitin le *vt* to please.
taitneamh *m* enjoyment.
talamh *m* earth, ground; land; **talamh coille** woodland. • *adv* **ar talamh** (*mar*) aground. • *adj* **faoi thalamh** underground.
talamhiata *adj* landlocked.
tallann *f* talent.
talmhaíoch *adj* agricultural.
talmhaíocht *f* agriculture.
tamall[1] *m* while, spell, period of time
tamall[2] *m* short loan.
támhach *adj* comatose; sluggish, torpid.
támhnéal *m* coma; trance.
tanaí *adj* flimsy; shallow; thin.
tanaigh *vt* to thin; to attenuate; to dilute.
tánaiste *m* deputy prime minister; second in command.
tánaisteach *adj* secondary.
tancaer *m* tanker.
taobh *m* facet; side. • *prep* **ar an taobh thall (de)** beyond. • *adv* **le taobh** (+ *gen*) alongside; **taobh amuigh** outside.
taobh an fhoscaidh *m* lee, lee-side.
taobh istigh *m* inside.
taobh le *prep* beside.
taobh na gaoithe *f* windward.
taobh na láimhe clé *f* left-hand side.
taobh thiar de *prep* behind.
taobh thiar de long *adv* (*mar*) astern.
taobhaí *m* adherent.
taobhroinn *f* aisle.
taoide *f* tide.
taoiseach *m* chief; chieftain; leader.
taom *vt* to decant; to drain.
taom croí *m* heart attack.

taom histéire *npl* hysterics.
taomach *adj* erratic.
taos *m* dough.
taosrán *m* pastry.
tapaidh *adj* fast; rapid.
tapúlacht *f* rapidity.
tar *vi* to come; **tar amach as** to emerge; **tar anuas** to come down. • *vi vt* to descend.
tar aniar aduaidh ar *vt* to surprise.
tar ar *vt* to come across *or* upon, to discover.
tar ar chomhréiteach *vt* to negotiate.
tar i dtír (ar) *vt* to exploit.
tar le *vt* to make do with.
tar ó *vi* to originate.
tarbh *m* bull.
tarbhghadhar *m* bulldog.
tarcaisne *f* sarcasm; scorn.
tarcaisneach *adj* scornful; insulting.
tarchuradóir *m* transmitter.
tarlaigh *vi* to happen.
tarlú *m* happening.
tarmachan *m* ptarmigan.
tarraiceán *m* drawer.
tarraing *vt* to drag; to haul; to pull; to draw; to attract.
tarraingt *f* (charm) appeal; attraction; drawing.
tarraingteach *adj* attractive.
tarrtháil *f* salvage. • *vt* to save.
tart *m* thirst. • *vt* **tá tart orm** I am thirsty.
tasc *m* task.
tátal *m* deduction.
tathag *m* substance.
táthaigh *vi vt* to coalesce.
te *adj* hot; warm.
té *m* person; **an té** whoever.
teach *m* house; **teach banaltrachta** nursing home; **teach cúirte** courthouse; **teach lóistín** boarding house; **teach mór** mansion; **teach na ngealt** asylum; **teach solais** lighthouse; **teach stórais** storehouse; **teach striapachais** brothel; **teach tábhairne** pub.
teachín *m* cottage.
teacht *m* appearance, arrival, coming. • *adj* **le teacht** coming; future.
teacht isteach *m* income.
téacht *vi vt* to curdle; to coagulate; to freeze; to set.
teachtaire *m* messenger.
teachtaireacht *f* errand, message.
téad *f* rope.
téagartha *adj* burly; sturdy.
teagasc *m* teaching; doctrine. • *vt* to edify. • *vt vi* to teach.
teaghlach *m* family; household.
teagmháil *f* (message) contact; communication.
teagmhasach *adj* contingent.
teallach *m* fireside.
téamh domhanda *m* global warming.
teampall *m* temple.
teanchair *f* forceps; tongs.
teanga *f* language, tongue.
teangeolaí *m* linguist.
teann *vt* to strain.
teann (duine) le do chroí *vt* to embrace. • *vi* **teann isteach (le chéile)** to huddle.
teannas *m* strain.
teanntán *m* clamp.
tearc *adj* few; scarce.
téarma *m* term.
tearmann *m* refuge, sanctuary.
tearmannaigh *vt* to harbour.
téarnamhach *adj* convalescent.

teas *m* heat; warmth; heating.
teasaí *adj* fiery; impetuous.
teasc *f* discus; disk.
teasc *vt* to amputate; to sever.
teascadh *m* amputation.
teastas *m* certificate; **teastas beireatais** birth certificate.
teicneolaíocht *f* technology; **teicneolaíocht an eolais** information technology.
teideal *m* title.
teidhe *m* fad.
téigh[1] *vi* to go; **téigh amach** to exit.
téigh[2] *vt* to heat; to warm.
téigh ar (bord) *vt* to board.
téigh ar cosa in airde *vi* to gallop.
téigh ar do ghlúine *vi* to kneel.
téigh ar fheachtas *vi* to campaign.
téigh ar foluain *vi* (*aviat*) to glide.
téigh ar imirce *vi* to emigrate; to migrate.
téigh as radharc *vi* to vanish.
téigh chun spairne (le) *vi* grapple.
téigh chun tosaigh *vi* to advance.
téigh creathán trí *vi* to shudder.
téigh go tóin poill *vi* to sink; (*mar*) to founder.
téigh i bhfeidhm ar *vt* to influence; to affect; to effect.
téigh i dtír *vi* to disembark.
téigh i gcomhairle le *vt* to consult.
téigh i mbannaí ar *vt* to bail.
téigh i measc *vi* to mingle.
téigh in olcas *vi* to worsen.
téigh in urra ar *vt* to indemnify.
téigh isteach i *vt* to enter.
téigh le thine *vt* to catch fire.
téigh síos *vi vt* to descend.
téigh thar *vt* to exceed; to overtake.
téigh thart *vi* to circulate.
teilg *vt* to cast.

teilifís *f* television; **teilifís chábla** cable television.
teilifíseán *m* television (set).
teip *f* failure. • *vt* **theip orm** I failed.
téipthaifeadán *m* cassette player.
teirce *f* rarity.
teiripe *f* therapy.
teisteán *m* decanter.
teistiméireacht *f* reference (for job); testimony; certificate.
teith *vi* to flee.
téitheoir *m* heater.
telefón *m* telephone.
teocht *f* temperature.
teoiric *f* theory.
teorainn *f* border; limit. • *adj* **gan teorainn** bottomless.
teoranta (teo) *adj* limited (Ltd).
thall *adv* yonder.
thall ansin *adv* over here.
thar *prep* over; past. • *adv* **thar gach rud** above all.
thart *adv* around, round; **thart ar** about.
theas *adj* southerly, southern.
thiar *adv* behind; west.
thíos *adv* beneath; underneath; below; (*in writing*) hereafter; below; **thíos staighre** downstairs. • *prep* **thíos faoi** beneath.
thoir *adj* easterly.
thuas *adv* above; up; **thuas staighre** upstairs.
thuasluaite *adj* aforementioned. • *adv* above mentioned.
tí: ar tí (rud a dhéanamh) *prep* about to (do something). • *conj* **go dtí** until. • *prep* till, until; to. • *adv* **go dtí seo** hitherto.
tiarna *m* lord.
tiarna talún *m* landlord.

tiarnas *m* dominion.
ticéad *m* ticket.
ticeáil *f* ticking.
timpeall *m* round; roundabout; circuit. • *adv* about; around, round. • *prep* around (+ *gen*).
timpeallacht *f* environment.
timpeallaigh *vt* to circle; to surround.
timpiste *f* accident.
timpisteach *adj* accidental.
tincéir *m* tinker.
tine *f* fire; **arm tine** firearm; **tine chnámha** bonfire; **tine gháis** gas fire; **tine ghealáin** phosphorescence.
tinedhíonach *adj* fireproof.
tinn *adj* ailing, ill, sick.
tinneas *m* ache; (*med*) complaint; illness, sickness; **tinneas cinn** headache.
tinteán *m* hearth.
tintreach *f* lightning.
tíogar *m* tiger.
tíolacas *m* conveyance.
tíolacthóir *m* conveyancer.
tiomáin *vt* to drive.
tiomáint *f* drive; propulsion.
tiománaí *m/f* chauffeur (-euse), driver.
tiomna *m* testament.
tiomnacht *f* bequest.
tiomnaigh *vt* to bequeath; to dedicate; to devote; to depute.
tiomsaigh *vt* to accumulate, gather, collect.
tionchar *m* influence.
tionlacaí *m* (*mus*) accompanist.
tionlacan *m* (*mus*) accompaniment.
tionóil *vt* to convene.
tionól *m* assembly.
tionónta *m* tenant.

tionscal *m* (*abstract*) industry.
tionsclaíoch *adj* industrial.
tiontaigh *vt* to convert; to turn. • *vi* to turn.
tíos *m* domestic economy.
tír *f* country. • *vt* **cuir i dtír** to land. • *adv* **i dtír** ashore.
tírdhreach *m* landscape.
tíreolaíocht *f* geography.
tirim *adj* arid; dried; dry.
tit *vi* to fall; to sag; to tumble; to collapse; **tit go talamh** to collapse; **tit i laige** to faint. • *vt* **tit amach le** to fall out with.
tit in éadóchas *vi* to despair.
titeann (luach) *vi* to depreciate.
titim *f* collapse; fall.
tiubh *adj* dense; thick.
tiúin *vt* to tune.
tiús *m* density.
tnúth *m* aspiration; envy; desire; longing; **ag tnúth le** hoping for. • *vi* **bheith ag tnúth (le)** to long (for), to yearn.
tnúthán *m* yearning.
tobac *m* tobacco.
tobán *m* tub.
tobann *adj* impetuous; rash; sudden; abrupt. • *adv* **go tobann** suddenly.
tobar *m* well.
tochail *vt* to dig; to excavate.
tochailt *f* excavation.
tochas *m* itch.
tochasach *adj* itchy.
tocht *m* mattress.
todhchaí *f* future.
todóg *f* cigar.
tofa *adj* choice.
tóg *vt* to build, construct; to heave; to capture; to contract; to erect; to lift; to raise.

tóg croí *vt* to elate.

tóg meán ar *vt* to average.

tógáil *f* lifting; breeding; upbringing; construction; erection; capture; absorption. • *m* **tógáil intinne** absorption.

tógálaí *m* builder.

togh *vt* to elect; to select.

togha *m* choice.

toghair *vi vt* to conjure.

toghchán *m* election.

toghchánaíocht *f* electioneering.

toghlach *m* (*parliament*, etc) constituency.

tógtha *adj* lifted; **an-tógtha** agog.

toghthóir *m* elector.

toghthóirí *npl* electorate.

toil *f* will; **toil shaor** free will.

toiliú *m* acquiescence.

toilleadh *m* capacity.

toilteanach *adj* acquiescent; willing. • *adv* **go toilteanach** readily.

tóin *f* backside, behind.

tóir *f* chase, pursuit.

tóireadóir spáis *m* space probe.

toirmeasc *vt* to ban.

toirmisc *vt* debar.

toirneach *f* thunder.

toirniúil *adj* thunderous.

tóirse *m* torch.

toirt *f* mass; bulk. • *adj* **ar an toirt** instantly, immediately.

toirtín *m* tart.

toirtís *f* tortoise.

toirtiúil *adj* bulky.

toisc *f* factor. • *conj* **toisc (go)** because.

toise *m* dimension.

toitín *m* cigarette.

tolg *m* couch.

tolg *vt* to contract (disease).

tomhais *vt* to fathom; to measure; **tomhais doimhneacht** to plumb (+ *gen*). • *vt vi* to guess.

tomhaltachas *m* consumerism.

tomhaltóir *m* consumer.

tomhas *m* measure; measurement; riddle.

tomhsaire *m* gauge.

ton *m* tone.

tonn *f* wave.

tor *m* bush.

torach *adj* bushy.

toradh *m* consequence; fruit; produce; result.

tóraí *m* bandit, outlaw; (*pol*) Tory.

tóraigh *vt* to pursue.

torathar *m* freak.

torbán *m* tadpole.

torc *m* boar.

tormán *m* din, noise (generally from objects).

tormas *m* grumbling; sulking; **fuair sé tormas ar a chuid** he grumbled at his food.

torrthach *adj* pregnant.

torthúil *adj* fertile, prolific.

torthúlacht *f* fertility.

tosach *m* beginning, start; bow (of ship) . • *adv* **i dtosach báire** (time) first.

tosaigh *adj* preliminary; initial. • *vt vi* to begin; to start. • *vt* **tosaigh ar** to embark.

tosca *mpl* circumstances.

toscaire *m* delegate.

toscaireacht *f* delegation.

tostach *adj* quiet; reticent; taciturn; tacit.

tóstal *m* pageant.

trá *f* beach; ebb.

trácht *m* traffic.

tracht / **truailligh**

trácht *m* comment. • *vt* **trácht (ar)** to comment.
tráchtáil *f* commerce.
tráchtála *adj* commercial.
tráchtas *m* dissertation.
trádáil *m* trade.
traein (traenach) *f* train.
traenáil *vt* to coach, train.
tráidire *m* tray.
traidisiún *m* tradition.
tráigh *vi* to ebb; to subside.
tranglam *m* confusion; disorder.
traoch *vt* to exhaust.
traochadh *m* exhaustion.
trasna *adv* across; athwart (+ *gen*). • *prep* (+ *gen*) across.
trasnaigh *vt* to cross; to heckle.
trastomhas *m* diameter.
tráth ceisteanna *m* quiz.
tráthnóna *m* evening.
tráthúil *adj* felicitous; opportune; seasonable; timely; appropriate.
treabh *vt* to plough.
tréad *m* flock; herd.
trealamh *m* equipment, kit.
trealmhaigh *vt* to furnish.
tréan *adj* strong; vehement.
tréanas *m* abstinence.
trédhearcach *adj* transparent.
treibh *f* tribe.
tréidlia *m* vet.
tréig *vt* to abandon, desert, forsake; to jilt.
tréigthe *adj* derelict; forsaken.
tréimhse *f* period; **tréimhse iompair** gestation.
treisigh *vt* to reinforce, strengthen.
tréith *f* quality.
tréithe *npl* accomplishments.
tréitheach *adj* characteristic.
treo *m* direction; **treo-aimsí** direction-finder. • *prep* **i dtreo** (+ *gen*) toward(s). • *adv* **i dtreo na talún** landward.
treoir (treorach) *f* direction, guidance.
treoraí *m* guide.
treoraigh *vt* to lead, guide.
trí[1] *prep* by (via); through.
trí[2] *adj m* three; **trí déag** thirteen.
triail (trialach) *f* test; trial.
trilseán *m* plait.
trioblóid *f* trouble.
tríocha *adj m* thirty.
triomach *m* drought.
triomadóir gruaige *m* hairdryer.
triomaigh *vt* to dry.
trithí: sna trithí gáire *adj* laughing uproariously.
tríú *adj* third.
triúr *adj m* three (persons).
triús *npl* trews.
trócaire *f* clemency, mercy.
trócaireach *adj* clement; merciful.
trodach *adj* quarrelsome.
trodaí *m* combatant.
troid *f* fight; quarrel. • *vi* to quarrel. • *vt vi* to fight.
troid i gcoinne *vt* (+ *gen*) to combat.
troigh *f* foot (measurement).
troime *f* heaviness.
troitheán *m* pedal.
trom *adj* heavy.
trom *m* elder tree.
tromchroíoch *adj* disconsolate.
tromchúiseach *adj* grave.
trosc *m* cod.
troscán *m* furniture.
trua *f* compassion, pity.
truacánta *adj* pitiful.
truaill *vt* to taint.
truailligh *vt* to debase; to pollute.

truaillíocht *f* depravity.
truaillithe *adj* corrupt; contaminated.
truaillmheasc *vt* to adulterate.
truaillmheascadh *m* adulteration.
truamhéalach *adj* deplorable, wretched, pathetic.
trucáil *f* cart.
trup *m* din, noise (*often footsteps*).
truslóg *f* hop.
tú *pn sing* you.
tua *f* axe, hatchet.
tuairgnín *m* pestle.
tuairisc *f* account, report.
tuairisceoir *m* reporter.
tuairiscigh *vt* to report.
tuairisciú *m* coverage.
tuairt *f* (*car*) bump, collision.
tuairteáil *vi* to collide.
tuaisceart *m* north.
tuaisceartach *adj* north, northern.
tuaithe *adj* rural.
tuama *m* tomb.
tuamúil *adj* sepulchral.
tuar *m* omen; premonition; sign. • *vi* to augur. • *vt* to forecast; to foresee; to foreshadow.
tuarúil *adj* ominous.
tuaslaig *vt* to dissolve.
tuata *m* layman.
tuathal *adv* counter-clockwise.
tubaiste *f* disaster, calamity, catastrophe.
tubaisteach *adj* calamitous.
tuí *m* straw; thatch.
tuig *vi vt* to understand, comprehend; to apprehend, infer. • *vt* **tuig as** to deduce.
tuile *f* flood; torrent.
tuill *vt* to deserve; **tá sé tuillte aige** he deserves it.

tuilleadh *m* more.
tuilleamaí: bheith i dtuilleamaí *vi* depend.
tuilsolas *m* floodlight.
tuirling *vi* to alight; to descend. • *vt* to descend.
tuirlingt *f* descent; landing (of aeroplane).
tuirne *m* spinning wheel.
tuirse *f* tiredness, fatigue.
tuirseach *adj* tired.
tuirsigh *vt* to fatigue; to bore.
tuirsiúil *adj* tiresome.
túis *f* incense.
tuisle *m* stumble, trip. • *vi* **baineadh tuisle asam** I tripped (up).
tuisligh *vi* to falter.
tuismeá *f* horoscope.
tuismitheoir *m* parent.
tulach *m* hillock.
tum *vi* to dive. • *vt* to immerse; to dip. • *vi* **tum in uisce** to duck.
tumadóir *m* diver.
tur *adj* bland.
túr *m* tower.
turas *m* jaunt; journey; tour; **turas farraige** voyage. • *adj* **d'aon turas** intentional.
turasóir *m* tourist.
turgnamh *m* experiment.
turnamh (impireachta) *m* downfall (of empire).
turraing *f* lurch; (*elec*) shock.
turtar *m* turtle.
tús *m* beginning. • *adv* **ar dtús** first (sequence).
tusa *pn* you.
túslitir *f* initial.
tútach *adj* boorish.
tuthóg *f* fart.

U

uabhar *m* pride.
uachais *f* lair.
uacht *f* (last) will.
uachtar *m* cream; **uachtar reoite** ice cream.
uachtarach *adj* upper.
uachtarán *m* president; provost.
uafás *m* terror; horror.
uafásach *adj* abysmal; atrocious; awful; deplorable, very bad; horrible.
uaibhreach *adj* haughty; luxuriant.
uaidh sin *adv* thence.
uaigh *f* grave.
uaigneas *m* loneliness; solitude.
uaillbhreas *m* exclamation.
uaillmhian *f* ambition.
uaillmhianach *adj* ambitious.
uaim *f* alliteration.
uaimh *f* cave.
uaine *adj* green. • *f* greenness.
uaineoil *f* (*culin*) lamb.
uair *f* time; hour. • *adv* once; **an uair** whenever; **cén uair** (*direct*) when; **gach uair** hourly; **uair amháin** once.
uaireadóir *m* watch; wristwatch; **uaireadóir láimhe** wristwatch.
uaireanta *adv* sometimes.
ualach *m* load, burden.
ualaigh *vt* to burden.
uamhnach *adj* awesome.
uan *m* lamb.
uasal *adj* noble; dignified. • *m* **An tUasal** Mister; **na huaisle** gentry.
uaschamóg *f* apostrophe.
uasmhéid *f* maximum.

uatha *adj* singular.
uathoibríoch *adj* automatic.
ubh *f* egg.
úc *vt* to waulk.
úcadh *m* waulking.
ucht *m* bosom; lap.
uchtach *adj* pectoral.
uchtaigh *vt* to adopt.
uchtóg *f* bump (on road, on head).
uchtú *m* adoption.
údar *m* author; cause.
údaraigh *vt* to authorise.
údarás *m* authority.
uige *f* fabric.
uile *adj* all; entire.
uilechumhachtach *adj* almighty.
uilíoch *adj* universal.
uillinn *f* angle; elbow.
uimhir (uimhreach) *f* number; numeral; **Uimhir Aitheantais Phearsanta** PIN (number).
uimhríocht *f* arithmetic.
úinéir *m* owner, proprietor.
uirbeach *adj* urban.
uiríseal *adj* lowly.
uirlis *f* implement, tool.
uisce *m* water; **uisce beatha** whisky; **uisce coisricthe** holy water.
uiscedhíonach *adj* impervious (to water); waterproof; watertight.
uiscigh *vt* to irrigate.
uisciú *m* irrigation.
ulchabhán *m* owl.
úll *m* apple.
ullmhaigh *vt* to prepare.
úllord *m* orchard.
um *prep* about.

umha *m* bronze.
umhal *adj* dutiful; humble.
umhlaíocht *f* deference; obedience.
umhlú *m* bow (of the head).
uncail *m* uncle.
ung *vt* to anoint.
ungadh *m* ointment; unction.
unsa *m* ounce.
úr *adj* (*air, food*) fresh; (*weather*) crisp; new.
uraigh *vt* to eclipse.
úraigh *vt* to refresh.
urchar *m* shot.
urchóideach *adj* sinister; wicked; (*med*) malignant.
urchoilleadh *m* inhibition.
urlár *m* floor.
urraim *f* honour.
urramach *adj* respectful; reverend; reverent.
urróg *f* heave.
urrúnta *adj* able-bodied.
urú *m* eclipse; **urú gealaí** lunar eclipse.
úsáid *f* usage; use; usefulness. • *vt* to use; **úsáid a bhaint as** to avail oneself of.
úsáideach *adj* useful.
úsc *vi* to ooze.
úscra *m* essence.
útamáil *f* fumbling. • *vt* to lay.
úth *m* udder.

V

vác *m* quack.
vacsaínigh *vt* to vaccinate.
vaigín *m* wagon.
vardrús *m* wardrobe.
vás *m* vase.
veain *f* van.
véarsa *m* verse (*stanza*).
véarsaíocht *f* verse.
VED *m* HIV.

veidhleadóir *m* violinist.
veidhlín *m* (*mus*) violin.
veilbhit *f* velvet.
veist *f* vest.
víreas *m* virus.
vóta *m* vote. • *vt* **vótaí a iarraidh** to canvass.
vótáil *vt* to vote.

X Y Z

x-gha *m* X-ray.
x-ghathú *m* X-ray.
yes *adv* (*gram: repeat verb and tense used in question in positive—see also no*).
zú *m* zoo.

English-Irish
Béarla-Gaeilge
A

abacus *n* abacás *m*.
abandon *vt* tréig.
abate *vt* laghdaigh.
abbess *n* ban-ab *f*.
abbey *n* mainistir *f*.
abbot *n* ab *m*.
abbreviate *vt* giorraigh.
abbreviation *n* giorrú *m*.
abdicate *vt* tugaim suas (coróin); éirím as (post).
abdication *n* tabhairt suas (corónach) *m*.
abdomen *n* bolg *m*.
abdominal *adj* bolgach.
abduct *vt* fuadaigh.
abductor *n* fuadaitheoir *m*.
abed *adv* ar an leaba.
abet *vt*: **to aid and abet** cabhrú agus neartú le duine.
abhor *vt* tá gráin agam ar.
abhorrence *n* dearg-ghráin *f*, fuath *m*.
abide *vt* cónaigh.
ability *n* cumas *m*, ábaltacht *f*.
abject *adj* ainniseach, cloíte.
abjure *vt* diúltaigh do (eiriceacht), séan creideamh.
ablative *n* (*gr*) ochslaíoch *m*.
able *adj* ábalta, cumasach; **to be able** bheith ábalta, in inmhe.
able-bodied *adj* láidir, urrúnta.
ablution *n* ionnladh *m*.
abnegation *n* diúltú do (mhian) *m*, séanadh (creidimh) *m*.
abnormal *adj* neamhghnách, mínormálta.
abnormality *n* gné *m* mhínormálta (de rud), ainríocht *m*.
aboard *adv* ar bord.
abode *n* áit *f* chónaithe.
abolish *vt* díobhaigh, cuir ar ceal.
abolition *n* díobhadh *m*, cur ar ceal *m*.
abominable *adj* gráinniúil, déistineach.
abomination *n* adhfhuafaireacht *f*.
aboriginal *adj* bunúsach.
aborigines *npl* bunstoc *m*; bundúchasaigh *npl*.
abortion *n* ginmhilleadh *m*.
abortive *adj* anabaí.
abound *vi* tá a lán, ag cur thar maoil (**in, with**) le.
about *adv* timpeall, thart ar. • *prep* faoi, um; **to go about a thing** dul i gceann ruda; **about to (do something)** ar tí (rud a dhéanamh).
above *prep* os cionn. • *adv* thuas; **above all** os cionn gach uile ní, thar gach rud; **above mentioned** thuasluaite.
abrasive *adj* scríobach.
abreast *adv* ar aon líne *f*.
abridge *vt* giorraigh.
abridgment *n* giorrú *m*, laghdú *m*, coimre *f*.
abroad *adv* thar lear; **to go abroad** imeacht thar sáile.

abrogate vt aisghair.
abrogation n aisghairm m.
abrupt adj tobann, giorraisc.
abscess n easpa f.
abscond vi teith (ón dlí).
absence n easpa f, éagmais f.
absent adj as láthair.
absentee n neamhláithrí m; **absentee landlord** tiarna neamhchónaitheach m.
absent-minded adj dearmadach.
absolute adj absalóideach, leithliseach, iomlán.
absolution n aspalóid f.
absolutism n absalóideachas m.
absolve vt scaoil (duine ó mhóid, ó dhualgas).
absorb vt súigh.
absorbent adj súiteach.
absorption n sú m (leachta, teasa), tógáil f (intinne), maolú m (fuaime).
abstain vi staon ó rud, ó rud a dhéanamh.
abstemious adj measartha, barraineach.
abstemiousness n measarthacht f.
abstinence n tréanas m, staonadh m.
abstract n coimriú m.
abstracted adj seachránach.
abstraction n tógáil f.
abstractly adv go neamhairdiúil.
abstruse adj diamhair, dothuigthe, domhain.
absurd adj míréasúnta, seafóideach, áiféiseach.
absurdity n seafóid f, áiféis f.
abundance n fairsingeacht f, raidhse f, flúirse f.
abundant adj flúirseach, fras, fairsing.
abuse vt bain mí-úsáid f as (cumhacht f), tabhair drochíde f do (dhuine, ainmhí), tabhair íde f béil do, maslaigh. • n mí-úsáid f; (*verbal*) masla m.
abysmal adj uafásach.
abyss n duibheagán m.
academic adj acadúil. • n scoláire m.
academician n acadamhaí m, ball d'acadamh m.
academy n acadamh m.
accelerate vt luasghéaraigh.
accelerator n luasaire m.
acceleration n luathú m.
accent n blas m.
accept vt glac le.
acceptable adj inghlactha.
acceptability n inghlacthacht f.
acceptance n glacadh m.
access n bealach m isteach, rochtain f.
accessible adj insroichte.
accident n timpiste f, taisme f.
accidental adj timpisteach, de thaisme.
acclaim vt déan ollghairdeas do.
acclamation n gáir f mholta.
accommodate vt déan garaíocht f do.
accommodating adj garach, oibleagáideach.
accommodation n lóistín m.
accompaniment n (*mus*) tionlacan m.
accompanist n (*mus*) tionlacaí m.
accomplice n comhchoirí m, cuiditheoir m.
accomplish vt cuir i gcrích, críochnaigh, tabhair chun críche (obair f, beart).
accomplished adj curtha i gcrích, déanta, críochnaithe.
accomplishment n críochnú m, cur i gcrích m; **accomplishments** pl tréithe mpl, buanna mpl.
accord n aontú m, aontoil f.
accordion n (*mus*) cairdín m.

accost *vt* agaill; cuir forrán ar.
account *n* cuntas *m*, tuairisc *f*; **to account for** *vt* mínigh.
accountability *n* freagracht *f*.
accountable *adj* freagrach.
accountancy *n* cuntasóireacht *f*.
accountant *n* cuntasóir *m*.
accounts book *n* leabhar *m* cuntais.
accumulate *vt* carn, tiomsaigh, bailigh.
accumulation *n* carnadh *m*, cruachadh *m*, bailiú *m*.
accuracy *n* cruinneas *m*.
accurate *adj* cruinn, beacht.
accursed *adj* mallaithe.
accusation *n* gearán *m*, cúiseamh *m*.
accusative *n* (*gr*) cuspóireach *m*.
accuse *vt* cuir i leith duine; cúisigh.
accused *n* cúisí *m*.
accuser *n* cúiseoir *m*.
accustom *vt* gabh i dtaithí *f* le.
accustomed *adj* coitianta, gnách.
ace *n* aon *m*; **within an ace of** faoi aon do, faoi orlach do.
acerbic *adj* searbh.
acerbity *n* seirbhe *f*.
ache *n* pian *f*, tinneas *m*.
achieve *vt* bain amach.
achievement *n* éacht *m*.
acid *adj* searbh. • *n* aigéad *m*.
acidity *n* aigéadacht *f*.
acknowledge *vt* admhaigh; glac le.
acknowledgment *n* admháil *f*.
acme *n* dígeann *m*.
acne *n* aicne *f*.
acorn *n* dearcán *m*.
acoustics *n* fuaimeolaíocht *f*, fuaimíocht *f*.
acquaintance *n* duine *m* aitheantais.
acquainted *adj* eolach.
acquiescence *n* toiliú *m*.
acquiescent *adj* toilteanach.

acquire *vt* faigh.
acquisition *n* fáil *f*.
acquit *vt* saor.
acre *n* acra *m*.
acrimonious *adj* gairgeach.
acrimony *n* gairgeacht *f*, seirbhe *f*.
across *adv* anonn, anall. • *prep* trasna (+ *gen*)
act *vi* gníomhaigh; (*theat*) bheith ag aisteoireacht. • *n* gníomh *m*.
action *n* aicsean *m*.
active *adj* gníomhach.
activity *n* gníomhaíocht *f*.
actor *n* aisteoir *m*.
actress *n* ban-aisteoir *m*.
actual *adj* dearbh, fíor.
actuary *n* achtúire *m*.
acumen *n* géire *f* intinne, grinneas *m*.
acute *adj* géar.
adage *n* nath *m*.
adamant *adj* dáigh.
adapt *vt* cuir rud in oiriúint (do).
adaptability *n* oiriúnacht *f*, solúbthacht *f*.
adaptable *adj* inathraithe; solúbtha.
adaptation *n* athchóiriú *m*.
add *vt* cuir le.
addendum *n* aguisín *m*, forlíonadh *m*.
adder *n* nathair *f* nimhe.
addict *n* andúileach *m*.
addiction *n* andúil *f*.
addition *n* (*math*) suimiú *m*; breis *f*.
additional *adj* breise.
address *vt* cuir seoladh ar; (*speak to*) cuir forrán ar. • *n* seoladh; (*oration*) óráid *f*.
adequate *adj* sásúil.
adhere *vi* greamaigh (do).
adherent *n* taobhaí *m*.
adhesive *n* greamachán *m*.
adjacent *adj* cóngarach (do).

adjective *n* aidiacht *f*.
adjudication *n* breithiúnas *m*.
adjust *vt* ceartaigh, cóirigh.
adjustable *adj* incheartaithe.
administer *vt* riar.
administration *n* riarachán *m*.
administrative *adj* riarthach.
administrator *n* riarthóir *m*.
admirable *adj* inmholta.
admiration *n* meas *m*.
admire *vt* (**I admire**) tá meas mór agam ar.
admissible *adj* inghlactha.
admission *n* cead *m* isteach; (*confession*) admháil *f*.
admit *vt* lig isteach; (*confess*) admhaigh.
ado *n* fuadar *m*.
adolescence *n* óigeantacht *f*.
adolescent *n* óganach *m*.
adopt *vt* uchtaigh.
adoption *n* uchtú *m*.
adore *vt* gráigh.
adorn *vt* maisigh.
adrift *adv* ar imeacht le sruth.
adult *adj* fásta. • *n* aosach *m*.
adulterate *vt* truaillmheasc.
adulteration *n* truaillmheascadh *m*.
adulterer *n* adhaltrach *m*.
adultery *n* adhaltranas *m*.
advance *vt* cuir chun cinn. • *vi* téigh chun tosaigh. • *n* (*fin*) réamh-íocaíocht *f*.
advanced *adj* forbartha.
advancement *n* forbairt *f*.
advantage *n* buntáiste *m*.
advantageous *adj* tairbheach.
adventure *n* eachtra *f*.
adventurous *adj* eachtrúil.
adverb *n* dobhriathar *m*.
adverse *adj* aimhleasach.
adversity *n* mí-ádh *m*.

advertise *vt vi* fógair.
advertisement *n* fógra *m*.
advice *n* comhairle *f*.
advise *vt* comhairligh.
adviser, advisor *n* comhairleoir *m*.
advocacy *n* abhcóideacht *f*.
advocate *n* abhcóide *m*. • *vt* pléideáil ar son (duine).
aerial *n* aeróg *f*.
aeronaut *n* aerloingseoir *m*.
aeroplane *n* eitleán *m*.
affable *adj* lách.
affair *n* gnó *m*.
affect *vt* téigh i bhfeidhm *f* ar; (*let on*) lig ar.
affection *n* cion *m*.
affectionate *adj* ceanúil.
affinity *n* (**I have an affinity for**) tá dáimh *f* agam le.
affirm *vt* dearbhaigh, deimhnigh.
affirmative *adj* dearfach.
afflict *vt* caith ar.
affliction *n* léan *m*.
affluence *n* rathúnas *m*.
affluent *adj* saibhir.
afford: to be able to afford *vt* rud a bheith de ghustal agat.
affront *vt* maslaigh.
afloat *adv* ar snámh.
afoot *adv* ar cois
aforementioned *adj* thuasluaite.
afraid *adj* eaglach; **I am afraid** tá eagla orm.
afresh *adv* as an nua.
Africa *n* An Afraic *f*.
African *adj n* Afracach *m*.
after *prep adv* i ndiaidh (+ *gen*).
afternoon *n* iarnóin *f*.
afterthought *n* athsmaoineamh *m*.
again *adv* arís.
against *prep* in aghaidh (+ *gen*).

age n aois f. • vt vi cuir aois ar.
aged adj sean, aosta.
agency n áisíneacht f.
agent n gníomhaire m.
aggravate vt cuir in olcas.
aggression n (*phys*) ionsaí m.
aggressive adj ionsaitheach.
agile adj lúfar.
agitate vt corraigh.
agitation n corraíl f.
ago adv ó shin.
agog adv an-tógtha.
agonise vt céasaigh.
agony n céasadh m.
agree vi aontaigh (le).
agreeable adj pléisiúrtha.
agreement n comhaontú m.
agricultural adj talmhaíoch.
agriculture n talmhaíocht f.
aground adv (*mar*) ar talamh.
ahead adv roimh.
aid vt cuidigh le. • n cuidiú.
AIDS n SEIF.
ailment n easláinte f.
ailing adj tinn.
aim vt dírigh ar. • n aidhm f; (*gun*) amas m.
air n aer m; (*mus*) fonn m. • vt aeráil.
airborne adj ar eitilt.
airline n aerlíne f.
airmail n aerphost m.
airport n aerfort m.
airwave n aerthonn f.
aisle n taobhroinn f.
ajar adj ar leathoscailt.
akin adv cosúil (le).
alacrity n líofacht f.
alarm vt cuir scaoll i.
alarming adj scanrúil.
album n albam m.
alcohol n alcól m.

alcoholic n alcólach m.
alcoholism n alcólacht f.
alder n fearnóg f.
ale n leann m.
alert adj airdeallach.
algebra n ailgéabar m.
alias n ainm m bréige.
alien adj coimhthíoch. • n coimhthíoch; (*outer space*) neach m neamhshaolta.
alienate vt cuir duine in aghaidh (duine eile).
alight vi tuirling.
alike adj cosúil.
alimony n (*law*) ailiúnas m.
alive adj beo.
all adj uile, iomlán
allay vt maolaigh.
allegation n líomhain f.
allegiance n dílseacht f.
allegory n fá-ithscéal m.
alleviate vt maolaigh.
alleviation n maolú m.
alliance n comhaontas m.
alliteration n uaim f.
allow vt ceadaigh.
allowance n liúntas m.
allusion n tagairt f (*do*).
ally n comhghuaillí m.
almanac n almanag m.
almighty adj uilechumhachtach.
almost adv beagnach.
alms n déirc f.
aloft adv in airde.
alone adj aonarach.
along adv feadh; (*pers*) i gcuideachta (+ *gen*).
alongside adv le taobh (+ *gen*).
aloud adv os ard.
alphabet n aibítir f.
alphabetical adj aibítreach.

already *adv* cheana (féin).
also *adv* fosta, chomh maith.
altar *n* altóir *m*.
alteration *n* athrú *m*.
alternative *n* rogha *f*. • *adj* eile.
although *conj* cé go.
altitude *n* airde *f*.
altogether *adv* go hiomlán, ar fad.
aluminium *n* alúmanam *m*.
always *adv* i gcónaí; (*in past*) riamh.
amalgamate *vt vi* cónaisc.
amateur *n* amaitéarach *m*.
amaze *vt* cuir iontas ar.
amazement *n* iontas *m*.
amazing *adj* iontach.
ambassador *n* ambasadóir *m*.
ambidextrous *adj* comhdheas.
ambiguity *n* athbhrí *f*.
ambiguous *adj* athbhríoch.
ambit *n* timpeall *m*.
ambition *n* uaillmhian *f*.
ambitious *adj* uaillmhianach.
ambulance *n* otharcharr *m*.
ambush *n* luíochán *m*.
ameliorate *vt* feabhsaigh.
amen *excl* áiméan.
amenable *adj* réasúnta.
amend *vt* leasaigh.
amendment *n* leasú *m*.
amenity *n* áis *f*.
America *n* Meiriceá *m*.
American *adj n* Meiriceánach *m*.
amiable *adj* lách.
amid, amidst *prep* i measc (+ *gen*).
amiss *adv*: **something's amiss** tá rud éigin cearr.
ammunition *n* armlón *m*.
amnesty *n* pardún *m* ginearálta.
among, amongst *prep* i measc (+ *gen*).
amorous *adj* grámhar.
amount *n* méid *f*, suim *f*.

amphibian *n adj* amfaibiach *m*.
ample *adj* fairsing.
amplification *n* fairsingiú; (*audio*) aimpliú *m*.
amputate *vt* teasc, gearr de.
amputation *n* teascadh *m*.
amuse *vt* déan siamsa do.
amusement *n* siamsa *m*.
amusing *adj* greannmhar.
anachronism *n* iomrall aimsire *m*.
anaemic *adj* (*med*) neamhfholach.
anaesthetic *n* ainéistéiseach *m*.
analogy *n* cosúlacht *f*.
analyse *vt* déan anailís *f* ar, déan mionscrúdú ar.
analysis *n* anailís *f*.
analyst *n* anailísí *m*.
anarchist *n* ainrialaí *m*.
anarchy *n* ainriail *f*, anlathas.
anatomical *adj* anatamaíoch.
anatomy *n* anatamaíocht *f*.
ancestor *n* sinsear *m*.
ancestral *adj* sinseartha.
ancestry *n* sinsearacht *f*.
anchor *n* ancaire *m*.
anchorage *n* leaba *f* ancaire.
ancient *adj* ársa.
and *conj* agus, is.
anew *adv* as an nua.
angel *n* aingeal *m*.
angelic *adj* ainglí.
anger *n* fearg *f*.
angina *n* aingíne *f*.
angle *n* uillinn *f*.
angler *n* iascaire *m* slaite.
angling *n* iascaireacht *f* slaite.
angry *adj* feargach.
anguish *n* crá *m*; léan *m*.
animal *n* ainmhí *m*.
animate *vt* beoigh.
animated *adj* beo.

animation *n* beochan *f*.
ankle *n* rúitín *m*.
annex *n* fortheach *m*.
annihilate *vt* díothaigh.
annihilation *n* díothú *m*.
anniversary *n* cothrom *m* an lae.
annotate *vt* cuir nótaí le.
announce *vi vt* fógair.
announcement *n* fógra *m*.
annoy *vt* buair, ciap.
annoyance *n* crá *m*, ciapadh *m*.
annoying *adj* ciapach.
annual *adj* bliantúil.
annually *adv* gach bliain
annul *vt* cealaigh.
anoint *vt* ung.
anonymous *adj* gan ainm.
another *adj* eile.
answer *vt* freagair. • *n* freagra *m*.
answering machine *n* gléas *m* freagartha.
ant *n* seangán *m*.
antagonist *n* céile *m* comhraic.
antediluvian *adj* roimh an díle.
anthem *n* aintiún *m*.
anthology *n* duanaire *m*, cnuasach *m*.
anthropology *n* antraipeolaíocht *f*.
anticipate *vt* réamhghabh.
anticipation *n* feitheamh *m*.
antidote *n* nimhíoc *f*.
antipathy *n* fuath *m*.
antiquary *n* ársaitheoir *m*.
antique *n* rud *m* ársa. • *adj* seanda.
antiseptic *n* frithsheipteán *m*.
antler *n* beann *f*.
anvil *n* inneoin *f*.
anxiety *n* imní *f*, buairt *f*.
anxious *adj* imníoch, buartha.
any *adj pn* aon, ar bith; **anymore** a thuilleadh; **anyplace** áit *f* ar bith; **anything** rud *m* ar bith.
anyone *n* duine *m* ar bith.
apartheid *n* cinedheighilt *f*.
apartment *n* árasán *m*.
apathy *n* patuaire *f*.
ape *n* ápa *m*.
aperture *n* poll *m*, oscailt *f*.
apex *n* buaic *f*.
apiece *adv* (*person*) an duine; (*thing*) an ceann.
apologise *vi* gabh do leithscéal.
apology *n* leithscéal *m*.
apostle *n* aspal *m*.
apostrophe *n* uaschamóg *f*.
appall *vt* scanraigh.
apparatus *n* gaireas *m*.
apparent *adj* follasach, soiléir.
apparition *n* taibhse *f*.
appeal *vi* déan achomharc. • *n* (*law*) achomharc *m*; (*charm*) tarraingt *f*.
appear *vi* nocht.
appearance *n* cuma *f*; (*arrival*) teacht *m*.
appease *vt* ceansaigh.
append *vt* cuir le.
appendage *n* géagán *m*.
appendix *n* (*anat*) aipindic *f*; (*book*) aguisín *m*.
appetite *n* goile *m*.
applaud *vt vi* tabhair bualadh bos (do).
apple *n* úll *m*.
apple tree *n* crann *m* úll.
appliance *n* gaireas *m*.
applicable *adj* oiriúnach (do).
applicant *n* iarrthóir *m*.
application *n* (*use*) feidhm *f*; iarratas *m*.
applications *npl* (*comput*) feidhmiúcháin *mpl*.
apply *vt* cuir le.
appoint *vt* ceap.
appointment *n* ceapachán *m*; (*meeting*) coinne *f*.

apportion *vt* roinn.
appraise *vt* meas.
appreciate *vt* cuir luach ar, measúnaigh. • *vi* (*grow*) ardaigh.
appreciation *n* léirthuiscint *f*.
apprehend *vt* (*infer*) tuig; tabhair faoi deara; (*arrest*) gabh.
approach *vi vt* druid le. • *n* modh *m* oibre.
appropriate *vt* glac seilbh *f* ar. • *adj* tráthúil; cuí.
approval *n* sásamh *m*.
approve *vt* ceadaigh; **to approve of** bí i bhfách le.
approximate *adj* gar.
apricot *n* aibreog *f*.
April *n* Aibreán *m*.
apron *n* naprún *m*.
apropos *adv* go feilteach.
apt *adj* feiliúnach, cuí.
aptitude *n* éirim *f*, mianach *m*.
Arab *n adj* Arabach *m*.
Arabic *adj* Arabach.
arable *adj* curaíochta.
arbitrate *vt* eadránaigh.
arbitrator *n* eadránaí *m*.
arch *n* stua *m*.
archaeologist *n* seandálaí *m*.
archbishop *n* ardeaspag *m*.
archetype *n* príomhshamhaltas *m*.
architect *n* ailtire *m*.
architecture *n* ailtireacht *f*.
archive *n* cartlann *f*.
ardent *adj* gorthach.
arduous *adj* dian.
area *n* ceantar *m*, limistéar *m*.
argue *vi* áitigh.
argument *n* argóint *f*.
argumentative *adj* conspóideach.
arid *adj* tirim.
arise *vi* éirigh.

arithmetic *n* uimhríocht *f*.
ark *n* áirc *f*.
arm *n* géag *f*. • *vt* armáil.
armchair *n* cathaoir *f* uilleach.
armistice *n* sos *m* cogaidh.
armour *n* cathéide *f*.
armpit *n* ascaill *f*.
army *n* arm *m*.
around *prep* timpeall (+ *gen*). • *adv* timpeall, thart.
arouse *vt* múscail.
arrange *vt* socraigh; cóirigh.
arrangement *n* socrú; (*mus*) cóiriú *m*.
array *n* cuir (rudaí) in eagar.
arrears *npl* riaráiste *m*.
arrest *vt* gabh.
arrival *n* teacht *m*.
arrive *vi* sroich, bain amach.
arrogance *n* sotal *m*.
arrogant *adj* sotalach.
arrow *n* saighead *f*.
arsenal *n* (*mil*) armlann *f*.
arsenic *n* airsinic *f*.
arson *n* dó *m* coiriúil.
art *n* ealaín *f*.
artery *n* artaire *m*.
artful *adj* cleasach, beartach.
arthritis *n* airtríteas *m*.
article *n* alt *m*, airteagal *m*.
articulate *adj* deisbhéalach.
artifice *n* gléas *m*.
artificial *adj* saorga.
artist *n* ealaíontóir *m*.
as *conj* chomh ... le; mar, cionn is (go).
ascend *vt* ardaigh.
ascent *n* éirí *m*.
ascertain *vt* faigh amach, cinntigh.
ascribe *vt* cuir rud síos do dhuine.
ash *n* luaith *f*; (*bot*) fuinseog *f*.
ashamed *adj* náirithe.
ashore *adv* i dtír.

ashtray *n* luaithreadán *m*.

Asia *n* An Áise *m*.

Asiatic, Asian *adj n* Áiseach *m*.

aside *adv* i leataobh.

ask *vt* (*request*) iarr; (*enquire*) fiafraigh (de).

askew *adv* ar fiarsceabha.

asleep *adj*: **I am asleep** tá mé i mo chodladh.

asparagus *n* lus súgach *m*.

aspect *n* dreach *m*.

aspen *n* (*bot*) crann *m* creathach.

asperity *n* gairbhe *f*.

aspiration *n* tnúth *m*.

aspire *vi* bí ag tnúth le rud.

aspirin *n* aspairín *m*.

ass *n* asal *m*.

assail *vt* ionsaigh.

assailant *n* ionsaitheoir *m*.

assassin *n* feallmharfóir *m*.

assassinate *vt* feallmharaigh.

assault *n* ionsaí *m*.

assemble *vt* bailigh.

assembly *n* tionól *m*.

assent *n* aontú *m*.

assert *vt* dearbhaigh.

assertion *n* dearbhú *m*.

assertive *adj* ceannasach.

assess *vt* measúnaigh, meas.

assessment *n* measúnacht *m*, measúnú *m*; **tax assessment** cáinmheas *m*.

assessor *n* measúnóir *m*.

asset *n* sócmhainn *f*.

assiduity *n* dúthracht *f*.

assiduous *adj* dúthrachtach.

assign *vt* ainmnigh.

assignation *n* ainmniú *m*; (*tryst*) coinne *f*.

assignment *n* (*law*) sannadh *m*.

assimilate *vt* comhshamhlaigh.

assist *vt* cuidigh le.

assistance *n* cuidiú *m*; garaíocht *f*.

assistant *n* cúntóir *m*.

associate *vt* samhlaigh rud le rud eile.

association *n* (*people*) caidreamh *m*; comhluadar *m*; (*club*) cumann *m*.

assonance *n* comhshondas *m*.

assortment *n* meascán *m*.

assuage *vt* maolaigh.

assume *vt* gabh ar.

assumption *n* gabháil *f*; (*supposition*) glacadh *m*.

assurance *n* dearbhú *m*.

assure *vt* dearbhaigh.

assuredly *adv* go cinnte.

asterisk *n* réiltín *m*.

astern *adv* (*mar*) taobh thiar de long.

asthma *n* asma *m*.

astonish *vt* cuir ionadh ar.

astonishment *n* ionadh *m*.

astray *adv* ar seachrán.

astride *adv* ar scaradh gabhail.

astringent *adj* ceangailteach, stipeach.

astrologer *n* astralaí *m*.

astrology *n* astralaíocht *f*.

astronaut *n* spásaire *m*.

astronomer *n* réalteolaí *m*.

astronomical *adj* réalteolaíoch.

astronomy *n* réalteolaíocht *f*.

asunder *adv* scartha (ó chéile).

asylum *n* teach *m* na ngealt.

at *prep* ag; (*time*) ar.

atheism *n* aindiachas *m*.

atheist *n* aindiachaí *m*.

athletic *adj* lúfar.

athletics *n* lúthchleasaíocht *f*.

athwart *adv* trasna (+*gen*)

Atlantic Ocean *n* An tAigéan *m* Atlantach.

atlas *n* atlas *m*.

atmosphere *n* atmaisféar *m*.

atom *n* adamh *m*.
atomic *adj* adamhach.
atone *vt* déan cúiteamh i.
atonement *n* cúiteamh *m*.
atrocious *adj* uafásach.
atrocity *n* gníomh *m* uafáis.
attach *vt* greamaigh (rud de rud eile).
attached *adj* greamaithe.
attack *vt* ionsaigh. • *n* ionsaí *m*.
attain *vt* sroich, bain amach.
attainable *adj* inbhainte amach.
attainment *n* baint *f* amach.
attempt *vt* tabhair iarraidh *f*. • *n* iarraidh *f*.
attend *vt* freastail (ar); **to attend to** tabhair aire do rud.
attendance *n* freastal *m*.
attendant *n* freastalaí *m*.
attentive *adj* aireach.
attenuate *vt* tanaigh.
attest *vt* déan fianaise *f* le.
attic *n* áiléar *m*.
attire *n* feisteas *m*.
attitude *n* dearcadh *m*.
attract *vt* tarraing, meall.
attraction *n* tarraingt *f*.
attractive *adj* tarraingteach.
attribute *vt* cuir rud i leith duine.
attrition *n* cuimilt *f*.
attune *vt* cuir i gcomhréir (le).
auburn *adj* órdhonn.
auction *n* ceant *m*.
audible *adj* inchloiste.
audience *n* lucht éisteachta *m*.
audiovisual *adj* closamhairc.
audit *n* iniúchadh *m*. • *vt* iniúch.
auditor *n* iniúchóir *m*.
augment *vt vi* méadaigh.
augur *vi* tuar (**it augurs well**) is maith an tuar é.
August *n* Lúnasa *m*.

aunt *n* aint *f*.
aurora borealis *n* an fáinne *m* ó thuaidh.
auspicious *adj* fabhrach.
austere *adj* géar.
austerity *n* géire *f*.
Australasia *n* An Astráláise *f*.
Australia *n* An Astráil *f*.
Austria *n* An Ostair *f*.
authentic *adj* barántúil.
author *n* údar *m*.
authorise *vt* údaraigh.
authority *n* údarás *m*.
autobiography *n* dírbheathaisnéis *f*.
automatic *adj* uathoibríoch.
autumn *n* Fómhar *m*.
auxiliary *adj* cúnta.
avail *vt*: **to avail oneself of** úsáid *f* a bhaint as.
available *adj* ar fáil.
avarice *n* saint *f*.
avaricious *adj* santach.
avenge *vt* bain díoltas amach.
average *vt* tóg meán ar. • *n* meán.
aversion *n* gráin *f*.
avid *adj* cíocrach.
avoid *vt* seachain.
await *vt* fan le.
awake *vt vi* múscail. • *adj* múscailte.
awakening *n* múscailt *f*.
award *vt* tabhair duais *f* do. • *n* duais *f*.
aware *adj* eolach (ar).
away *adv* ar shiúl.
awesome *adj* uamhnach.
awful *adj* uafásach, millteanach.
awhile *adv* ar feadh bomaite; (**wait awhile**) fan go fóill.
awkward *adj* ciotach.
awry *adv* cearr.
ax, axe *n* tua *f*.
axle *n* fearsaid *f*.

B

babble *n* cabaireacht *f*.
babe, baby *n* leanbh *m*.
bachelor *n* baitsiléir *m*.
back *n* cúl *m*; (*of person*) droim *m*. • *adv* ar ais; **a few years back** roinnt blianta ó shin. • *vt* tacaigh le. • *vi* cúlaigh.
backbone *n* cnámh *f* droma.
backgammon *n* táiplis *f* mhór.
background *n* cúlra *m*.
backside *n* tóin *f*.
backward *adj* siar, ar gcúl; (*person*) cúthail.
backwards *adv* siar, ar gcúl.
bacon *n* bagún *m*.
bacterial *adj* baictéarach.
bad *adj* olc, dona.
badge *n* suaitheantas *m*.
badger *n* broc *m*.
badminton *n* badmantan *m*.
badness *n* olcas *m*, donacht *f*.
bad-tempered *adj* confach.
baffle *vt* cuir mearbhall ar.
bag *n* mála *m*.
baggage *n* bagáiste *m*.
bagpipe *n* píb *f* mhór.
bail *n* bannaí *mpl*. • *vt* lig amach ar bannaí; téigh i mbannaí ar.
bailiff *n* báille *m*.
bait *vt* ciap. • *n* baoite *m*.
bake *vt* bácáil.
baker *n* báicéir *m*.
bakery *n* bacús *m*.
balance *n* cothrom *m*; (*fin*) iarmhéid *m*. • *vt* cothromaigh; (*fin*) comhardaigh.
balance sheet *n* clár *m* comhardaithe.
balcony *n* balcóin *f*.

bald *adj* maol.
baldness *n* maoile *f*.
baleful *adj* millteach.
ball *n* liathróid *f*; (*dance*) bál *m*.
ballad *n* bailéad *m*.
ballast *n* ballasta *m*.
balloon *n* éadromán *m* (*also person*).
ballot *n* ballóid *f*.
balm, balsam *n* íocshláinte *f*.
bamboo *n* bambú *m*.
bamboozle *vt* cuir dallach dubh ar.
ban *n* cosc *m*. • *vt* cosc, toirmeasc.
banal *adj* seanchaite.
banana *n* banana *m*.
band *n* banda *m*; (*mus*) buíon *f* cheoil.
bandage *n* bindealán *m*.
bandy-legged *adj* camchosach.
baneful *adj* millteach.
bang *n* pléasc *f*; plab *m*. • *vt* pléasc; plab.
banish *vt* díbir.
banishment *n* díbirt *f*.
banjo *n* bainseó *m*.
bank *n* banc *m*; (*river, etc*) bruach *m*.
bank account *n* cuntas *m* bainc.
bank card *n* cárta *m* baincéara.
banker *n* baincéir *m*.
banknote *n* nóta *m* bainc.
bank statement *n* ráiteas bainc *m*.
baptise *vt* baist.
baptism *n* baisteadh *m*.
bar *n* barra *m*; (*in pub*) beár *m*.
barbecue *n* barbaiciú *m*.
barber *n* bearbóir *m*.
bare *adj* nocht, lom.
barefoot(ed) *adj* cosnochta.

bargain *n* sladmhargadh *m*.
bark *n* (*tree*) coirt *f*; (*dog*) tafann *m*. • *vi* déan tafann.
barn *n* scioból *m*.
barracks *npl* beairic *fsg*.
barrel *n* bairille *m*.
barren *adj* aimrid.
bartender *n* freastalaí *m* beáir.
base *n* bun *m*; (*foundation*) bonn *m*; (*milit*) bunáit *f*.
basement *n* íoslach *m*.
bashful *adj* cúthail.
basic *adj* bunúsach.
basin *n* mias *f*.
basis *n* bunús *m*.
basket *n* ciseán *m*.
basketball *n* cispheil *f*.
basking shark *n* cearbhán *m*.
bat *n* buailteoir *m*; (*zool*) sciathán *m* leathair.
bath *n* folcadh *m*, folcadán *m*.
bathing suit *n* culaith *f* shnámha.
bathroom *n* seomra *m* folctha.
battery *n* cadhnra *m*, ceallra *m*.
battle *n* cath *m*.
bawdy *adj* gáirsiúil.
bay *n* bá *f*.
bazaar *n* basár *m*.
be *vi* bí; is (*see grammar notes*).
beach *n* trá *f*.
bead *n* coirnín *m*.
beak *n* gob *m*.
bean *n* pónaire *m*.
bear *vt* iompair.
bear *n* béar *m*.
beard *n* féasóg *f*.
beast *n* beithíoch *m*.
beat *vt vi* buail. • *n* bualadh *m*.
beating *n* bualadh *m*, greasáil *f*.
beautiful *adj* álainn, scéimhiúil.
beauty *n* áilleacht *f*, scéimh *f*.

because *conj* mar, toisc (go).
beckon *vt* sméid ar.
bed *n* leaba *f*.
bedroom *n* seomra *m* leapa.
bee *n* beach *f*.
beef *n* mairteoil *f*.
beefburger *n* burgar *m*.
beer *n* beoir *f*.
beetle *n* ciaróg *f*, daol *m*.
before *adv* roimh. • *conj* sula (+ *indir*).
beg *vt* impigh ar; iarr déirc.
beggar *n* fear *m* or bean *f* déirce.
begin *vt vi* tosaigh.
beginning *n* tús *m*.
behave *vi* iompair.
behaviour *n* iompar *m*.
behind *prep* taobh thiar de. • *adv* thiar. • *n* tóin *f*.
being *n* neach *m*; (*existence*) bheith *f*.
belief *n* creideamh *m*.
believable *adj* inchreidte.
believe *vi vt* creid.
bell *n* clog *m*, cloigín *m*.
bellow *vi* béic.
bellows *npl* boilg *f*.
belly *n* bolg *m*.
belong *vi* (**it belongs to me**) is liomsa é.
beloved *adj* ionúin.
below *adv* thíos. • *prep* faoi.
belt *n* crios *m*.
bench *n* binse *m*.
bend *vi vt* lúb. • *n* lúb *f*.
beneath *adv* thíos. • *prep* thíos faoi.
benediction *n* beannacht *f*.
benefaction *n* dea-ghníomh *m*.
benefactor *n* patrún *m*.
beneficent *adj* carthanach.
beneficial *adj* tairbheach.
benefit *n* sochar *m*, leas *m*.
benevolence *n* dea-mhéin *f*.

benevolent *adj* dea-mhéineach.
benign *adj* (*person*) caoin; (*med*) neamhurchóideach.
bent *n* cam *m*.
benumb *vt* cuir eanglach ar.
bequeath *vt* tiomnaigh.
bequest *n* tiomnacht *f*.
bereave *vt* bain de.
berry *n* caor *f*, sméar *f*.
beseech *vt* agair ar.
beside *prep* taobh le, in aice le.
besides *adv* le cois.
besiege *vt* (*fort*) cuir faoi léigear.
best *adj* is fearr. • *n* rogha *f*. • *vt* faigh an ceann is fearr ar
bestial *adj* brúidiúil.
bestow *vt* bronn (rud) ar.
bet *n* geall *m*. • *vi vt* cuir geall ar.
betray *vt* braith *m*.
betrayal *n* fcall *m*.
betroth *vt* déan cleamhnas idir.
better *adj* níos fearr.
between *adv* idir. • *prep* idir.
bewail *vi* caoin.
beware *vi* seachain.
bewitch *vt* cuir faoi gheasa.
beyond *prep* ar an taobh thall (de); (*more than*) os cionn.
bias *n* claonadh *m*.
bible *n* bíobla *m*.
biblical *adj* scrioptúrach.
bibliography *n* leabharliosta *m*.
bicycle *n* rothar *m*.
bid *n* tairiscint *f*. • *vi* tairg.
bidding *n* (*invitation*) cuireadh *m*.
bide *vi vt* fan leis an am ceart.
biennial *adj* débhliantúil.
bier *n* cróchar *m*.
big *adj* mór.
bigamist *n* déchéileach *m*.
bigot *n* biogóid *m*.

bigotry *n* biogóideacht *f*.
bikini *n* bicíní *m*.
bilateral *adj* déthaobhach.
bile *n* domlas *m*.
bilingual *adj* dátheangach.
bill *n* bille *m*.
billion *n* billiún *m*.
bin *n* bosca *m* bruscair.
bind *vt* ceangail.
binding *n* greamú *m*.
binoculars *npl* déshúiligh *mpl*.
biochemist *n* bithcheimicí *m*.
biochemistry *n* bithcheimic *f*.
biography *n* beathaisnéis *f*.
biological *adj* bitheolaíoch.
biology *n* bitheolaíocht *f*.
biped *n* déchosach *m*.
birch *n* beith *f*.
bird *n* éan *m*.
birdsong *n* ceol *m* na n-éan, ceiliúr *m* éan.
birth *n* breith *f*.
birth certificate *n* teastas *m* beireatais.
birth control *n* (*method*) frithghiniúint *f*.
birthday *n* breithlá *m*.
birthright *n* ceart *m* oidhreachta.
biscuit *n* briosca *m*.
bisect *vt* déroinn.
bishop *n* easpag *m*.
bit *n* giota *m*, píosa *m*; (*comput*) giotán *m*; (*horse*) béalbhach *f*.
bitch *n* bitseach *f*.
bite *vt* bain greim as.
biting *adj* (*wind*) polltach.
bitter *adj* géar.
black *adj* dubh.
blackbird *n* lon dubh *m*.
blackboard *n* clár *m* dubh.
blacken *vt* dubhaigh.
black-humoured *adj* (*morose*) gruama.

blackleg *n* cúl *m* le stailc *f*.
blacklist *n* liosta *m* dubh.
blackmail *n* dúmhál *m*.
blackness *n* duibhe *f*.
blacksmith *n* gabha *m*.
bladder *n* lamhnán *m*.
blade *n* (*grass*) gas *m* (féir); (*weapon*) lann *f*.
blame *n* locht *m*, milleán *m*. • *vt* an locht a chur ar.
blameless *adj* gan locht.
blanch *vt* geal.
bland *adj* tur, leamh.
blank *adj* bán, folamh.
blanket *n* blaincéad *m*.
blasphemy *n* diamhasla *m*.
blast *n* pléasc *f*. • *vt* pléasc.
blaze *n* dóiteán *m*. • *vi* bheith ag bladhmadh.
bleach *vt* bánaigh.
bleak *adj* sceirdiúil; (*prospects*) gruama.
bleat *vi* bheith ag méileach.
bleed *vi* cuir fuil *f*.
bleeper *n* blípire *m*.
blemish *n* smál *m*.
blend *n* cumasc *m*. • *vt* cumaisc, measc.
bless *vt* beannaigh.
blessed *adj* beannaithe.
blessing *n* beannacht *f*.
blight *vt* mill.
blind *adj* dall. • *n* (*window*) dallóg *f*.
blind man/woman *n* dall *m*.
blindness *n* daille *m*.
blink *vi* caoch (na súile).
bliss *n* aoibhneas *m*.
blissful *adj* aoibhneach.
blister *n* spuaic *f*, clog *m*. • *vi* clog.
blithe *adj* gliondrach.
blizzard *n* síobadh *m* sneachta.

bloated *adj* ata.
block *n* bloc *m*. • *vt* coisc.
blockhead *n* dundalán *m*.
blond(e) *adj* fionn.
blood *n* fuil *f*.
blood feud *n* fíoch *m* bunaidh.
blood group *n* fuilghrúpa *m*.
blood pressure *n* brú *m* fola.
bloodshed *n* doirteadh *m* fola.
blood transfusion *n* fuilaistriú *m*.
blood vessel *n* fuileadán *m*.
bloody *adj* fuilteach.
bloom *n* bláth *m*.
blot *n* smál *m*.
blotting paper *n* páipéar *m* súite.
blouse *n* blús *m*.
blow *vi vt* séid.
blubber *n* blonag *f* (míl mhóir).
blue *adj* gorm.
blueness *n* goirme *f*.
bluff *n* cur i gcéill *f*.
blunder *n* botún *m*.
blunt *adj* maol. • *vt* maolaigh.
blur *vt* doiléirigh.
blush *n* luisne *f*.
bluster *vt* déan bagairt *f*.
boar *n* torc *m*.
board *n* clár *m*; bord *m*. • *vt* téigh ar (bord).
boarding house *n* teach *m* lóistín.
boarding pass *n* cárta *m* bordála.
boast *n* mórtas *m*. • *vi* déan mórtas (as).
boaster *n* bladhmaire *m*.
boastful *adj* mórtasach.
boat *n* bád *m*.
body *n* corp *m*, colainn *f*; (*band*) buíon *f*.
bog *n* portach *m*.
bog-cotton *n* ceannbhán *m*.
boggle *vi* loic.

boil *vi vt* bruith.
boiled *adj* bruite.
boiler *n* coire *m*.
boisterous *adj* callánach.
bold *adj* dalba, dána.
boldness *n* dalbacht *f*, dánacht *f*.
bolster *vt* tacaigh le.
bolt *n* bolta *m*. • *vt* boltáil.
bomb *n* buama *m*. • *vt* buamáil.
bond *n* ceangal *m*.
bondage *n* braighdeanas *m*.
bone *n* cnámh *f*.
boneless *adj* gan chnámh *f*.
bonfire *n* tine *f* chnámha.
bonnet *n* boinéad *m*.
bonny *adj* dóighiúil.
bonus *n* bónas *m*.
bony *adj* cnámhach.
book *n* leabhar *m*.
bookcase *n* leabhragán *m*.
bookish *adj* leabhrach.
bookkeeper *n* cuntasóir *m*.
bookkeeping *n* cuntasaíocht *f*.
bookseller *n* díoltóir leabhar *m*.
bookshop, bookstore *n* siopa *m* leabhar.
boor *n* amhas *m*.
boorish *adj* tútach.
boot *n* buatais *f*.
booth *n* both *f*.
booty *n* creach *f*.
booze *vi* póit a dhéanamh. • *n* biotáille *f*.
border *n* críoch *f*, teorainn *f*.
borderer *n* fear *m* teorann
bore *vt* tuirsigh.
boring *adj* leadránach.
borrow *vt* rud a fháil ar iasacht *f*.
borrower *n* iasachtaí *m*.
bosom *n* ucht *m*.
boss *n* saoiste *m*.

botanise *vt* staidéar a dhéanamh ar luibheolaíocht *f*.
botanist *n* luibheolaí *m*.
botany *n* luibheolaíocht *f*.
both *pn* an bheirt *f*. • *adj* araon.
bother *vt* cráigh. • *n* crá *m*, buairt *f*.
bottle *n* buidéal *m*.
bottom *n* bun *m*, íochtar *m*; (*of sea, loch*) grinneall *m*.
bottomless *adj* gan teorainn.
bough *n* craobh *f*.
bound *n* (*jump*) léim *f*. • *vi* léim.
bounteous, bountiful *adj* fial.
bourgeois *adj* meánaicmeach.
bow *n* bogha *m*; (*ship*) tosach *m*; (*head*) umhlú *m*.
bowels *npl* inní *mpl*.
bowl *n* babhla *m*.
bowsprit *n* crann *m* cinn.
bowstring *n* sreang *f* bogha.
box *n* bosca *m*. • *vi* dornáil.
boxer *n* dornálaí *m*.
boxer shorts *npl* briste *m* gairid.
boy *n* buachaill *m*; (*young man*) stócach *m*.
boycott *n* baghcat *m*.
bra *n* cíochbheart *m*.
brace *n* (*pair*) péire *m*.
braces *npl* guailleáin *m*.
bracken *n* (*bot*) raithneach *f*.
bracket *n* lúibín *f*.
brae *n* mala *f*.
brag *vi* déan mórtas.
bragging *n* mórtas *m*.
brain *n* inchinn *f*.
brainy *adj* éirimiúil.
brake *n* coscán *m*.
bramble *n* dris *f*.
bramble-berry *n* sméar *f* dhubh.
branch *n* craobh *f*, géag *f*. • *vi* imeacht ó.

brandish *vt* beartaigh.
brandy *n* branda *m*.
brass *n* prás *m*.
brat *n* sotaire *m*.
brave *adj* cróga.
bravery *n* crógacht *f*.
brawl *n* maicín *m*. • *vi* callán a thógáil.
bray *vi* bheith ag grágáil.
breach *n* bearna *f*. • *vt* bearnaigh
bread *n* arán *m*.
breadcrumbs *npl* grabhróga *f* aráin.
breadth *n* leithead *m*.
break *vt* bris.
breakfast *n* bricfeasta *m*.
breast *n* cíoch *f*.
breath *n* anáil *f*.
breathe *vt* (*out*) anáil *f* a chur amach; (*in*) anáil *f* a tharraingt isteach.
breathless *adj* as anáil *f*.
breed *n* pór *m*. • *vt* póraigh.
breeder *n* síolraitheoir *m*.
breeding *n* tógáil *f*.
breeze *n* feothan *m*.
brevity *n* gontacht *f*.
brew *vt* (*beer*) grúdaigh. • *n* grúdaireacht *f*.
brewer *n* grúdaire *m*.
brewery *n* grúdlann *f*.
bribe *n* breab *f*. • *vt* breab.
bribery *n* breabaireacht *f*.
brick *n* bríce *m*.
bricklayer *n* bríceadóir *m*.
bridal *adj* bainise.
bride *n* brídeach *f*.
bridegroom *n* grúm *m*.
bridesmaid *n* cailín *m* coimhdeachta.
bridge *n* droichead *m*.
brief *adj* gearr.
brigand *n* sladaí *m*.
bright *adj* geal; (*clever*) cliste.
brighten *vt* geal.

brightness *n* gile *f*.
brilliant *adj* lonrach; (*mind*) tá ardintleacht *f* aige.
brim *n* béal *m*.
brine *n* sáile *m*.
bring *vt* tabhair (leat).
brink *n* bruach *m*.
brisk *adj* briosc; beoga.
briskness *n* beogacht *f*.
bristle *n* colg *m*. • *vi* (**he bristled with anger**) d'éirigh colg feirge air.
bristly *adj* colgach.
Britain *n* An Bhreatain *f* (Mhór).
British *adj* Briotanach.
brittle *adj* briosc.
broach *vt* (**to broach a question**) an ceann a bhaint de scéal.
broad *adj* leathan.
broadcast *vt vi* craolaigh.
broadcaster *n* craoltóir *m*.
broad-minded *adj* leathanaigeanta.
broccoli *n* brocailí *m*.
brochure *n* bróisiúr *m*.
brogue *n* bróg *f*; (*language*) blas *m*.
broken *adj* briste.
broker *n* bróicéir *m*.
brokerage *n* bróicéireacht *f*.
bronchial *adj* broncach.
bronchitis *n* broincíteas *m*.
bronze *n* umha *m*.
bronzed *adj* donn, griandóite.
brooch *n* bróiste *m*.
brood *vi* gor a dhéanamh (ar rud). • *n* ál *m*.
brook *n* sruthán *m*.
broom *n* scuab *f*.
broth *n* anraith *m*.
brothel *n* teach *m* striapachais.
brother *n* deartháir *m*.
brotherhood *n* bráithreachas *m*.
brotherly *adj* bráithriúil.

brow *n* mala *f*; (*of hill*) maoileann *m*.
brown *adj* donn.
brownness *n* doinne *f*.
browse *vi* do shúil a chaitheamh thar (rud); (*book*) mearspléachadh a thabhairt ar leabhar.
bruise *vt* brúigh. • *n* ball *m* gorm.
brush *n* scuab *f*. • *vt* scuab.
brushwood *n* caschoill *f*.
Brussels *n* An Bhruiséil *f*.
brutal *adj* brúidiúil.
brutality *n* brúidiúlacht *f*.
brute *n* brúid *f*.
bubble *n* boilgeog *f*.
bubblegum *n* guma coganta *m*.
buck *n* boc *m*.
bucket *n* buicéad *m*.
buckle *n* búcla *m*.
bud *n* bachlóg *f*.
Buddhism *n* Búdachas *m*.
budge *vi vt* bog.
budget *n* buiséad *m*; (*govt*) cáinaisnéis *f*.
buffet *n* cuntar bia *m*.
bug *n* feithid *f*.
bugle(horn) *n* buabhall *m*.
bugler *n* buabhallaí *m*.
build *vt* tóg.
builder *n* tógálaí *m*.
building *n* foirgneamh *m*.
building society *n* cumann *m* foirgníochta.
bulb *n* bolgán *m*.
bulk *n* toirt *f*.
bulky *adj* toirtiúil.
bull *n* tarbh *m*.
bulldog *n* tarbhghadhar *m*.
bulldozer *n* ollscartaire *m*.
bullet *n* piléar *m*.
bulletin *n* bileog *f* nuachta; (*broadcast*) feasachán *m*.
bulletin board *n* clár *m* fógraí.
bullock *n* bullán *m*.
bully *n* bulaí *m*.
bum *n* tóin *f*.
bump *n* (*car*) tuairt *f*; (*swelling*) cnapán *m*; (*on road, head*) uchtóg *f*.
bumper *n* cosantóir *m*.
bun *n* bonnóg *f*.
bunch *n* dos *m*, dornán *m*.
bundle *n* beart *m*.
bung *n* stopadán *m*.
bungalow *n* bungaló *m*.
bungle *vt* praiseach *f* a dhéanamh de.
bungler *n* ciotachán *m*.
buoy *n* (*mar*) baoi *m*.
buoyancy *n* snámhacht *f*.
buoyant *adj* snámhach.
burden *n* ualach *m*. • *vt* ualaigh.
bureau *n* biúró *m*.
bureaucracy *n* maorlathas *m*.
burgh *n* burg *m*.
burglar *n* buirgléir *m*.
burglary *n* buirgléireacht *f*.
burial *n* adhlacadh *m*.
burlesque *n* scigaithris *f*.
burly *adj* téagartha.
burn *vt* dóigh. • *n* dó *m*.
burn *n* (*stream*) sruthán *m*.
burning *adj* loiscneach
burnish *vt* sciomraigh.
burst *vi vt* pléasc.
bury *vt* adhlaic.
bus *n* bus *m*.
bush *n* tor *m*.
bushy *adj* torach.
business *n* gnólacht *f*.
businesslike *adj* críochnúil.
businessperson *n* fear *m* gnó/bean *f* ghnó.
bust *n* busta *m*.

bustle *n* fuadar *m*.
busy *adj* gnóthach.
busybody *n* socadán *m*.
but *conj* ach.
butcher *n* búistéir *m*.
butler *n* buitléir *m*.
butt *n* bun *m* toitín; (*wine*) bairille *m*; (*target*) ceap *m*. • *vt* buail sonc ar.
butter *n* im *m*.
buttercup *n* (*bot*) cam an ime *m*.
butterfly *n* féileacán *m*.
buttery *adj* butrach.
buttocks *npl* mása *mpl*.
button *n* cnaipe *m*. • *vt* cnaipí a cheangal.

buxom *adj* bloiscíneach.
buy *vt* ceannaigh.
buyer *n* ceannaí *m*.
buzz *n* crónán *m*. • *vt* (**to buzz someone**) glaoch a chur ar dhuine.
buzzard *n* clamhán *m*.
by *prep* in aice le; **by and by** ar ball; **by bus** ar an bhus; (*via*) trí.
by-election *n* fothoghchán *m*.
bypass *n* seachród *m*.
byre *n* cró *m*.
bystander *n* féachadóir *m*.
byte *n* (*comput*) beart *m*.
byword *n* leathfhocal *m*.

C

cab n tacsaí m.
cabbage n cabáiste m.
cabin n bothán m; bothóg f; cabán m.
cabinet n caibinéad m.
cable n cábla m.
cable television n teilifís f chábla.
cabstand n stad m tacsaithe.
cache n taisce f.
cactus n cachtas m.
café n caife m.
cafeteria n caifitéire m.
caffein(e) n caiféin f.
cage n cás m; caighean m. • vt (rud/duine) a chur isteach i gcás; duine a chur i bpríosún.
cajole vt bréag (duine a bhréagadh le rud a dhéanamh).
cake n cáca m.
calamitous adj tubaisteach.
calamity n tubaiste f.
calculable adj ináirithe; somheasta.
calculate vt áirigh; comháirigh; ríomh.
calculation n áireamh m.
calculator n áireamhán m.
calculus n (math, med) calcalas m.
calendar n féilire m.
calf n lao m; gamhain m.
call vt scairt; glaoigh; **to call for** iarr; **to call on** cuairt a thabhairt ar; **to call attention** aird a dhíriú; **to call names** maslaigh. • n cuairt f; gairm f.
caller n scairteoir m, cuairteoir m.
calling n gairm f.
callous adj faurchroíoch, cruachroíoch.
calm n ciúnas m. • adj ciúin; suaimhneach; socair; sochma. • vt ciúnaigh.

calmness n ciúnas m; suaimhneas m.
calorie n calra m.
Calvary n Calvaire m.
Calvinist n Cailvíneach m.
camel n camall m.
camera n ceamara m.
camera operator n ceamaradóir m.
camouflage n duaithníocht f.
camp n campa m. • vi campáil.
campaign n feachtas m. • vi téigh ar fheachtas.
campaigner n saighdiúir m.
camper n campálaí m.
campsite n láithreán campála m.
can vb aux féad, is féidir le (féadaim/is féidir liom é a dhéanamh). • n canna m.
canal n canáil f.
cancel vt cealaigh, cuir ar ceal.
cancellation n cealú m.
cancer n ailse f.
Cancer n An Portán m.
candid adj díreach, fírinneach.
candidate n iarrthóir m.
candidly adv go díreach, go fírinneach.
candle n coinneal f.
candour n oscailteacht f.
candy n milseán m, candaí m.
cane n cána m.
cannabis n canabhas m.
cannon n canóin f.
canoe n curach m.
canon n canóin f.
canopy n ceannbhrat m.
cantankerous adj cantalach.
canteen n proinnteach m.
canvas n canbhás m.

canvass *vt* vótaí a iarraidh.
cap *n* caipín *m*.
capability *n* cumas *m*, acmhainn *f*.
capacity *n* toilleadh *m*.
cape *n* clóca *m*.
capital *adj* príomh-, ceann-, mór, ard.
capital city *n* príomhchathair *f*.
capitalism *n* caipitleachas *m*.
capitalist *n* caiptlí *m*, rachmasaí *m*.
capital letter *n* ceannlitir *f*.
capital punishment *n* pionós *m* báis.
capitulate *vi* géill (ar choinníollacha).
capricious *adj* guagach.
Capricorn *n* An Gabhar *m*.
capsize *vt* (*mar*) iompaigh (an bád) béal faoi.
capsule *n* capsúl *m*, (*bot*) cochall *m*.
captain *n* captaen *m*; ceann *m* feadhna.
captivate *vt* draíocht *f* a chur ar.
captivation *n* mealltóireacht *f*.
captive *n* cime *m*, príosúnach *m*.
captivity *n* géibheann *m*, braighdeanas *m*.
capture *n* tógáil *f*, gabháil *f*. • *vt* tóg, gabh.
car *n* carr *m*, gluaisteán *m*.
caravan *n* carabhán *m*.
carbohydrate *n* carbaihiodráit *f*.
carbon *n* carbón *m*.
carcass *n* conablach *m*.
card *n* cárta *m*.
cardboard *n* cairtchlár *m*.
card game *n* cluiche *m* cártaí.
cardinal *adj* bunúsach, príomh-. • *n* cairdinéal *m*.
care *n* imní *f*, buaireamh *m*, cúram *m*. • *vi* **I don't care** is cuma liom; **to care for** *vt* aire *f* a thabhairt do.
career *n* slí *f* bheatha. • *vi* imeacht de rúchladh.

careful *adj* cúramach, faichilleach.
careless *adj* míchúramach, leibideach.
carelessness *n* neamhaird *f*.
caress *n* muirniú *m*. • *vt* muirnigh.
caretaker *n* airíoch *m*.
cargo *n* lasta *m*, lucht báid *m*.
caricature *n* scigphictiúr *m*.
caries *n* lobhadh *m*.
carnage *n* ár *m*.
carnal *adj* collaí, drúisiúil.
carnival *n* feis *f*, carnabhal *m*.
carnivorous *adj* feoiliteach.
carpenter *n* saor adhmaid *m*.
carpentry *n* adhmadóireacht *f*.
carpet *n* brat *m* urláir, cairpéad *m*.
carriage *n* carráiste *m*, cóiste *m*.
carrion *n* ablach *m*.
carrot *n* meacan dearg *m*, cairéad *m*.
carry *vt* iompair; **to carry the day** an bua a fháil; **to carry on** lean de.
cart *n* cairt *f*, trucáil *f*.
cartilage *n* loingeán *m*.
cartoon *n* cartún *m*.
cartridge *n* cartús *m*.
carve *vt* snoigh, gearr.
carving *n* snoíodóireacht *f*.
case *n* cás *m*, cúis *f*; **in case** ar eagla (go).
cash *n* airgead *m* (tirim).
cash card *n* cárta *m* airgid.
cash dispenser *n* dáileoir airgid *m*.
cashier *n* airgeadóir *m*.
casino *n* caisiné *m*.
casket *n* cisteog *f*.
casserole *n* casaról *m*.
cassette *n* caiséad *m*.
cassette player *n* seinnteoir caiséad *m*, téipthaifeadán *m*.
cast[1] *vt* caith, teilg.
cast[2] *n* foireann *f*.

caste n sainaicme f.
castigate vt smachtaigh, íde f béil a thabhairt do.
castle n caisleán m.
castrate vt spoch, coill.
castration n spochadh m, coilleadh m.
casual adj fánach, neamhchúiseach, neamhfhoirmiúil.
casually adv go fánach, etc.
cat n cat m.
catalogue n catalóg f, clár m.
catapult n crann m tabhaill.
cataract n cataracht f, fionn m.
catastrophe n tubaiste f.
catch vt beir ar, gabh; **to catch cold** slaghdán a tholgadh; **to catch fire** téigh le thine. • n gabháil f, cleas m.
catchword n leathfhocal m.
catechism n caiticeasma m.
categorical adj dearfa, follasach.
categorically adv go dearfa, etc.
category n catagóir f, earnáil f.
cater vi riar ar, freastail ar.
catering n lónadóireacht f.
caterpillar n cruimh f.
cathedral n ardeaglais f.
Catholic adj n (relig) Caitliceach m.
Catholicism n Caitliceachas m.
cattle n eallach m sg.
cauliflower n cóilis f.
cause n údar m, fáth m, cúis f, **cause for complaint** ábhar m gearáin. • vt tabhairt ar dhuine (rud a dhéanamh).
causeway n cabhsa m.
cauterise vt poncloisc.
caution n faicheall m, rabhadh m. • vt tabhair rabhadh (do).
cautious adj faichilleach.
cavalry n marcshlua.
cave n uaimh f.
cavity n log m, cuas m, béalchuas m.
cease vt stad (de), éirigh as. • vi stad, éirigh as.
ceasefire n sos m lámhaigh.
ceaseless adj gan stad.
ceaselessly adv gan stad, go síoraí.
cede vt géill.
ceiling n síleáil f.
celebrate vt ceiliúir.
celebration n ceiliúradh m.
celery n soilire m.
celibate adj aontumha.
cell n cill f.
cellar n siléar m.
cement n stroighin f. • vt stroighnigh.
cemetery n reilig f.
censor n cinsire m.
censorship n cinsireacht f.
censure n cáineadh m. • vt cáin; locht a fháil ar.
census n daonáireamh m.
centenary n ceiliúradh m céad bliain.
centigrade n ceinteagrád m.
centimetre n ceintiméadar m.
central adj lárnach.
centralise vt lárnaigh.
centre n lár m, (bldg) lárionad m. • vt rud a chur i lár báire.
century n céad m, aois f.
ceramic adj ceirmeach.
cereal n arbhar m.
ceremonial adj deasghnách.
ceremony n deasghnáth m, searmanas m.
certain adj cinnte, dearfa.
certainty, certitude n cinnteacht f, dearfacht f.
certificate n teastas m.
certification n deimhniú m.
certify vt deimhnigh.

cessation *n* stopadh *m*.
chafe *vt* scríob.
chagrin *n* díomá *f*.
chain *n* slabhra *m*. • *vt* cuir ar slabhra.
chair *n* cathaoir *f*. • *vt* bheith sa chathaoir.
chairman, chairperson *n* cathaoirleach *m*.
chalk *n* cailc *f*.
challenge *n* dúshlán *m*. • *vt* dúshlán a thabhairt ar dhuine (rud a dhéanamh).
chamber *n* seomra *m*.
champion *n* curadh *m*. • *vt* cosain.
championship *n* craobh *f*.
chance *n* seans *m*, faill *f*; **by chance** de thaisme.
chancellor *n* seansailéir *m*.
change *vt* athraigh. • *vi* athraigh. • *n* athrú *m*.
changeable *adj* inathraithe.
channel *n* cainéal *m*; (*TV*) bealach *m*. • *vt* dírigh ar.
chant *n* coigeadal *m*, cantaireacht *f*. • *vt* cantaireacht *f* a dhéanamh.
chaos *n* anord *m*.
chaotic *adj* anordúil, bunoscionn.
chapel *n* séipéal *m*.
chapter *n* caibidil *f*.
character *n* carachtar *m*.
characteristic *adj* tréitheach.
charcoal *n* gualach *m*.
charge *vt* (*elec*) luchtaigh, ruathar a thabhairt faoi. • *n* táille *f*; (*milit*) ruathar *m*.
charitable *adj* carthanach.
charity *n* cumann *m* carthanachta.
charm *n* meallacacht *f*. • *vt* meall.
chart *n* cairt *f*.
charter *n* cairt *f*. • *vt* cairtfhostaigh.
chase *vt* seilg. • *n* tóir *f*.

chaste *adj* geanmnaí, glan.
chastise *vt* smachtaigh.
chastisement *n* smachtú *m*.
chastity *n* geanmnaíocht *f*.
chat *vi* déan dreas comhrá le duine. • *n* comhrá *m*.
chatter *vi* déan cabaireacht *f*.
chauffeur (-euse) *n* tiománaí *m*.
chauvinist *n* seobhaineach *m*.
cheap *adj* saor.
cheapen *vt* saoirsigh.
cheat *vt* déan séitéireacht *f* ar. • *n* séitéir *m*.
check *vt* deimhnigh; seiceáil. • *n* seiceáil *f*.
checkup *n* seiceáil *f*.
cheek *n* leiceann *m*.
cheer *n* gáir *f* mholta. • *vt* cuir gáir *f* mholta asat do (dhuine).
cheerful *adj* gealgháireach; croíúil.
cheerfulness *n* croíúlacht *f*.
cheeriness *n* croíúlacht *f*.
cheese *n* cáis *f*.
chef *n* príomhchócaire *m*.
chemist *n* ceimiceoir *m*, poitigéir *m*.
chemistry *n* ceimic *f*.
cheque *n* seic *m*.
cherish *vt* muirnigh.
cherry *n* silín *m*.
chess *n* ficheall *f*.
chest *n* (*anat*) cliabh *m*, (*furn*) cófra *m*.
chew *vt* cogain.
chewing gum *n* guma coganta *m*.
chick *n* scalltán *m*, sicín *m*.
chicken *n* circeoil *f*, sicín *m*.
chief *adj* príomh-, ard-. • *n* taoiseach *m*, ceann *m* urra.
chieftain *n* taoiseach *m*.
child *n* leanbh *m*, páiste *m*.
childbirth *n* breith *f* clainne.

childhood *n* leanbaíocht *f*.
childish *adj* leanbaí, páistiúil.
children *n* (*of family*) clann *f*.
chill *n* fuacht *m*. • *vt* fuaraigh.
chilly *adj* fuar, féithuar.
chimney *n* simléar *m*.
chin *n* smig *f*.
chip *vt* bain slis *f* de. • *n* sceallóg *f*, slis *f*, sceall *m*.
chirp *vi* gíog *f* a ligint asat. • *n* gíog *f*.
chisel *n* siséal *m*.
chivalry *n* ridireacht *f*.
chocolate *n* seacláid *f*.
choice *n* rogha *f*, togha *m*; **choice of food and drink** rogha gach bia agus togha gach dí. • *adj* tofa.
choir *n* cór *m*.
choke *vt* tacht.
choose *vt* roghnaigh.
chop *vt* gearr. • *n* gríscín *m*; **chops** *npl* (*sl*) geolbhaigh *m*.
chore *n* creachlaois *f*.
chorus *n* curfá *m*.
christen *vt* baist.
christening *n* baisteadh *m*.
Christian *adj n* Críostaí *m*.
Christmas *n* Nollaig *f*.
Christmas Eve *n* Oíche *f* Nollag *f*.
chronic *adj* ainsealach.
chronicle *n* croinic *f*.
chronicler *n* croinicí *m*.
chronological *adj* cróineolaíoch.
chronologically *adv* de réir dátaí.
chronology *n* cróineolaíocht *f*.
chuckle *n* maolgháire *m*.
chum *n* compánach *m*.
church *n* eaglais *f*.
cider *n* ceirtlis *f*.
cigar *n* todóg *f*.
cigarette *n* toitín *m*.

cinder *n* aibhleog *f* dhóite.
cinema *n* pictiúrlann *f*.
circle *n* ciorcal *m*. • *vt* timpeallaigh.
circuit *n* cúrsa *m*; (*elec*) ciorcad *m*.
circular *adj* ciorclach. • *n* ciorclán *m*.
circulate *vi* téigh thart.
circulation *n* (*anat*) imshruthú *m*.
circumference *n* imlíne *f*.
circumspect *adj* airdeallach.
circumstances *n* tosca *fpl*.
circumvent *vt* (*fig*) bob a bhualadh (ar dhuine).
circus *n* sorcas *m*.
cite *vt* luaigh.
citizen *n* saoránach *m*.
city *n* cathair *f*.
civic *adj* cathartha.
civil *adj* sibhialta.
civilian *n* sibhialtach *m*.
civilisation *n* sibhialtacht *f*.
civilise *vt* tabhair chun sibhialtachta.
claim *vt* éiligh; maígh. • *n* éileamh *m*.
claimant *n* éilitheoir *m*.
clamour *n* rí-rá *m*.
clamp *n* teanntán *m*. • *vt* clampaigh.
clandestine *adj* folaitheach.
clap *vi* tabhair bualadh bos.
clarification *n* soiléiriú *m*.
clarify *vt* soiléirigh.
clarity *n* soiléireacht *f*.
clasp *n* claspa *m*. • *vt* fáisc.
class *n* rang *m*.
classic, classical *adj* clasaiceach.
classification *n* rangú *m*.
classify *vt* rangaigh.
classroom *n* seomra *m* ranga.
clatter *vi* déan clagarnach *f*. • *n* clagarnach *f*.
claw *n* crúb *f*.
clean *adj* glan. • *vt* glan.
cleaning *n* glanadh *m*.

cleanliness *n* glaineacht *f*.
clear *adj* soiléir. • *vt* glan.
cleft *n* scoilt *f*.
clemency *n* trócaire *f*.
clement *adj* trócaireach; (*meteor*) breá.
clergy *n* cléir *f*.
clergyman *n* eaglaiseach *m*.
clerical *adj* cléiriúil.
clerk *n* cléireach *m*.
clever *adj* cliste, glic.
click *vt* cnag *m*. • *n* cniog *m*.
client *n* cliant *m*.
cliff *n* aill *f*.
climate *n* aeráid *f*; clíoma *m*.
climatic *adj* aeráideach.
climax *n* buaic *f*.
climb *vt vi* dreap.
climber *n* dreapadóir *m*.
cling *vi* greim a choinneáil (ar).
clinic *n* clinic *m*.
clip *vt* bearr.
cloak *n* clóca *m*. • *vt* ceil.
cloakroom *n* seomra *m* cótaí.
clock *n* clog *m*.
clog *n* paitín *m*.
close *vt* druid. • *n* clabhsúr *m*. • *adj* gar (do).
closeness *n* gaireacht *f*, foisceacht *f*.
cloth *n* éadach *m*; bréid *m*.
clothe *vt* gléas.
clothes *npl* éadaí *mpl*.
cloud *n* scamall *m*; néal *m*.
cloudy *adj* scamallach.
clover *n* seamair *f*.
clown *n* fear *m* grinn.
club *n* cumann *m*, club *m*.
clue *n* leid *f*.
clumsiness *n* ciotrúntacht *f*.
clumsy *adj* ciotach.
cluster *n* crobhaing *f*.
clutch *n* greim *m*. • *vt* greim a fháil ar.
coach *n* cóiste *m*. • *vt* traenáil.
coagulate *vt* téacht.
coal *n* gual *m*.
coalesce *vi vt* táthaigh.
coalition *n* comhcheangal *m*.
coarse *adj* garbh.
coast *n* cósta *m*.
coastal *adj* cósta.
coastguard *n* garda *m* cósta.
coat *n* cóta *m*.
coating *n* cumhdach *m*.
coax *vt* meall.
cobweb *n* líon *m* damhain alla.
cock *n* coileach *m*.
cockpit *n* cábán *m* (píolóta).
cocoa *n* cócó *m*.
coconut *n* cnó *m* cócó.
cocoon *n* cocún *m*.
cod *n* trosc *m*.
code *n* cód *m*.
coercion *n* comhéigean *m*.
coexistence *n* comhbheith *f*.
coffee *n* caife *m*.
coffer *n* cófra *m*.
coffin *n* cónra *f*.
cog *n* fiacail *f*.
cogency *n* éifeacht *f*.
cogent *adj* éifeachtach.
cognisance *n* eolas *m*; fios *m*.
cognisant *adj* is eol dom.
cogwheel *n* roth *m* fiaclach.
cohabit *vi* déan aontíos le.
cohabitation *n* aontíos *m*.
cohere *vi vt* comhtháthaigh.
coherent *adj* comhtháite.
cohesive *adj* comhtháite.
coil *n* lúb *f*. • *vt* corn.
coin *n* bonn *m*.
coincide *vi* comhtharlaigh (le).

coincidence *n* comhtharlú *m*.
colander *n* síothlán *m*.
cold *adj* fuar. • *n* fuacht *m*.
collaborate *vi* comhoibrigh (le).
collapse *vi* tit (go talamh). • *n* titim *f*.
collapsible *adj* infhillte.
collar *n* coiléar *m*.
collate *vt* rud a chur i gcomórtas le.
collateral *adj* comhthaobhach.
colleague *n* comhoibrí *m*.
collect *vt* bailigh.
collection *n* bailiúchán *m*.
collector *n* bailitheoir *m*.
college *n* coláiste *m*.
collide *vi* tuairteáil.
collision *n* tuairt *f*.
colloquial *adj* neamhfhoirmiúil.
colloquialism *n* gnáthleagan cainte *m*.
collusion *n* claonpháirteachas *m*.
colonial *adj* coilíneach.
colonise *vt* coilínigh.
colony *n* coilíneacht *f*.
colour *n* dath *m*. • *vt* dathaigh.
coloured *adj* daite.
colourful *adj* dathúil.
column *n* colún *m*.
columnist *n* colúnaí *m*.
coma *n* támhnéal *m*.
comatose *adj* támhach.
comb *n* cíor *f*. • *vt* cíor.
combat *n* comhrac *m*. • *vt* troid i gcoinne (+ *gen*).
combatant *n* trodaí *m*.
combination *n* comhcheangal *m*.
combine *vi vt* comhcheangail.
combustion *n* dó *m*.
come *vi* tar; **to come across, to come upon** tar ar; **to come down** *vi* tar anuas;
comedian *n* fear *m* grinn.
comedienne *n* bean *f* ghrinn.
comedy *n* coiméide *f*.
comet *n* coiméad *m*.
comfort *n* compord *m*.
comfortable *adj* compordach.
comic(al) *adj* greannmhar.
coming *n* teacht *m*. • *adj* le teacht.
comma *n* camóg *f*.
command *vt* ordaigh. • *n* ordú.
commemorate *vt* rud a chomóradh.
commend *vt* mol.
commendable *adj* inmholta.
comment *n* trácht *m*. • *vt* trácht (ar).
commerce *n* tráchtáil *f*.
commercial *adj* tráchtála.
commiserate *vt* comhbhrón a dhéanamh le duine (ar).
commission *n* coimisiún *m*. • *vt* coimisiúnaigh.
commit *vt* déan; (*crime, etc*) coir a dhéanamh.
committee *n* coiste *m*.
commodious *adj* fairsing.
commodity *n* earra *m*.
common *adj* coiteann, gnáth-.
Commonwealth *n* Comhlathas *m*.
communicate *vt* (scéal) a thabhairt (do).
communication *n* cumarsáid *f*.
communism *n* cumannachas *m*.
community *n* pobal *m*.
commute *vt* gearr.
compact *adj* dlúth.
compact disc *n* dlúthdhiosca *m*.
companion *n* compánach *m*.
company *n* cuideachta *f*; (*bus*) comhlacht *m*.
compare *vt* rud a chur i gcomparáid *f* le rud eile.
compass *n* compás *m*.
compassion *n* trua *f*.

compatible *adj* oiriúnach (do).
compatriot *n* comhthíreach *m*.
compel *vt* iallach a chur ar dhuine rud a dhéanamh.
compensate *vt* cúitigh.
compete *vi* dul san iomaíocht *f* (le).
competition *n* comórtas *m*.
competitor *n* iomaitheoir *m*.
compilation *n* cnuasach *m*.
complacent *adj* bogásach.
complain *vi* gearán a dhéanamh (faoi).
complaint *n* gearán *m*; (*med*) tinneas *m*.
complete *adj* iomlán. • *vt* críochnaigh.
complex *adj* casta.
compose *vt* cum.
comprehend *vt* tuig.
comprehensive *adj* cuimsitheach.
compromise *n* comhréiteach *m*.
compute *vt* comhairigh, ríomh.
computer *n* ríomhaire *m*.
computer programming *n* ríomhchlárú *m*.
computer science *n* ríomhaireacht *f*.
comrade *n* comrádaí *m*.
con *vt* bob a bhualadh (ar). • *n*. caimiléireacht *f*.
concentration camp *n* campa *m* géibhinn.
concept *n* coincheap *m*.
concern *n* cúram *m*.
concerning *prep* fá dtaobh de.
concerto *n* coinseártó *m*.
concise *adj* achomair.
conclude *vt* críochnaigh.
concrete *n* coincréit *f*. • *vt* coincréitigh.
condemn *vt* cáin.
condemnation *n* cáineadh *m*.
condom *n* coiscín *m*.

confection *n* milseog *f*.
conference *n* comhdháil *f*.
confident *adj* féinmhuiníneach.
confirm *vt* cinntigh.
confirmation *n* cinntiú *m*.
conflict *n* coimhlint *f*.
confuse *vt* mearbhall a chur (ar).
confusion *n* tranglam *m*; (*person*) mearbhall *m*.
congratulate *vt* comhghairdeas a dhéanamh (le).
congratulations *n* comhghairdeas *m*.
conjugate *vt* (*gr*) réimnigh.
conjunction *n* cónasc *m*.
conjure *vi vt* toghair.
connect *vt* nasc, ceangail.
connection *n* nasc *m*, ceangal *m*.
connoisseur *n* eolaí *m*.
conquer *vt* buail, buaigh ar.
conquest *n* gabháil *f*.
conscience *n* coinsias *m*.
conscientious *adj* coinsiasach.
conscious *adj* comhfhiosach.
consciousness *n* comhfhios *m*.
consecrate *vt* coisric.
consecutive *adj* leantach.
consent *n* cead *m*. • *vi* ceadaigh.
consequence *n* iarmhairt *f*, toradh *m*.
consequently *adv* ar an ábhar sin.
conservancy *n* caomhnú *m*.
conservation *n* caomhnú *m*.
conservative *adj* coimeádach.
conserve *vt* caomhnaigh.
consider *vt* smaoinigh ar; síl.
considerable *adj* maith; mór.
consideration *n* aird *f*.
consignment *n* coinsíneacht *f*.
consistency *n* seasmhacht *f*.
consolation *n* sólás *m*.
consolatory *adj* sólásach.
console *vt* sólás a thabhairt (do).

consonant n (gr) consan m.
consort n céile m.
conspicuous adj feiceálach.
conspiracy n comhcheilg f.
conspire vi déan uisce faoi thalamh.
constancy n daingneacht f, seasmhacht f.
constant adj seasmhach.
constellation n réaltbhuíon f.
constipation n iatacht f.
constituency n dáilcheantar m, toghlach m (parlaiminte, etc).
constitution n (pol) bunreacht m; (phys) comhdhéanamh m.
constriction n cúngú m.
construct vt tóg.
construction n tógáil f.
consult vt téigh i gcomhairle f le.
consume vt ith, caith; (drink) ól; (use up) ídigh.
consumer n tomhaltóir m.
consumer goods npl earraí mpl tomhaltais.
consumerism n tomhaltachas m.
consummate vt críochnaigh
consummation n foirfeacht f.
contact n (phys) tadhall m; (message) teagmháil f.
contain vt coinnigh.
container n soitheach m, gabhdán m.
contemplate vt smaoinigh ar.
contemporary adj comhaimseartha.
contempt n dímheas m.
contemptuous adj dímheasúil.
content adj suaimhneach; sásta.
contest n comórtas m.
context n comhthéacs m.
continent n mór-roinn f.
contingent n meitheal f. • adj teagmhasach.
continual adj leanúnach.

continue vt lean de. • vi lean (ar).
continuous adj leanúnach.
contour n (map) comhrian m.
contraception n frithghiniúint f.
contraceptive n frithghiniúnach m. • adj frithghiniúnach.
contract vt (disease) tolg, tóg. • vi crap. • n conradh m.
contraction n crapadh m.
contradict vt bréagnaigh.
contradiction n bréagnú m.
contrary adj contrártha.
contrast vt rud a chur i gcomparáid f (le rud eile).
contravene vt sáraigh.
contribute vi vt íoc; tabhair.
contribution n síntiús m.
contrivance n cumadh m; cleas m.
control n smacht m.
controversial adj conspóideach.
controversy n conspóid f.
convalescent adj téarnamhach.
convene vt tionóil.
convenient adj áisiúil, caothúil.
convent n clochar m.
converge vi comhdhírigh.
conversation n comhrá m.
converse vi comhrá a dhéanamh (le).
conversion n iompú m.
convert vt tiontaigh. • vi iompaigh.
convertible adj inathraithe. • n carr m cábán infhillte.
convex adj dronnach.
conveyance n tíolacas m; (transport) iompar m.
conveyancer n tíolactóir m.
convict vt ciontaigh. • n ciontach m.
conviction n ciontú m; (relig) creideamh m.
convivial adj suairc.
convulsion n arraing f.

cook n cócaire m. • vi vt cócaráil.
cooker n cócaireán m.
cookery n cócaireacht f.
cool vt fuaraigh.
cooperate vi comhoibrigh (le).
cope vi an lámh f in uachtar a fháil ar (dheacracht f).
copious adj flúirseach.
copulate vi comhriachtain f a dhéanamh.
copy n cóip f. • vt cóipeáil.
copyright n cóipcheart m.
coral n coiréal m.
cord n sreang f; corda m.
cordial adj croíúil.
core n croí m.
cork n corc m. • vt corc a chur i mbuidéal.
corkscrew n corcscriú m.
corn n arbhar m.
corner n coirnéal m.
cornflakes npl calóga fpl arbhair.
cornice n coirnis f.
coronary adj corónach.
coronation n corónú m.
corporation n corparáid f.
corpse n marbhán m.
corpuscle n coirpín m.
correct vt ceartaigh. • adj ceart.
correspond vi freagraigh do.
correspondence n comhfhreagras m.
corridor n dorchla m.
corrie n coire m.
corrode vt creim.
corrosion n creimeadh m.
corrugated adj rocach.
corrupt adj truaillithe.
cosmetic n cosmaid f.
cosmopolitan adj iltíreach.
cost n costas m. • vi cosain.
costly adj costasach.

costume n culaith f.
cosy adj seascair.
cottage n teachín m.
cotton n cadás m.
couch n tolg m.
cough n casacht f. • vi déan casacht f.
council n comhairle f.
councillor n comhairleoir m.
count vt déan cuntas; comhair; áirigh.
countenance n gnúis f.
counter n áiritheoir m.
counteract vt cealaigh.
counter-clockwise adv tuathal.
counterfeit adj bréige.
countersign vt comhshínigh.
counting n cuntas m.
countless adj gan áireamh.
country n tír f.
countryman n fear m tuaithe.
county n contae m.
coup (d'état) n gabháil f ceannais.
couple n lánúin f.
couplet n leathrann m.
coupon n cúpón m.
courage n misneach m.
courageous adj misniúil.
courier n cúiréir m.
course n cúrsa m.
court n cúirt f. • vt déan suirí f (le).
courteous adj cúirtéiseach.
courthouse n teach m cúirte.
cousin n col ceathar m.
cove n (mar) camas m.
cover n clúdach m; (culin) barr m. • vt clúdaigh.
coverage n tuairisciú m.
cover-up n forcheilt f.
cow n bó f.
coward n cladhaire m.

cowardice *n* claidhreacht *f*.
cowherd *n* buachaill *m* bó.
coy *adj* cúthail.
crab *n* portán *m*.
crack *n* scoilt *f*. • *vt* scoilt.
cradle *n* cliabhán *m*.
craft *n* ceird *f*; (*cunning*) gliceas *m*; (*vessel*) árthach *m*.
craftsman *n* ceardaí *m*.
crag *n* creig *f*.
cram *vt* brúigh; ding.
crane *n* crann *m* tógála.
crannog *n* crannóg *f*
cranny *n* scoilt *f*; prochóg *f*.
crash *vi* **the car crashed into a wall** bhuail an carr in éadan balla. • *n* taisme *f*.
craving *n* dúil *f* (i); cíocras (chun) *m*.
crawl *vi* snámh.
crazy *adj* ar mire.
creak *vi* díosc.
cream *n* uachtar *m*.
crease *n* filltín *m*.
create *vt* cruthaigh.
creation *n* cruthú *m*.
creature *n* créatúr *m*.
credible *adj* inchreidte.
crèche *n* naíolann *f*.
credit *n* creidmheas *m*. • *vt* (*believe*) creid.
credit card *n* cárta *m* creidmheasa.
creditor *n* creidiúnaí *m*.
creed *n* creideamh *m*.
creel *n* críol *m*, cliabh *m*.
cremate *vt* créam.
crew *n* foireann *f*.
crime *n* coir *f*.
criminal *adj* coiriúil. • *n* coirpeach *m*.
crimson *adj* corcairdhearg.
cringe *vi* lútáil.
cripple *n* bacach *m*.

crisis *n* géarchéim *f*.
crisp *adj* briosc; (*weather*) úr.
criterion *n* critéar *m*; slat *f* tomhais.
critic *n* léirmheastóir *m*.
critical *adj* cáinteach.
criticise *vt* cáin.
criticism *n* léirmheastóireacht *f*.
croak *vi* cuir grág *f* as.
crockery *n* soithí *m*.
croft *n* croit *f*.
crofter *n* croitéir.
crook *n* crúca *m*; (*pers*) bithiúnach *m*.
crooked *adj* cam.
croon *vt* can (amhrán) de chrónán.
crop *n* barr *m*. • *vt* barr.
cross *n* cros *f*. • *adj* cantalach. • *vt* trasnaigh.
crossbreed *n* cros-síolrú *m*.
cross-examine *vt* croscheistigh.
crossroad *n* crosbhealach *m*.
crossword *n* crosfhocal *m*.
crotch *n* gabhal *m*.
crotchet *n* (*mus*) croisín *m*.
crouch *vi* crom.
crow *n* préachán *m*.
crowd *n* slua *m*. • *vi vt* plódaigh.
crown *n* coróin *f*. • *vt* corónaigh.
crucible *n* breogán *m*.
crucifix *n* crois *f*.
cruciform *adj* croschruthach.
crude *adj* amh.
cruel *adj* cruálach.
cruelty *n* cruálacht *f*.
cruise *n* cúrsáil *m*.
crumb *n* grabhróg *f*.
crumple *vi vt* crap.
crush *vt* brúigh.
crust *n* crústa *m*.
crutch *n* maide *m* croise.
cub *n* (*animal*) coileán *m*.
cube *n* ciúb *m*.

cuckoo *n* cuach *f*.
cuff *n* cufa *m*.
culprit *n* ciontach *m*.
cult *n* cultas *m*.
cultivate *vt* saothraigh.
cultural *adj* cultúrtha.
culture *n* cultúr *m*.
cup *n* cupán *m*.
cupboard *n* cófra *m*.
cupidity *n* saint *f*.
curable *adj* inleighis.
curb *vt* srian.
curdle *vi vt* téacht.
cure *n* leigheas *m*. • *vt* leigheas.
curious *adj* fiosrach; (*strange*) aisteach
curl *n* coirnín *m*. • *vt* coirníní a chur i.
curlew *n* crotach *f*.

currency *n* airgeadra *m*.
current *adj* reatha. • *n* sruth *m*.
current affairs *npl* cúrsaí *mpl* reatha.
curse *vt* mallaigh. • *n* mallacht *f*.
curtain *n* cuirtín *m*.
curvature *n* lúbthacht *f*.
curve *vt* cuar, lúb. • *n* cuar *m*.
cushion *n* adhartán *m*.
custody *n* cúram *m*.
custom *n* nós *m*, gnás *m*.
customary *adj* gnáth-; iondúil.
cut *vi vt* gearr; *n* gearradh.
cutlery *n* sceanra *m*.
cycle *n* rothar *m*.
cycling *n* rothaíocht *f*.
cynical *adj* searbhasach; siniciúil.
cyst *n* cist *f*.

D

dabble *vi* bí ag súgradh le.
dad, daddy *n* daidí *m*.
daffodil *n* lus an chromchinn *m*.
dagger *n* miodóg *f*.
daily *adj* laethúil. • *adv* gach lá.
dainty *adj* mín.
dairy *n* déirí *m*.
daisy *n* nóinín *m*.
dale *n* gleanntán *m*.
dam *n* damba *m*.
damage *n* dochar *m*. • *vt* déan dochar do rud.
damnable *adj* damanta.
damnation *n* damnú *m*.
damp *adj* tais.
dampen *vt* taisrigh.
dance *n* damhsa *m*. • *vt vi* damhsaigh.
dandelion *n* caisearbhán *m*.
dandruff *n* sail *f* chnis.
danger *n* contúirt *f*.
dangerous *adj* contúirteach.
dappled *adj* breactha.
dare *vt* tabhair dúshlán duine (rud a dhéanamh).
daring *n* dánacht *f*.
dark *adj* dorcha.
darken *vt* dorchaigh.
darkness *n* dorchadas *m*.
darling *n* muirnín *m*, grá *m*. • *adj* muirneach.
darn *vt* dearnaíl.
dash *vi* sciuird *f* a thabhairt.
database *n* bunachar sonraí *m*.
date *n* dáta *m*; (*bot*) dáta *m*.
daub *vt* smear.
daughter *n* iníon *f*.
daughter-in-law *n* banchliamhain *m*.

dawn *n* breacadh an lae *m*.
day *n* lá *m*.
daylight *n* solas *m* an lae.
daze *vt* caoch.
dazzle *vt* caoch.
dead *adj* marbh.
deadlock *n* sáinn *f*.
deadly *adj* marfach.
deaf *adj* bodhar.
deafen *vt* bodhraigh.
deafness *n* bodhaire *f*.
deal *n* margadh *m*. • *vt* (*cards*) roinn.
dealings *npl* déileáil *f*.
dear *adj* ionúin, (*cost*) daor.
dearness *n* (*cost*) daoire *f*.
dearth *n* gainne *f*.
death *n* bás *m*.
debar *vt* toirmisc.
debase *vt* truailligh.
debate *n* díospóireacht *f*. • *vt* pléigh.
debit *n* dochar *m*. • *vt* (*com*) breac do dhochar.
debt *n* fiach *m*; **debts** *npl* fiacha *mpl*.
decade *n* deich *m* mbliana.
decadent *adj* meatach.
decant *vt* taom.
decanter *n* teisteán *m*.
decay *vi* lobh. • *n* lobhadh *m*.
deceit *n* cealg *f*.
deceive *vt* cealg, meall.
December *n* Mí *f* na Nollag.
decency *n* cneastacht *f*.
decent *adj* cneasta, macánta.
deception *n* cealg *f*.
decide *vt* socraigh.
decimal *adj* deachúlach.
decision *n* cinneadh *m*.

decisive *adj* cinnitheach.
deck *n* deic *f*. • *vt* sciamhaigh
declaration *n* forógra *m*.
declare *vt* fógair.
decompose *vi* lobh.
decomposition *n* dianscaoileadh *m*.
decorate *vt* maisigh.
decoration *n* maisiúchán *m*.
decorous *adj* cuibhiúil.
decrease *vt* laghdaigh. • *n* laghdú *m*.
decrepit *adj* cranda.
decry *vt* cáin.
dedicate *vt* tiomnaigh.
deduce *vt* tuig as.
deduct *vt* bain de.
deduction *n* tátal *m*.
deed *n* beart *m*; (*legal*) gníomh.
deep *adj* domhain.
deepen *vt* doimhnigh.
deer *n* fia *m*.
deface *vt* mill.
defamation *n* clúmhilleadh *m*.
default *n* faillí *f*.
defeat *n* briseadh *m*. • *vt* cloígh.
defect *n* locht *m*.
defective *adj* lochtach.
defence *n* cosaint *f*.
defenceless *adj* gan chosaint *f*.
defend *vt* cosain.
defensive *adj* cosantach.
defer *vt* cuir ar athló.
deference *n* umhlaíocht *f*.
defiance *n* dúshlán *m*.
defiant *adj* dúshlánach.
deficiency *n* easpa *f*
deficit *n* easnamh *m*.
definable *adj* sonrúil.
define *vt* sainmhínigh.
definite *adj* dearfa.
definition *n* sainmhíniú *m*.
deflect *vt* sraon.

deform *vt* cuir (rud) ó chuma.
deformity *n* cithréim *f*.
defraud *vt* déan calaois *f* ar.
deft *adj* deaslámhach.
defy *vt* tabhair dúshlán do.
degenerate *vi* meath. • *adj* meata.
degree *n* céim *f*; (*educ*) céim *f*.
deign *vi* deonaigh (chun rud a dhéanamh).
deity *n* dia *m*.
dejected *adj* díomách.
delay *vt* moilligh. • *n* moill *f*.
delegate *n* toscaire *m*.
delegation *n* toscaireacht *f*.
delete *vt* cealaigh.
deliberate *vt* déan machnaimh ar. • *adj* réamhbheartaithe; (*slow*) malltriallach.
delicacy *n* fíneáltacht *f*.
delicate *adj* fíneálta.
delicious *adj* blasta.
delight *vt* cuir lúcháir *f* ar. • *n* lúcháir *f*.
delightful *adj* aoibhinn.
delinquency *n* ciontacht *f*.
delinquent *n* ciontóir *m*.
delirium *n* rámhaille *f*.
deliver *vt* seachaid; (*baby*) saolaigh.
delivery *n* seachadadh *m*; (*baby*) breith *f*.
dell *n* gleanntán *m*.
deluge *n* díle *f*.
demand *n* éileamh *m*. • *vt* éiligh.
demean *vi* ísligh tú féin.
demented *adj* néaltraithe.
dementia *n* gealtachas *m*.
demerit *n* díluaíocht *f*.
democracy *n* daonlathas *m*.
democrat *n* daonlathaí *m*.
democratic *adj* daonlathach.
demolish *vt* scrios.
demon *n* deamhan *m*.

demonstrable *adj* soléirithe.
demonstration *n* léiriú *m*.
demonstrative *adj* taispeántach.
demote *vt* ísligh, tabhair céim *f* síos do.
demure *adj* stuama.
den *n* prochóg *f*.
denial *n* ceilt *f*, séanadh *m*.
denigrate *vt* lochtaigh, caith dímheas ar.
dense *adj* dlúth, tiubh.
density *n* dlús *m*, tiús *m*.
dent *n* lorg *m*, rian *m*. • *vt* log *or* ding a chur i.
dentist *n* fiaclóir *m*.
dentistry *n* fiaclóireacht *f*.
denture *n* déadchíor *m*, cár bréagach *m*.
denude *vt* nocht, lom.
deny *vt* séan, diúltaigh.
depart *vi* imigh, fág.
department *n* roinn *f*.
departure *n* imeacht *m*, fágáil *f*.
depend *vi* **to depend on/upon** brath ar, bheith i dtuilleamaí.
dependence *n* spleáchas *m*.
dependent *adj* spleách.
depict *vt* léirigh, cuir síos ar.
deplorable *adj* (*wretched*) truamhéalach, ainnis; (*disgraceful*) náireach; (*very bad*) uafásach.
deplore *vt* caoin, casaigh.
deportment *n* iompar *m*.
depose *vt* bris, cuir as oifig.
deposit *vt* (*in bank*) taisc, cur i dtaisce; (*as part payment*) cur éarlais *f* ar; (*put down*) leag síos. • *n* taisc *f*, deascán *m*, dríodarm.
depravity *n* truaillíocht *f*.
depreciate *vi* titeann (luach).
depress *vt* cuir gruaim ar; (*press down*) brúigh síos.

depressant *n* dúlagrán *m*.
depression *n* gruaim *f*.
deprive *vt*: **to deprive somebody of something** rud a bhaint de dhuine *or* a choinneáil ó dhuine.
depth *n* doimhneacht *f*.
depute *vt* tiomnaigh.
derelict *adj* tréigthe.
deride *vt* fonóid *f or* scigmhagadh a dhéanamh faoi dhuine.
derision *n* fonóid *f*.
derivation *n* fréamhaí *m*.
derive *vi* **to derive from** fréamhú ó
descend *vi vt* tuirling; téigh síos; tar anuas.
descent *n* tuirlingt *f*.
describe *vt* cuir síos ar.
description *n* cur síos (ar) *m*.
desert *n* fásach *m*. • *vt* tréig.
deserve *vt* tuill; **he deserves it** tá sé tuillte aige.
design *vt* leag amach; ceap. • *n* dearadh *m*.
designer *n* dearthóir
desire *n* mian *f*. • *vt* santaigh.
desist *vi* éirigh as.
desk *n* deasc *f*.
despair *n* éadóchas *m*. • *vi* tit in éadóchas.
desperate *adj* éadóchasach.
despicable *adj* suarach, gránna.
despise *vt*: **to despise something** drochmheas a bheith agat ar rud.
despite *prep* d'ainneoin (+ *gen*).
dessert *n* milseog *f*.
destiny *n* cinniúint *f*.
destitute *adj* beo bocht, ar an anás.
destroy *vt* scrios, mill.
destruction *n* scrios *m*, millteanas *m*.
detach *vt* scar, scoir.
detail *n* sonra *m*; **in detail** go mion.

- *vt* tabhair mionchuntas ar.
detain *vt* moill *f* a chur ar.
detect *vt* braith; tabhair faoi deara.
detective *n* bleachtaire *m*.
deter *vt* coisc.
determination *n* cinneadh *m*.
determine *vt* cinn ar, socraigh ar.
determinism *n* cinnteachas *m*.
detest *vt*: **to detest something** fuath a bheith agat ar rud.
detestation *n* dearg-ghráin *f*.
detonate *vt* maidhm.
detour *n* cor bealaigh *m*.
detract *vt*: **to detract from** baint ó.
detriment *n* aimhleas *m*.
devalue *vt* díluacháil.
devastate *vt* scrios, mill.
devastation *n* scrios *m*, millteanas *m*.
develop *vt* forbair.
development *n* forbairt *f*.
deviate *vi* claon.
device *n* gléas *m*.
devil *n* diabhal *m*, deamhan *m*.
devious *adj* slítheánta.
devise *vt* ceap; cum.
devolve *vt* cumhacht a chinneachadh.
devolution *n* dílárú *m*.
devote *vt* tiomnaigh, tabhair.
devotion *n* dúthracht *f* (*rel.*) cráifeacht *f*.
devour *vt* alp.
dew *n* drúcht *m*.
dexterity *n* aclaíocht *f*, deaslámhacht *f*.
diagnose *vt* fáithmheas, aithnigh.
diagnosis *n* (*med*) fáithmheas *m*.
diagonal *adj* fiar.
dial *n* diail *f*. *vt* diailigh.
dialect *n* canúint *f*.
diameter *n* trastomhas *m*.

diamond *n* diamant *m*.
diarrhoea *n* buinneach *f*.
diary *n* dialann *f*, cín *f* lae
dice *npl see* **die**.
dictate *vt* deachtaigh.
dictionary *n* foclóir *m*.
die *vi* faigh bás, éag. • *n* (*pl* **dice**) dísle *m* (*pl* díslí)
diesel *n* díosal *m*.
diet *n* aiste *f* bia.
differ *vi* difrigh.
difference *n* difear *m*.
different *adj* difriúil.
differentiate *vt* idirdhealú a dhéanamh ar.
differently *adv* ar dhóigh eile.
difficult *adj* doiligh, deacair.
difficulty *n* deacracht *f*.
dig *vt* tochail.
digest *vt* díleáigh.
digestible *adj* indíleáite.
digit *n* digit *f*.
digital *adj* digiteach.
dignified *adj* uasal, díniteach.
dilate *vt* méadaigh. • *vi* (*eyes*) leath.
dilemma *n* aincheist *f*.
diligent *adj* dícheallach.
dilute *vt* tanaigh, lagaigh.
dim *adj* doiléir, lag.
dimension *n* buntomhas *m*, méid *f*, toise *m*.
diminish *vt vi* laghdaigh.
dimple *n* loigín *m*
din *n* trup *m*, tormán *m*, callán *m*.
dine *vi* béile a ithe.
dining room *n* seomra *m* bia.
dinner *n* dinnéar *m*.
dinner time *n* am *m* dinnéir.
dip *vt* tum.
diplomacy *n* taidhleoireacht *f*.
dipsomania *n* diopsamáine *f*.

direct *adj* díreach. • *vt* dírigh(ar).
direction *n* treo *m*; (*guidance*) treoir *f*.
direction-finder *n* treo-aimsí *m*.
directly *adv* go díreach; láithreach bonn.
director *n* stiúrthóir *m*.
dirk *n* scian *f*, miodóg *f*.
dirt *n* salachar *m*.
dirty *adj* salach.
disability *n* míchumas *m*.
disadvantage *n* míbhuntáiste *m*.
disagree *vi* gan aontú le duine.
disagreement *n* easaontas *m*.
disappear *vi* imigh.
disappoint *vt* meall.
disapprove *vt* bheith míshásta le.
disaster *n* tubaiste *f*.
disbelieve *vt* díchreid.
disc *n* diosca *m*.
discard *vt* rud a chaitheamh uait.
discerning *adj* grinn.
discharge *vt* folmhaigh. • *n* folmhú *m*, scaoileadh *m*.
disclaim *vt* séan.
disclose *vt* tabhair le fios.
disco *n* dioscó *m*.
discomfort *n* míshuaimhneas *m*, míchompord *m*.
disconnect *vt* scaoil, scoir.
disconsolate *adj* dobrónach, dólásach, tromchroíoch.
discontented *adj* míshásta.
discord *n* easaontas *m*; (*mus*) díchorda *m*.
discount *n* lacáiste *m*. • *vt* díol ar lacáiste.
discourage *vt* cuir beaguchtach ar.
discover *vt* tar ar; fionn.
discovery *n* fionnachtain *f*.
discrepancy *n* difear *m*, difríocht *f*.
discretion *n* discréid *f*.
discriminate *vt* (*between*) idirdhealú a dhéanamh ar; (*against*) leatrom a dhéanamh ar (dhuine).
discrimination *n* breithiúnas *m*; leatrom *m*; idirdhealú *m*.
discuss *vt* pléigh.
discussion *n* díospóireacht *f*.
disease *n* galar *m*, aicíd *f*.
disembark *vi* téigh i dtír *f*.
disengage *vt* scaoil.
disentangle *vt* réitigh.
disfavour *n* míchlú *m*.
disgrace *n* náire *f*. • *vt* náirigh.
disgraceful *adj* náireach, scannalach.
disguise *vt* cuir bréagriocht ar. • *n* bréagriocht *m*.
disgust *n* samhnas *m*. • *vt* cuir samhnas ar.
disgusting *adj* samhnasach.
dish *n* pláta *m*, soitheach *m*, mias *f*.
dishcloth *n* éadach *m* soithí.
dishearten *vt* cuir beaguchtach ar.
dishonest *adj* mí-ionraic.
dishonesty *n* mímhacántacht *f*.
dishwasher *n* niteoir soithí *m*.
disillusion *vt* oscail na súile *f* do (dhuine).
disinclined *adj* mífhonnmhar.
disinherit *vt* cuir as oidhreacht *f*.
disinterested *adj* neamhchlaonta, cothrom.
disjointed *adj* curtha as alt; scaipthe; seachránach.
disk *n* diosca *m*, teasc *f*.
disk drive *n* dioscathiomáint *f*.
dislike *n* míthaitneamh *m*, míghnaoi *f*. • *vt* ní maith liom é.
dislodge *vt* cuir as áit *f*; ruaig.
disloyal *adj* mídhílis.
dismal *adj* duairc, gruama.

dismay *n* uafás *m*.
dismember *vt* srac.
dismiss *vt* bris as oifig *f*; cuir chun bóthair; diúltaigh do.
disobedience *n* easumhlaíocht *f*.
disobedient *adj* easumhal.
disobey *vt* bí easumhal do (dhuine).
disorder *n* mí-ord *m*, mí-eagar *m*.
disown *vt* séan.
disparity *n* difríocht *f*, neamhionannas *m*.
dispel *vt* ruaig, díbrigh, scaip.
dispensation *n* dáileadh *m*, dispeansáid *f*.
dispense *vt* dáil; roinn.
dispersal *n* scaipeadh *m*, ruaigeadh *m*.
displace *vt* dílaithrigh, cuir as áit *f*.
display *vt* taispeáin. • *n* taispeántas *m*.
displease *vt* cuir míshásamh ar (dhuine).
dispose *vt* cóirigh; cuir rud de láimh.
disprove *vt* bréagnaigh.
disputatious *adj* argóinteach.
dispute *n* conspóid *f*; argóint *f*. • *vt* conspóid, argóint a dhéanamh.
disqualification *n* dícháilíocht *f*.
disqualify *vt* dícháiligh.
disregard *vt* déan neamhshuim de.
disrepair *n* drochordú *m*.
disrespect *n* neamhómós *m*.
disrupt *vt* réab.
disruption *n* réabadh *m*.
dissatisfaction *n* míshásamh *m*.
dissatisfied *adj* míshásta.
dissect *vt* mionscrúdaigh.
dissertation *n* tráchtas *m*.
disservice *n* dochar *m*.
dissimilar *adj* éagsúil.
dissipate *vt* scaip.

dissociate *vt* dealaigh ó.
dissolute *adj* ainrianta.
dissolve *vt* tuaslaig.
dissuade *vt* duine a chur ó rud a dhéanamh.
distance *n* achar *m*, fad *m*.
distant *adj* i bhfad ó.
distaste *n* déistin *f*.
distasteful *adj* déistineach.
distil *vt* driog.
distiller *n* driogaire *m*.
distillery *n* drioglann *f*.
distinct *adj* éagsúil.
distinction *n* idirdhealú *m*; (*merit*) oirirceas *m*.
distinguish *vt* déan idirdhealú idir.
distort *vt* cuir rud as a chuma *f*.
distress *n* gátar *m*. • *vt* goill ar.
distribute *vt* dáil, roinn.
district *n* ceantar *m*.
district nurse *n* banaltra *f* ceantair.
distrust *n* amhras *m*.
disturb *vt* cuir isteach ar.
disturbance *n* cur isteach *m*; achrann *m*.
disunite *vt* easaontaigh.
disunity *n* easaontas *m*.
disuse *n* léig *f*.
ditch *n* díog *f*.
ditto *adv* (an rud) céanna.
ditty *n* lúibín *f*.
dive *vi* tum.
diver *n* tumadóir *m*.
diverge *vi* scar.
diverse *adj* éagsúil.
diversify *vt* déan éagsúil.
diversion *n* claonadh *m*; (*pastime*) caitheamh aimsire *m*.
diversity *n* éagsúlacht *f*.
divert *vt* claon.
divide *vt vi* roinn.

divination *n* fáistineacht *f*.
divine *adj* diaga.
divisible *adj* inroinnte.
division *n* (*math*) roinnt *f*.
divorce *n* colscaradh *m*. • *vt vi* colscaraigh.
dizzy *adj* meadhránach.
do *vt* déan.
dock *n* duga *m*.
docken *n* (*bot*) copóg *f*.
dockyard *n* longlann *f*.
doctor *n* dochtúir *m*.
doctrine *n* teagasc *m*.
document *n* doiciméad *m*.
documentary *n* scannán faisnéise *f*.
dodge *vt* seachnaigh
doe *n* eilit *f*.
dog *n* madadh *m*.
dogged *adj* ceanndána.
dogmatic *adj* dogmach.
dole *n* liúntas *m*, déirc *f*.
dollar *n* dollar *m*.
domain *n* fearannas *m*.
domestic *adj*: **domestic life** saol *m* an teaghlaigh; **domestic arts** ealaín *f* an tí; **domestic economy** *m* tíos.
domesticate *vt* (*animal*) ceansaigh.
domicile *n* áitreabh *m*, sainchónaí *m*.
dominate *vt* bheith i gceannas ar.
domineer *vi* máistreacht *f* or lámh *f* láidir, a imirt ar dhuine.
dominion *n* ceannas *m*, tiarnas *m*, críoch *f*.
donate *vt* bronn.
donor *n* bronntóir *m*; (*blood donor*) deontóir fola *m*.
doom *n* cinniúint *f*, míchinniúint *f*. • *vt* (**he is doomed**) tá a phort seinnte, tá a chosa nite.
Doomsday *n* Lá *m* an Luan, Luan an tSléibhe *m*.

door *n* doras *m*.
doorstep *n* leac *f* dorais.
dope *n* (*drug*) dóp *m*; (*fool*) amadán *m*.
dose *n* deoch *f* leighis; miosúr *m*.
dot *n* ponc *m*.
dotage *n* leanbaíocht *f*.
double *adj* dúbailte. • *vt* dúblaigh. • *n* dúbailt *f*.
double bass *n* olldord *m*.
double-breasted *adj* (*coat*) dúbailte.
doubt *n* amhras *m*. • *vt* bí in amhras faoi rud.
doubtful *adj* amhrasach.
dough *n* taos *m*.
dour *adj* dúrúnta, dúr.
dove *n* colm *m*.
down *prep* síos, (*from above*) anuas.
downfall *n* díl *m* (báistí); turnamh *m* (impircachta).
downhill *adv* dul le fána, (*of person*) bheith ag meath.
downright *adj* amach is amach.
downstairs *adv* thíos staighre.
downward(s) *adv* síos, (*from above*) anuas.
dowry *n* spré *f*.
doze *vi* bí ag suanaíocht *f*.
dozen *n* dosaen *m*.
drag *vt* tarraing.
drain *vt* taom. • *n* draein *f*.
drake *n* bardal *m*.
dram *n* braon *m*, dram *m*.
drama *n* dráma *m*.
dramatist *n* drámadóir *m*.
draught *n* (*drink*) bolgam *m*; (*wind*) siorradh *m*.
draughts *npl* táiplis *f*.
draughtsman *n* líníteoir *m*.
draw *vt* tarraing.
drawer *n* tarrácéan *m*.

drawing n tarraingt f.
drawing-pin n tacóid f ordóige f.
dread n imeagla f. • vt imeagla f a bheith ar dhuine roimh rud.
dream n brionglóid f • vt vi brionglóid f a dhéanamh.
dreamer n aislingeach m.
dredge vi dreideáil f.
dregs npl deascadh m, díodar m.
drench vt báigh.
dress vt gléas. • vi gléas; cóirigh. • n gúna m.
dresser n driosúr m.
dressing n gléasadh m, cóiriú m.
dribble vi sil.
dried adj tirim.
drift vi imigh gan treo.
drill vt druileáil.
drink vt vi ól. • n deoch f.
drinker n óltóir m.
drip vi sil.
drive vt tiomáin.
drivel n raiméis f.
driver n tiománaí m.
driving licence n ceadúnas m tiomána.
drizzle n ceobhrán m.
droll adj greannmhar, barrúil.
drone n liúdramán m; (of bee) crónán m; (sound) dordán m.
droop vi crom.
drop n braon m. • vt lig do rud titim.
drought n triomach m.
drove n plód m, scata m.
drover n dráibhéir m.
drown vi vt báigh.
drowsy adj codlatach.
drudgery n sclábhaíocht f.
drug n druga m.
drug addict n andúileach m drugaí.

druggist n drugadóir m, poitigéir m.
druid n draoi m.
druidism n draíocht f.
drum n druma m.
drum major n maor m druma.
drummer n drumadóir m.
drumstick n bata druma m.
drunk adj ólta, ar meisce.
drunkenness n meisce f.
dry adj tirim. • vt triomaigh.
dub vt ainm a thabhairt ar dhuine, (sound on film, etc) fuaimrian a chur.
duck n lacha f.
duck vi tum in uisce; crom síos.
dud adj gan mhaith; bréagach.
due adj iníoctha.
duel n comhrac aonair m.
duet n (mus) díséad m.
dull adj gruama, marbhánta; (stupid) bómánta.
dullness n gruaim f, marbhántacht f; bómántacht f.
duly adv mar is cóir; go cuí.
dumb adj balbh.
dummy n fear bréige f; balbhán m.
dump n carn fuíllig m. • vt caith amach.
dumpling n domplagán m.
dunce n dunsa m.
dung n cac m; aoileach m.
dunghill n carn aoiligh m.
duplicate n macasamhail f.
duplicity n caimiléireacht f.
durable adj buan, buanseasmhach.
duration n achar m, fad m, ré f.
during prep le linn.
dusk n clapsholas m.
dusky adj doiléir.
dust n dusta m. • vt dustáil.
dustbin n bosca m bruscair.
Dutch adj Ollanach.

dutiful *adj* umhal.
duty *n* dualgas *m*; (*customs*) dleacht *f*.
duty-free *adj* saor ó dhleacht.
dwarf *n* abhac *m*.
dwell *vi* cónaigh.
dwelling *n* áitreabh *m*, áit *f* chónaithe.
dwindle *vi* laghdaigh, meath.
dye *vt* dathaigh. • *n* dath *m*.
dyke *n* claí *m*, díog *f*.
dynamic *adj* dinimiciúil, bríomhar.
dynamite *n* dinimit *f*.
dynasty *n* ríora *m*, ríshliocht *m*.
dyspepsia *n* (*med*) mídhíleá *m*.

E

each *pn* gach aon. • *adj* gach.
eager *adj* cíocrach.
eagle *n* iolar *m*.
ear *n* cluas *f*.
earl *n* iarla *m*.
early *adj* luath.
earn *vt* saothraigh.
earnest *adj* dáiríre.
earphone *n* cluasán *m*.
earring *n* fáinne cluaise *f*.
earth *n* (*ground*) talamh *m*.
earthenware *npl* cré-earraí *mpl*.
earthly *adj* saolta.
earthquake *n* crith *m* talún.
earthworm *n* péist *f* talún.
ease *n* sócúlacht *f*.
easel *n* tacas *m*.
east *n* oirthear *m*.
Easter *n* Cáisc *m*.
easterly *adj* (*wind*) anoir; thoir.
easy *adj* furasta.
eat *vt vi* ith.
eatable *adj* inite.
ebb *n* trá *f*. • *vi* tráigh.
eccentric *adj* corr.
eccentricity *n* saoithiúlacht *f*.
echo *n* macalla *m*. • *vi* déan macalla.
eclipse *n* urú *m*. • *vt* uraigh.
ecology *n* éiceolaíocht *f*.
economics *n* eacnamaíocht *f*.
economise *vt* coigil.
economist *n* eacnamaí *m*.
economy *n* eacnamaíocht *f*.
ecstasy *npl* sceitimíní *m*.
ecstatic *adj* **I am ecstatic** tá sceitimíní orm.
ecumenical *adj* éacúiméineach.
eddy *n* guairneán *m*.
edge *n* imeall *m*; faobhar *m*; ciúmhais *f*. • *vt* cuir ciúmhais *f* le.
edgewise *adv* ar faor.
edible *adj* inite.
edict *n* reacht *m*.
edifice *n* foirgneamh *m*.
edify *vt* teagasc.
Edinburgh *n* Dún Éideann *m*.
edit *vt* cuir in eagar.
edition *n* eagrán *m*.
editor *n* eagarthóir *m*.
educate *vt* múin.
education *n* oideachas *m*.
educational *adj* oideachais.
effect *n* éifeacht *f*. • *vt* téigh i bhfeidhm *f* ar.
effective *adj* éifeachtach.
effeminate *adj* piteogach.
effervescent *adj* coipeach.
efficacy *n* éifeachtacht *f*.
efficient *adj* éifeachtach.
effigy *n* íomhá *f*.
effluent *n* eisilteach *m*.
effort *n* iarracht *f*.
egg *n* ubh *f*.
egghead *n* (*sl*) intleachtach.
egoism, egotism *n* féinspéis *f*.
Egypt *n* An Éigipt *f*.
eight *n* ocht *m*.
eighth *n* ochtú *m*.
eighteen *adj n* ocht *m* déag.
eightsome *n* ochtar *m*.
eightsome reel *n* ríl *f* ochtair.
eighty *adj n* ochtó *m*.
either *adv* ach oiread. • *conj* **either . . . or . . .** . . . nó . . .

ejaculate *vi* scaoil. • *f* speirm.
eject *vt* caith amach.
elaborate *adj* casta.
elapse *vi* imigh thart.
elastic *adj* leaisteach.
elate *vt* tóg croí.
elbow *n* uillinn *f*.
elder *n* (*church*) seanóir *m*; (*tree*) trom *m*. • *adj* is sine.
elderly *adj* cnagaosta.
elect *vt* togh.
election *n* toghchán *m*.
electioneering *n* toghchánaíocht *f*.
elector *n* toghthóir *m*.
electorate *npl* toghthóirí *mpl*.
electric *adj* leictreach.
electricity *n* leictreachas *m*.
electrification *n* leictriú *m*.
electrocute *vt* maraigh le leictreachas.
electron *n* leictreon *m*.
electronic *adj* leictreonach.
elegance *n* sciamhacht *f*.
elegant *adj* sciamhach.
elegiac *n* caointeach *m*.
elegy *n* caoineadh *m*.
element *n* dúil *f*.
elementary *adj* bunúsach.
elephant *n* eilifint *f*.
elevate *vt* ardaigh.
eleven *n* aon *m* déag.
elf *n* luacharachán *m*.
eligible *adj* incháilithe.
eliminate *vt* díothaigh.
elixir *n* íocshláinte *f*.
elm *n* leamhán *m*.
elongate *vt* fadaigh.
elope *vi* éalaigh.
eloquence *n* deis *f* labhartha.
else *pn* eile.
elude *vt* éalaigh ó.
elusive *adj* do-aimsithe.

email *n* ríomhphost *m*.
emancipate *vt* fuascail.
embalm *vt* balsamaigh.
embargo *n* lánchosc *m*.
embark *vt* tosaigh ar.
embarrass *vt* cuir aiféaltas ar.
embarrassment *n* aiféaltas *m*.
embassy *n* ambasáid *f*.
ember *n* aibhleog *f*.
embezzle *vt* cúigleáil.
emboss *vt* grabháil.
embrace *vt* teann (duine) le do chroí.
embroider *vt* bróidnigh.
embryo *n* suth *m*.
emerald *n* smaragaid *f*.
emerge *vi* tar amach as.
emergency *n* éigeandáil *f*.
emigrant *n* eisimirceach *m*.
emigrate *vi* téigh ar imirce *f*.
eminent *adj* céimiúil.
emit *vt* lig amach.
emotion *n* mothú(chán) *m*.
emotional *adj* corraitheach.
emphasis *n* béim *f*.
emphatic *adj* láidir.
empire *n* impireacht *f*.
empirical *adj* eimpíreach.
employ *vt* fostaigh.
employee *n* fostaí *m*.
employer *n* fostóir *m*.
empty *adj* folamh.
emulation *n* iomaíocht *f*.
enable *vt* cumasaigh.
enact *vt* achtaigh.
enamel *n* cruan *m*.
enchant *vt* cuir draíocht *f* ar.
enchantment *n* draíocht *f*.
enclosure *n* clós *m*.
encourage *vt* misnigh.
encroach *vi* cúngaigh ar.
encumbrance *n* ualach *m*.

end *n* deireadh *m*; críoch *f*. • *vt* críochnaigh.
endemic *adj* dúchasach.
endless *adj* síoraí.
endorse *vt* formhuinigh.
endowment *n* bronnadh *m*.
enemy *n* namhaid *f*.
energetic *adj* fuinniúil.
energy *n* fuinneamh *m*.
enforce *vt* cuir i bhfeidhm *f*.
engagement *n* gealltanas pósta *m*.
engine *n* inneall *m*.
engineer *n* innealtóir *m*. • *vt* innill.
England *n* Sasana *f*.
English *n* (*ling*) Béarla *m*.
English(wo)man *n* Sasanach *m*.
enhance *vt* méadaigh.
enigma *n* dúthomhas *m*.
enjoy *vt* bain sult as.
enlarge *vt* méadaigh.
enlighten *vt* soilsigh.
enlist *vi vt* liostáil.
enormous *adj* ollmhór.
enough *adv* go leor.
enquire *vt* fiosraigh.
enrage *vt* cuir fearg *f* ar.
ensue *vi* lean.
ensure *vt* cinntigh.
enter *vt* téigh isteach i.
enterprise *n* fiontar *m*, fiontraíocht *f*.
enterprising *adj* fiontrach.
entertainer *n* fuirseoir *m*.
entertainment *n* siamsa *m*.
enthusiasm *n* díograis *f*.
entice *vt* meall.
entire *adj* iomlán, uile.
entirely *adv* go léir.
entitle *vt* tabhair cóir *f* do.
entrance *n* bealach *m* isteach.
entreat *vt* guigh.
entrepreneur *n* fiontraí *m*.

envelope *n* clúdach *m*.
environment *n* timpeallacht *f*; (*ecology*) imshaol *m*.
envy *n* éad *m*.
ephemeral *adj* gearrshaolach.
episode *n* eachtra *f*.
epitaph *n* feartlaoi *f*.
epoch *n* ré *f*.
equal *adj* cothrom.
equalise *vt* comhardaigh; (*game*) cothromaigh.
equation *n* cothromóid *f*.
equator *n* meánchiorcal *m*.
equidistant *adj* chomh fada ar shiúl.
equinox *n* cónacht *f*.
equip *vt* feistigh.
equipment *n* trealamh *m*.
equipped *adj* feistithe.
equity *n* cóir *f*; (*fin*) cothromas *m*.
equivalent *adj* ar comhbhrí *f* (le). • *n* comhbhrí *f*.
erase *vt* scrios.
erect *vt* tóg.
erection *n* tógáil *f*.
erode *vt* creim.
erotic *adj* anghrách.
err *vi* déan earráid *f*.
errand *n* teachtaireacht *f*.
erratic *adj* taomach.
error *n* earráid *f*.
eruption *n* brúchtadh *m*.
escalator *n* staighre beo *m*.
escape *vi* éalaigh. • *n* éalú *m*.
esoteric *adj* rúnda.
essay *n* aiste *f*.
essence *n* úscra *m*.
essential *adj* bunúsach.
establish *vt* bunaigh.
estate *n* eastát *m*.
esteem *n* meas *m*.
estimate *vt* meas.

estrange *vt* tit amach le.
estuary *n* inbhear *m*.
eternal *adj* síoraí.
eternity *n* síoraíocht *f*.
ethical *adj* eiticiúil.
ethnic *adj* eitneach.
eunuch *n* coillteán *m*.
Europe *n* An Eoraip *f*.
European *adj* Eorpach.
evaporate *vi vt* galaigh.
even *adj* cothrom. • *adv* fiú.
evening *n* tráthnóna *m*, coineascar *m*.
event *n* imeacht *m*.
ever *adv* (*in past*) riamh; (*in future*) choíche; go deo.
evergreen *adj* síorghlas.
everlasting *adj* síoraí.
evermore *adv* go brách.
every *adj* gach.
everyday *adj* gnáth-.
everyone *pron* gach duine.
everything *n* gach rud *m*.
evict *vt* díshealbhaigh.
eviction *n* díshealbhú *m*.
evidence *n* fianaise *f*.
evident *adj* follasach.
evil *adj* olc. • *n* olc *m*.
ewe *n* caora *f*.
exact *adj* beacht. • *vt* bain (rud) de (dhuine).
exactly *adv* go beacht.
exaggerate *vt* déan aibhéil *f*.
examination *n* scrúdú *m*.
examine *vt* scrúdaigh.
example *n* sampla *m*.
excavate *vt* tochail.
excavation *n* tochailt *f*.
exceed *vt* téigh thar.
exceedingly *adv* thar a bheith.
excel *vt* sáraigh.

excellence *n* feabhas *m*.
excellent *adj* thar barr.
except *vt* fág as; *prep* ach; **except for** ach amháin.
exceptional *adj* eisceachtúil.
exchange *vt* malartaigh.
exchange rate *n* ráta *m* malairte.
excite *vt* spreag.
excitement *n* sceitimíní *mpl*.
exclaim *vi* gáir.
exclamation *n* uaillbhreas *m*.
exclamation mark *n* comhartha *m* uaillbhreasa.
exclusive *adj* eisiach.
excrement *n* cac *m*.
excrete *vt* fear.
excuse *vt* gabh leithscéal. • *n* leithscéal *m*.
executive *n* feidhmeannach *m*.
executor *n* seiceadóir *m*.
exercise *n* aclaíocht *f*. • *vi* déan aclaíocht *f*. • *vt* aclaigh.
exertion *n* saothar *m*.
exhaust *vt* traoch.
exhaustion *n* traochadh *m*.
exile *n* deoraíocht *f*.
exist *vi* bí ann.
existence *n* bheith *f*.
exit *vi* téigh amach.
exonerate *vt* saor (duine) ó.
exorbitant *adj* an-daor.
exotic *adj* coimhthíoch.
expand *vt* leathnaigh.
expatriate *adj* imirceach.
expect *vt* bí ag súil le.
expedient *adj* caothúil.
expedition *n* sluaíocht *f* (turais).
expeditious *adj* éasca.
expend *vt* caith.
expenditure *n* caiteachas *m*.
expensive *adj* daor.

experience *n* taithí *f*. • *vt* mothaigh.
experiment *n* turgnamh *m*.
expert *adj* saineolach. • *n* saineolaí *m*.
expire *vi* éag.
explain *vt* mínigh.
explanation *n* míniú *m*.
explicit *adj* follasach.
explode *vi vt* pléasc.
exploit *vt* tar i dtír *f* (ar). • *n* éacht *m*.
explore *vt* taiscéal.
export *vt* onnmhairigh• *n* onnmhaireiú *f*.
exportation *n* onnmhairiú *m*.
expose *vt* nocht.
exposure *n* nochtadh *m*.
express *vt* cuir in iúl. • *adj* luas-. • *n* (*rail*) luastraein *f*.
expression *n* leagan *m* cainte.
exquisite *adj* fíorálainn.
extensive *adj* fairsing.
exterior *adj* amuigh.
extinct *adj* in éag.
extinguish *vt* múch.
extinguisher *n* múchtóir (tine) *m*.
extra *adv* de bhreis *f*. • *n* breis *f*.
extraordinary *adj* iontach.
extravagant *adj* diomailteach.
extreme *adj* antoisceach.
extricate *vt* saor.
extrovert *n* eisdíritheoir *m*.
exuberance *n* spleodar *m*.
exuberant *adj* spleodrach.
eye *n* súil *f*. • *vt* breathnaigh ar.
eyesight *n* radharc *m* (na) súl.
eyrie *n* nead *f* (iolair).

F

fable *n* fabhal(scéal) *m*.
fabric *n* éadach *m*, uige *f*.
facade *n* aghaidh *f*.
face *n* aghaidh *f*; gnúis *f*.
facet *n* taobh *m*.
facilitate *vt* éascaigh.
facilities *npl* saoráidí *fpl*.
fact *n* fíric *f*.
factor *n* toisc *f*.
factory *n* monarcha *f*.
faculty *n* bua *m*; (*university*) dámh *f*.
fad *n* teidhe *m*.
fade *vi* meath.
fail *vt* **I failed** theip orm.
failure *n* teip *f*.
faint *vi* tit i laige *f*. • *adj* fann.
fair *adj* fionn. • *n* aonach *m*.
fairly *adv* go cothrom.
fairness *n* cothrom *m*.
fairway *n* raon *m* gailf.
fairy *adj* sí. • *n* síóg *f*.
faith *n* creideamh *m*.
faithful *adj* dílis.
fake *m* caimilér • *adj* bréige. • *vt* falsaigh
fall *vi* tit. • *n* titim *f*.
fallacy *n* fallás *m*.
fallow *adj* bán.
false *adj* bréige.
falsehood *n* bréag *f*.
falter *vi* tuisligh.
fame *n* clú *m*.
familiar *adj* aithnidiúil.
familiarise *vt* éirigh cleachta le.
family *n* teaghlach *m*; (*offspring*) clann *f*.

famine *n* gorta *m*.
famished *adj* stiúgtha (leis an ocras).
famous *adj* clúiteach.
fanatic *n* fanaiceach *m*.
fancy *adj* maisiúil. • *vt* taitneamh a thabhairt do.
fantastic *adj* iontach.
fantasy *n* fantasaíocht *f*.
far *adv* i bhfad. • *adj* fada.
fare *n* táille *f*; (*food*) beatha *f*.
farewell *n* slán *m*.
farm *n* feirm *f*.
farmer *n* feirmeoir *m*.
fart *n* tuthóg *f*, (*noisy*) broim *m*.
farther *adv* níos faide.
fascinate *vt* cuir faoi dhraíocht *f*.
fascination *n* iontas *m*.
fascism *n* faisisteachas *m*.
fashion *n* faisean *m*. • *vt* múnlaigh.
fashionable *adj* faiseanta.
fast *adj* gasta; tapaidh.
fasten *vt* ceangail.
fast food *n* mearbhia *m*.
fastidious *adj* nósúil.
fat *adj* ramhar. • *n* (*cooking*) geir *f*.
fatal *adj* marfach.
fate *n* dán *m*.
father *n* athair *m*. • *vt* bí mar athair.
father-in-law *n* athair *m* céile.
fatherly *adj* athartha.
fathom *vt* tomhais.
fatigue *n* tuirse *f*. • *vt* tuirsigh.
fatuous *adj* baoth.
fault *n* locht *m*.
faultless *adj* gan locht.
faulty *adj* lochtach.
favour *vt* bí i bhfabhar (+ *gen*).

favourite *n* an duine *m* is ansa (le).
fawn *n* oisín *m*.
fax *n* facs *m*.
fear *vt* eagla *f* a bheith ort roimh. • *n* eagla *f*.
fearful *adj* eaglach.
fearless *adj* gan eagla.
feast *n* féasta *m*; (*festival*) féile *f*. • *vi* do sháith *f* a ithe.
feat *n* éacht *m*.
feather *n* cleite *m*.
February *n* Feabhra *m*.
federal *adj* cónaidhme.
fee *n* táille *f*.
feeble *adj* fann.
feed *vt* cothaigh.
feel *vt* mothaigh.
feeling *n* mothú *m*.
felicitous *adj* tráthúil.
feline *adj* mar chat.
fellowship *n* comhaltacht *f*.
felon *n* meirleach *m*.
female *adj* baineann.
feminine *adj* banda.
fence *n* sconsa *m*. • *vt* cuir fál ar.
fender *n* fiondar.
ferment *n* coipeadh *m*. • *vt vi* coip.
fermenation *n* coipeadh *m*.
fern *n* (*bot*) raithneach *f*.
ferret *n* firéad *m*.
ferry *n* faradh *m*. • *vt* (*carry*) iompair.
ferry-boat *n* bád farantóireachta *f*.
fertile *adj* torthúil.
fertility *n* torthúlacht *f*.
fertilise *vt* leasaigh.
fervent *adj* díograiseach.
fervour *n* díograis *f*.
fester *vi* ábhraigh.
festive *adj* féiltiúil.
fetch *vt* faigh.
feu *n* gabháil *m*.

feud *n* fíoch *m*.
fever *n* fiabhras *m*.
feverish *adj* fiabhrasach.
few *adj* tearc. • *n* beagán *m*.
fibre *n* snáithín *m*.
fibrous *adj* snáithíneach.
fickle *adj* guagach.
fiction *n* ficsean *m*.
fiddle *n* fidil *f*. • *vt* bí ag méiríteacht *f*; (*accounts*) falsaigh.
fiddler *n* fidléir *m*.
fidelity *n* dílseacht *f*.
field *n* páirc *f*.
field-glasses *npl* déshúiligh *mpl*.
fieldmouse *n* luch *f* fhéir.
fierce *adj* fíochmhar.
fierceness *n* fíochmhaireacht *f*.
fiery *adj* teasaí.
fifteen *adj n* cúig *m* déag.
fifth *adj* cúigiú.
fiftieth *adj* caogadú.
fifty *adj n* caoga *m*.
fig *n* fige *f*.
fight *vt vi* troid. • *n* troid *f*.
figure *n* (*number*) figiúr *m*.
file *n* líne *f*; (*documents*) comhad *m*. • *vi* comhadaigh.
filial *adj* bráithriúil.
fill *vt* líon.
fillet *vt* filléadaigh.
filly *n* cliobóg *f*.
film *n* scannán *m*.
filmstar *n* réaltóg *f* scannán.
filter *n* scagaire *m*. • *vt* scag.
filthy *adj* bréan.
final *adj* deireanach.
finalise *vt* tabhair chun críche *f*.
finance *n* airgeadas *m*.
financier *n* airgeadaí *m*.
find *vt* aimsigh.
fine *adj* breá. • *n* fíneáil *f*. • *vt* fíneáil.

finery | **fluid**

finery *n* galántacht *f*.
finger *n* méar *f*.
fingernail *n* ionga *f* méire.
finish *vi vt* críochnaigh. • *n* críoch *f*.
fir *n* giúis *f*
fire *n* tine *f*. • *vt* scaoil.
firearm *n* arm tine *f*.
fire escape *n* staighre *m* éalaithe.
fireproof *adj* tinedhíonach.
fireside *n* teallach *m*.
firewood *n* brosna *m*.
firm *adj* daingean. • *n* (*com*) comhlacht *m*.
first *adj* céad. • *adv* (*time*) i dtosach báire; (*sequence*) ar dtús.
first aid *n* garchabhair *f*.
first-born *n* céadghin *f*.
firth *n* caol *m*.
fiscal *adj* airgeadaíochta.
fish *n* iasc *m*. • *vt vi* iasc.
fisher *n* iascaire *m*.
fishing *n* iacsaireacht *f*.
fishing-line *n* dorú *m*.
fishing rod *n* slat *f* iascaigh.
fishy *adj* iascach; (*fig*) amhrasach.
fist *n* dorn *m*.
fit *n* racht *m*. • *adj* folláin.
five *adj n* cúig *m*.
fix *vt* deisigh; cóirigh.
fixture *n* fearas *m*.
fizz *vi* coipeadh.
flabby *adj* lodartha.
flag *n* bratach *f*.
flagrant *adj* follasach.
flagstone *n* leac *f*.
flair *n* bua *m*.
flake *n* screamhóg *f*.
flame *n* bladhm *f*.
flannel *n* flainín *m*.
flap *n* liopa *m*. • *vt* buail.
flare *n* lasair *f* rabhaidh.

flash *n* splanc *f*. • *vt* caith (*solas*).
flask *n* fleasc *m*.
flat *adj* cothrom; (*mus*) maol. • *n* maol *m*; (*building*) árasán *m*.
flatten *vt* leag; (*mus*) maolaigh.
flatter *vt* déan plámás le.
flattery *n* plámás *m*.
flautist *n* cuisleannach *m*.
flavour *n* blas *m*. • *vt* blaistigh.
flea *n* dreancaid *f*.
fleece *n* lomra *m*. • *vt* feann.
fleet *n* cabhlach *m*.
fleeting *adj* duthain.
flesh *n* feoil *f*.
fleshy *adj* feolmhar.
flex *n* fleisc *f*.
flexible *adj* solúbtha.
flicker *vi* preab.
flight *n* eitilt *f*.
flimsy *adj* tanaí.
flinch *vi* loic.
flint *n* cloch *f* thine *f*.
flippant *adj* cabanta.
flit *vi* éalaigh; (*house*) aistrigh (*teach*).
float *vi* snámh.
flock *n* tréad *m*.
flood *n* tuile *f*. • *vt* báigh.
floodlight *n* tuilsolas *m*.
floor *n* urlár. • *vt* cuir urlár ann.
floppy disk *n* diosca *m* flapach.
floral *adj* bláthach.
flounder *n* iomlaisc *m*.
flour *n* plúr *m*.
flourish *vi* rath a bheith ort; fás go maith.
flow *vi* sruthaigh.
flower *n* bláth *m*.
fluctuate *vi* luainigh.
fluency *n* líofacht *f*.
fluent *adj* líofa.
fluid *adj* silteach. • *n* sreabhán *m*.

flush *vt*: (*toilet*) sruthlaigh. • *vi* scaird.
fluster *vt* cuir mearbhall ar.
flute *n* feadóg *f* mhór.
fly *vi vt* eitil. • *n* cuil *f*; (*fishing*) maghar *m*. • *adj* glic.
foal *n* searrach *m*.
foam *n* cúr *m*. • *vi* coip.
focus *n* fócas *m*. • *vt* fócasaigh.
fodder *n* fodar *m*.
foetus *n* gin *f*.
fog *n* ceo *m*.
foggy *adj* ceomhar.
foil *vt* sáraigh.
fold *n* (*animal*) loca *m*. • *vt* fill.
folded *adj* fillte.
foliage *n* duilliúr *m*.
folk *n* daoine *m*.
folklore *n* béaloideas *m*.
folksong *n* ceol tíre *f*.
folktale *n* scéal *m* béaloidis.
follow *vt* lean.
folly *n* baois *f*.
fond *adj* ceanúil.
fondle *vt* muirnigh.
food *n* bia *m*.
fool *n* amadán *m*. • *vt* meall.
foolish *adj* amaideach.
foolproof *adj* do-mhillte.
foot *n* cos *f*; (*measurement*) troigh *f*.
footpath *n* cosán *m*.
footwear *n* coisbheart *m*.
for *prep* do; faoi choinne; le haghaidh; (*time: future*) go ceann; (*past*) ar feadh.
forage *vt* ransaigh.
forbid *vt* coisc.
forbidding *adj* doicheallach.
force *n* fórsa *m*. • *vt* tabhair ar (dhuine) (rud a dhéanamh).
forceps *n* teanchair *f*.
ford *n* áth *m*.

fore *n*: **to the fore** chun tosaigh.
forearm *n* rí *f* (na) láimhe *f*.
forecast *vt* tuar. • *n* réamhaisnéis *f*.
forefather *n* sinsear *m*.
forefinger *n* corrmhéar *f*.
forego *vt* fág.
foreground *n* réamhionad *m*.
forehead *n* éadan *m*.
foreign *adj* coimhthíoch, gallda.
foreigner *n* coimhthíoch *m*, Gall *m*.
foreknow *vt* aithin roimh ré *f*.
foreknowledge *n* réamhfhios *m*.
foremost *adj* is tábhachtaí.
forerunner *n* réamhtheachtaí *m*.
foresail *n* seol *m* tosaigh.
foresee *vt* tuar.
foreshadow *vt* tuar.
foresight *n* réamhfhéachaint *f*.
forest *n* foraois *f*.
forestry *n* foraoiseacht *f*.
foretaste *n* réamhbhlas *m*.
foretell *vt* réamhaithris.
forever *adv* go deo.
forewarn *vt* tabhair rabhadh.
foreword *n* réamhfhocal *m*.
forge *n* céarta *f*. • *vt* falsaigh.
forger *n* falsaitheoir *m*.
forget *vt vi* déan dearmad.
forgetful *adj* dearmadach.
forgetfulness *n* dearmad *m*.
forgive *vt* maith (do).
forgotten *adj* (rud) a bhfuil dearmad déanta air.
fork *n* forc *m*. • *vi* gabhlaigh.
forlorn *adj* dearóil.
form *n* cruth *m*. • *vt* cruthaigh; foirmigh.
formal *adj* foirmiúil.
formality *n* deasghnáth *m*.
format *n* formáid *f*.
formidable *adj* scanrúil.
formula *n* foirmle *f*.

fornicate *vi* collaíocht *f* a bheith agat le duine. • *vt* gabh suas ar.
fornication *n* collaíocht *f*.
forsake *vt* tréig.
forsaken *adj* tréigthe.
fort *n* dún *m*, daingean *m*.
forth *adv* (*as seo, etc*) amach.
forthwith *adv* gan mhoill.
fortitude *n* foirtile *f*.
fortnight *n* coicís *f*.
fortuitous *adj* de thaisme *f*.
fortunate *adj* ádhúil.
fortune *n* fortún *m*.
fortune teller *n* bean *f or* fear *m* feasa.
forty *adj n* daichead *m*.
forward *adj* chun tosaigh. • *adv* ar aghaidh *f*.
forwards *adv* ar aghaidh *f*.
fossil *n* iontaise *f*.
foster *vt* altramaigh.
foster father *n* athair *m* altrama.
foster mother *n* máthair *f* altrama.
foster sibling *n* comhalta *m*.
foul *adj* bréan. • *n* calaois *f*.
found *vt* bunaigh.
foundation *n* bunú *m*.
founder *n* bunaitheoir *m*. • *vi* (*mar*) téigh go tóin *f* poill.
foundling *n* leanbh *m* tréigthe.
fount, fountain *n* fuarán *m*.
four *adj n* ceathair *m*.
foursome *n* ceathrar *m*.
fourteen *adj n* ceathair *m* déag.
fourteenth *adj n* ceathrú *f* déag.
fourth *adj n* ceathrú *f*.
fourthly *adv* sa cheathrú háit.
fowl *n* éan *m*.
fox *n* sionnach *m*.
fraction *n* codán *m*.
fracture *n* briseadh *m*.
fragile *adj* sobhriste.
fragment *n* blogh *f*.
fragrant *adj* cumhra.
frail *adj* lag.
frailty *n* laige *f*.
frame *n* fráma *m*.
France *n* An Fhrainc *f*.
frank *adj* ionraic. • *vt* (*stamp*) frainceáil.
frantic *adj* ar buile *f*.
fraternal *adj* bráithriúil.
fraud *n* caimiléireacht *f*.
freak *n* torathar *m*.
freckles *npl* bricíní *mpl*.
freckled *adj* bricíneach.
free *adj* saor; (*without cost*) saor in aisce.
freedom *n* saoirse *f*.
freelance *adj* neamhspleách.
freemason *n* máisiún *m*.
free-range *adj* saor-raoin.
free trade *n* saorthrádáil *f*.
free will *n* saorthoil *f*.
freeze *vt vi* reoigh.
freezer *n* reoiteoir *m*.
freight *n* lasta *m*.
French *n* (*ling*) Fraincis *f*. • *adj* Francach.
Frenchman *n* (*person*) Francach *m*.
frenzy *n* buile *f*.
frequency *n* minicíocht *f*.
frequent *adj* minic. • *vt* gnáthaigh.
fresh *adj* (*air*) úr; fionnuar; (*food*) úr.
fret *vi* bí buartha (faoi rud).
fretful *adj* cancrach.
friar *n* bráthair *m*.
friction *n* frithchuimilt *f*.
Friday *n* Dé *m* hAoine.
friend *n* cara *m*.
friendliness *n* cairdiúlacht *f*.
friendly *adj* cairdiúil.
friendship *n* cairdeas *m*.

fright *n* scanradh *m*.
frighten *vt* scanraigh.
frightful *adj* scanrúil.
frigid *adj* fuaránta.
frill *n* rufa *m*.
frisky *adj* meidhreach.
frivolity *n* giodam *m*.
frivolous *adj* giodamach.
fro *adv* anall.
frock *n* gúna *m*.
frog *n* frog *m*.
from *prep* ó; de; as.
front *n* aghaidh *f*.
front-door *n* doras *m* tosaigh.
frontier *n* imeallchríoch *f*.
frost *n* sioc *m*.
frostbitten *adj* siocdhóite.
frosty *adj* (*frozen*) reoite.
frown *n* gruig *f*.
frugal *adj* coigilteach.
frugality *n* coigilt *f*.
fruit *n* toradh *m*.
fruity *adj* súch.
frustrate *vt* sáraigh.
fry *vt* frioch.
frying pan *n* friochtán *m*.
fuel *n* breosla *m*.

fugitive *n* éalaitheach *m*.
fulfil *vt* comhlíon.
fulfilment *n* comhlíonadh *m*.
full *adj* lán.
full-grown *adj* lánfhásta.
full stop *n* lánstad *m*.
full-time *adj* lánaimseartha.
fumble *vi* bí ag útamáil le.
fun *n* spraoi *m*, spórt *m*.
function *n* feidhm *f*.
function key *n* feidhm-eochair *f*.
fundamental *adj* bunúsach.
funeral *n* sochraid *f*.
funny *adj* greannmhar; barrúil.
fur *n* fionnadh *m*.
furnish *vt* trealmhaigh.
furniture *n* troscán *m*.
furrow *n* clais *f*.
furry *adj* clúmhach.
further, furthermore *adv* ar a bharr sin.
fury *n* buile *f*.
fuse *n* fiús *m*.
fusty *adj* smolchaite.
futile *adj* fánach; díomhaoin.
futility *n* díomhaointeas *m*.
future *adj* le teacht. • *n* todhchaí *f*.

G

gable *n* binn *f*.
gadget *n* gaireas *m*.
Gael *n* Gael *m*.
Gaelic *n* Gaeilge *f* (*lang*). • *adj* Gaelach.
gaiety *n* meidhir *f*.
gaily *adv* go haerach.
gain *vt* gnóthaigh.
gale *n* gála *m*.
gallant *adj* curata.
gallery *n* gailearaí *m*.
galley *n* birling *f*.
gallon *n* galún *m*.
gallop *vi* téigh ar cosa in airde *f*.
Galway *n* Gaillimh *f*.
gallows *n* croch *f*.
galore *adv* go leor.
gamble *vi* bheith ag cearrbhachas.
gambler *n* cearrbhach *m*.
gambling *n* cearrbhachas *m*.
game *n* cluiche *m*; (*hunting*) seilg *f*.
gamekeeper *n* maor *m* géim.
gander *n* gandal *m*.
gang *n* drong *f*.
gannet *n* gainnéad *m*.
gaol *n* príosún *m*.
gap *n* bearna *f*.
gape *vi* stán.
garage *n* garáiste *m*.
garbage *n* bruscar *m*.
garble *vt* cuir (scéal) as a riocht.
garden *n* gairdín *m*.
gardener *n* garraíodóir *m*.
garland *n* bláthfhleasc *f*.
garlic *n* gairleog *f*.
garment *n* ball *m* éadaigh.
garron *n* gearrán *m*.

garrulity *n* cabaíl *f*.
garrulous *adj* cabach.
garter *n* gairtéar *m*.
gas *n* gás *m*.
gas cooker *n* cócaireán *m* gáis, sorn *m* gáis.
gas fire *n* tine *f* gháis.
gash *n* créacht *f*.
gasp *n* cnead *f* (a ligint).
gastronomic *adj* gastranómach.
gastronomy *n* gastranómachas *m*.
gate *n* geata *m*.
gather *vt* bailigh.
gathering *n* cruinniú *m*.
gaudy *adj* spiagaí.
gauge *n* tomhsaire *m*.
gaunt *adj* lom.
gawky *adj* anásta.
gay *adj* (*homosexual*) aerach; meidhreach.
gaze *vi* amharc.
gear *n* (*car*) giar *m*.
gem *n* seoid *f*.
gender *n* cineál *m*.
genealogical *adj* ginealaigh.
genealogist *n* ginealeolaí *m*.
genealogy *n* ginealach *m*.
general *adj* ginearálta; gnáth-.
general election *n* olltoghchán *m*.
generally *adv* de ghnáth.
generator *n* gineadóir *m*.
generic *adj* ginearálta.
generosity *n* flaithiúlacht *f*.
generous *adj* flaithiúil.
genetic *adj* géiniteach.
genial *adj* lách.
genitals *npl* baill *mpl* ghiniúna.

genius n (*person*) sárintleachtach m.
genteel adj galánta.
gentle adj caoin.
gentleman n duine m uasal.
gentlewoman n bean f uasal.
gentry n na huaisle mpl.
genuine adj fíor-.
geography n tíreolaíocht f.
geological adj geolaíoch.
geologist n geolaí m.
geology n geolaíocht f.
geometry n céimseata f.
germ n (*bot*) frídín m.
German adj Gearmánach. • n Gearmánach m; (*lang*) Gearmáinis f.
Germany n An Ghearmáin f.
germinate vt vi péac.
gestation n tréimhse f iompair.
gesture n gotha m.
get vt faigh. • vi (*become*) éirigh.
ghastly adj fuafar.
ghost n taibhse f.
ghostly adj taibhsiúil.
giant adj ollmhór. • n fathach m.
gibberish n raiméis f.
gibe n focal fonóide f.
giddy adj meadhránach.
gift n bronntanas m.
gifted adj éirimiúil.
gigantic adj ábhalmhór.
gild vt óraigh.
gill n ceathrú f pionta.
gin n geal m.
gingerbread n arán m sinséir.
giraffe n sioráf m.
girdle n (*corset*) sursaing f.
girl n cailín m, girseach f.
girlfriend n cailín m.
girth n (*harness*) giorta m.
gist n bunús m an scéil.
give vt tabhair.

glaciation n oighearsruthú m.
glacier n oighearsruth m.
glad adj áthasach.
glance n sracfhéachaint f.
gland n faireog f.
glare n dallrú m.
Glasgow n Glaschú m.
glass n gloine f.
glassware npl earraí gloine f.
gleam vi drithligh.
gleaming adj dealrach.
glean vt diarsaigh.
glee n lúcháir f.
glen n gleann m.
glib adj cabanta.
glide vi (*aviat*) téigh ar foluain.
glimmer n fannléas m.
glimpse n spléachadh m. • vt faigh spléachadh.
glint vi lonraigh.
glisten, glitter vi drithligh.
gloaming n clapsholas m.
global adj domhanda.
global warming n téamh domhanda m.
globe n cruinneog f.
gloom n gruaim f.
gloomy adj gruama.
glory n glóire f.
glossy adj snasta.
glove n lámhainn f.
glow vi lonraigh. • n luisne f.
glower vi tabhair drochfhéachaint f (ar).
glue n gliú m.
glum adj gruama.
glutton n craosaire m, gorb m.
gluttony n craos m.
gnash vt: **to gnash one's teeth** díoscán a bhaint as na fiacla.
gnaw vt creim.
go vi téigh, gabh; (*depart*) imigh

goal *n* cúl *m*.
goalkeeper *n* cúl *m* báire.
goalpost *n* cuaille *m* báire.
goat *n* gabhar *m*.
goblin *n* gruagach *m*.
god *n* dia *m*.
goddess *n* bandia *m*.
going *n* dul *m*; (*departing*) imeacht *m*.
gold *n* ór *m*.
golden *adj* órga.
golf *n* galf *m*.
good *adj* maith, dea-.
goodbye! *excl* slán (go fóill)!
goodness *n* maitheas *f*.
goodwill *n* dea-mhéin *f*.
goods *npl* earraí *mpl*.
goose *n* gé *f*.
gooseberry *n* spíonán *m*.
gore *vt* sáigh (le hadharc).
gorge *n* (*geog*) altán *m*. • *vt* déan craos.
gorgeous *adj* sárálainn.
gorse *n* aiteann *m*.
gory *adj* fuilteach.
gospel *n* soiscéal *m*.
gossip *n* cúlchaint *f*. • *vi* bheith ag cúlchaint *f* (ar).
govern *vt* rialaigh.
government *n* rialtas *m*.
gown *n* gúna *m*.
grab *vt* sciob.
grace *n* grásta *m*; (*prayer*) altú (roimh bhia) *m*; (*manner*) cuannacht *f* • *vt* maisigh.
grace-note *n* nóta *m* maise.
graceful *adj* mómhar.
gracious *adj* grástúil.
grade *n* céim *f*; grád *m*.
gradient *n* grádán *m*.
gradual *adj* céimseach.

gradually *adv* de réir a chéile.
graduate *n* céimí *m*.
graduation *n* bronnadh *m* céimeanna.
graft *n* nódú *m*. • *vt* nódaigh. *vi vt* saothraigh.
grain *n* gráinne *m*.
graip *n* graeipe *f*.
gram *n* gram *m*.
granary *n* iothlainn *f*.
grand *adj* mór; maorga.
grandchild *n* garmhac *m*; gariníon *f*.
grandad *n* seanathair *m*.
grandfather *n* seanathair *m*.
grandmother *n* seanmháthair *m*.
granite *n* eibhear *m*.
grant *n* deontas *m*.
granular *adj* gráinneach.
grape *n* fíonchaor *f*.
grapefruit *n* seadóg *f*.
graphics *npl* graificí *fpl*.
grapple *vi* téigh chun spairne *f* (le).
grasp *vt* beir ar. • *n* greim *m*.
grass *n* féar *m*.
grassy *adj* féarmhar.
grate *n* gráta *m*. • *vt* scríob.
grateful *adj* buíoch.
grater *n* scríobán *m*.
gratitude *n* buíochas *m*.
gratuity *n* deolchaire *f*.
grave *adj* tromchúiseach.
grave *n* uaigh *f*.
gravel *n* gairbhéal *m*.
gravestone *n* leac *f* uaighe.
graveyard *n* reilig *f*.
gravity *n* (*physic*) imtharraingt *f*.
gravy *n* súlach *m*.
graze *vi* bí ar féarach.
graze *vt* scríob.
grease *n* bealadh *m*. • *vt* bealaigh.
greasy *adj* bealaithe.
great *adj* mór.

greatness *n* mórgacht *f*.
Greece *n* An Ghréig *f*.
greed *n* saint *f*.
greedy *adj* santach.
Greek *adj* Gréagach. • *n* Gréagach *m*; (*ling*) Gréigis *f*.
green *adj* glas; uaine.
greenness *n* glaise *f*; uaine *f*.
greet *vt* beannaigh do.
greeting *n* beannacht *f*.
gregarious *adj* caidreamhach.
grey *adj* liath.
grey-haired *adj* liath.
grid *n* greille *f*.
griddle *n* grideall *f*.
grief *n* dobrón *m*; léan *m*.
grieve *vt* déan dobrón.
grill *n* greille *f*. • *vt* gríosc.
grilse *n* maighreán *m*.
grim *adj* dúr.
grimace *n* strainc *f*.
grime *n* salachar *m*.
grin *n* straois *f*. • *vi* cuir straois *f* ort féin.
grind *vt* meil.
gristle *n* loingeán *m*.
grit *n* grean *m*.
grizzled *adj* bricliath.
groan *n* éagnach *m*.
grocer *n* grósaeir *m*.
groceries *npl* earraí grósaera *mpl*.
groin *n* bléin *f*.
groove *n* eitre *f*.
grope *vi* déan méarnáil *f* (ar lorg ruda).
gross *adj* otair.
gross *n* grósa *m* (144).
grotesque *adj* arrachtach.
ground *n* talamh *m*.
group *n* grúpa *m*.

grouse *n* (*bird*) cearc *f* fhraoigh.
grouse *n* (*grumble*) clamhsán *m*.
grove *n* garrán *m*.
grovel *vi* lodair.
grow *vt vi* fás; méadaigh.
growl *vi* drantaigh.
growth *n* fás *m*.
grudge *n* fala *f*.
grumble *vi* déan clamhsán.
grunt *vi* déan gnúsacht *f*. • *n* gnúsacht *f*.
guarantee *n* ráthaíocht *f*.
guard *n* garda *m*. • *vt* gardáil.
guardian *n* coimirceoir *m*; caomhnóir *m*.
guerrilla *n* guairille *m*.
guess *vi vt* tomhais.
guest *n* aoi *m*.
guide *vt* treoraigh. • *n* eolaí *m*.
guided missile *n* diúracán treoraithe *m*.
guide dog *n* madra treoraithe *m*.
guillemot *n* foracha *f*
guilt *n* ciontacht *f*.
guilty *adj* ciontach.
guitar *n* giotár *m*.
gulf *n* murascaill *f*.
gully *n* (*drain*) lintéar *m*.
gulp *n* slogóg *f*. • *vt vi* slog.
gum *n* (*chewing gum*) guma coganta *m*.
gumption *n* gus *m*.
gun *n* gunna *m*.
gunman *n* fear *m* gunna.
gurgle *n* glothar *m*.
gust *n* séideán *m*.
gusto *n* (le) fonn *m*.
gusty *adj* fleách.
gut *n* putóg *f*.

H

habit *n* nós; (*monk*) aibíd *f*.
habitual *adj* gnách, gnáth-.
hack *vt* ciorraigh.
haddock *n* cadóg *f*.
haft *n* cos *f*.
hag *n* cailleach *f*.
haggis *n* hagaois *f*.
haggle *vi* margáil a dhéanamh faoi rud.
hailstone *n* cloch *f* shneachta.
hair *n* gruaig *f*, folt *m*.
hairdryer *n* triomadóir gruaige *m*.
hairy *adj* gruagach.
half *n* leath *f*.
half-bottle *n* leathbhuidéal *m*.
halfway *n* leath *f* bealaigh.
hall *n* halla *m*.
Hallowe'en *n* Oíche *f* Shamhna.
hallucination *n* mearú súl *m*.
halo *n* fáinne *m*.
halt *vt vi* stad.
halter *n* adhastar *m*.
halve *vt* laghdaigh faoina leath.
ham *n* liamhás *m*.
hamlet *n* sráidbhaile *m*.
hammer *n* casúr *m*. • *vt* orlaigh.
hamper *n* ciseán *m*. • *vt* cuir isteach ar.
hand *n* lámh *f*. • *vt* sín.
handbag *n* mála *m* láimhe.
handball *n* liathróid Faimhe *f*.
handful *n* dornán *m*.
handicap *n* cis *f*.
handkerchief *n* ciarsúr *m*.
handle *n* lámh *f*; murlán *m*. • *vt* láimhsigh.
handshake *n* croitheadh láimhe *m*.

handsome *adj* dóighiúil.
handwoven *n* lámhfhite *m*.
handy *adj* áisiúil.
hang *vt* croch.
hangover *n* póit *f*.
happen *vi* tarlaigh.
happening *n* tarlú *m*.
happiness *n* sonas *m*.
happy *adj* sona.
harass *vt* ciap, cráigh.
harbour *n* cuan *m*, port *m*. • *vt* tearmannaigh.
hard *adj* crua.
hard disk *n* diosca *m* crua.
harden *vt vi* cruaigh.
hardihood *n* crógacht *f*.
hardly *adv* **he hardly caught it** is ar éigean gur rug sé air.
hardship *n* anró *m*.
hardware *n* crua-earraí *mpl*.
hare *n* giorria *m*.
hare-brained *adj* bómánta.
harm *n* dochar *m*. • *vt* déan dochar do.
harmful *adj* díobhálach.
harmless *adj* gan dochar.
harmonic *adj* armónach.
harmonious *adj* (*mus*) ceolmhar.
harmonise *vt* cuir (smaointe, *etc*) i gcomhréir le chéile.
harmony *n* comhcheol *m*.
harp *n* cláirseach *f*.
harpist *n* cláirseoir *m*.
harrow *n* cliath *f* fhuirste.
harsh *adj* garg.
harshness *n* gairgeacht *f*.
hart *n* damhfhia *m*.

harvest *n* fómhar *m*.
haste *n* deifir *f*.
hasten *vt* deifrigh.
hasty *adj* deifreach.
hat *n* hata *m*.
hatch *n* haiste *m*.
hatchet *n* tua *f*.
hate *n* fuath *m*. • *vt* fuathaigh.
hateful *adj* fuafar.
haughty *adj* uaibhreach.
haul *vt* tarraing.
haunch *n* leis *f*.
haunt *vt* taithigh.
have *vt* **I have a pen** tá peann agam; **I have to do it** caithfidh mé é a dhéanamh.
hawk *n* seabhac *m*.
hawser *n* cábla *m*.
hawthorn *n* sceach *f* gheal.
hay *n* féar *m*.
hay fever *n* fiabhras *m* léana.
hayrick, haystack *n* cruach *f* fhéir.
haze *n* ceo *m*.
hazy *adj* ceobhránach.
he *pn* sé, é.
head *n* ceann *m*.
headache *n* tinneas *m* cinn.
headland *n* ceann *m* tíre.
headlight *n* ceannsolas *m*.
headmaster *n* ardmháistir *m*.
headmistress *n* ardmháistreás *f*.
headquarters *np* (*mil*) ceanncheathrú *fsg*.
headstrong *adj* ceanndána.
headway *n* dul chun cinn *m*.
heady *adj* corraitheach.
heal *vt vi* leigheas.
health *n* sláinte *f*.
healthy *adj* folláin, sláintiúil.
heap *n* moll *m*. • *vt* carn.
hear *vt vi* cluin, mothaigh.

hearing *n* éisteacht *f*.
hearing aid *n* áis *f* éisteachta *f*.
hearsay *n* scéal *m* scéil.
hearse *n* cóiste *m* na marbh, eileatram *m*.
heart *n* croí *m*.
heart attack *n* taom croí *m*.
hearten *vt* misnigh.
hearth *n* tinteán *m*.
hearty *adj* croíúil.
heat *n* teas *n*. • *vt* téigh.
heater *n* téitheoir *m*.
heathen *n* pagánach *m*. *adj pagánach
heather *n* (*bot*) fraoch *m*.
heathery *adj* fraochmhar.
heating *n* teas *m*.
heave *vt* tóg. • *n* urróg *f*.
heaven *n* neamh *f*.
heavenly *adj* neamhaí.
heaviness *n* troime *f*.
heavy *adj* trom.
heckle *vt* trasnaigh.
hedge *n* fál *m*.
hedgehog *n* gráinneog *f*.
heed *vt* aird a thabhairt. • *n* aird *f*.
heedless *adj* neamhairdiúil.
heel *n* sáil *f*.
heifer *n* bodóg *f*.
height *n* airde *f*.
heighten *vt* ardaigh.
heir *n* oidhre *m*.
heiress *n* banoidhre *m*.
helicopter *n* héileacaptar *m*.
hell *n* ifreann *m*.
help *vt* cuidigh le. • *n* cuidiú *m*; garaíocht *f*.
helpful *adj* cabhrach.
hem *n* fáithim *f*.
hemisphere *n* leathsféar *m*.
hen *n* cearc *f*.
hence *adv* mar sin de.

henceforth *adv* as seo amach.
her *pn* sí, í. • *adj* a.
herald *n* fógróir *m*.
herb *n* luibh *f*.
herd *n* tréad *m*.
here *adv* anseo.
hereafter *adv* (*writing*) thíos. • *n* an tsíoraíocht *f*.
hereby *adv* leis seo.
hereditary *adj* oidhreachtúil.
heredity *n* dúchas *m*.
heresy *n* eiriceacht *f*.
heritage *n* oidhreacht *f*.
hermit *n* díthreabhach *m*.
hero *n* laoch *m*.
heroic *adj* cróga.
heroin *n* hearóin *f*.
heroine *n* banlaoch *m*.
heron *n* corr *f* éisc.
herring *n* scadán *m*.
herring gull *n* faoileán *m* scadán.
herself *pn* sí féin; (*object*) í féin.
hesitate *vi* bheith idir dhá chomhairle *f*.
hesitation *n* braiteoireacht *f*.
hiccough, hiccup *n* snag *m*.
hide *vt* ceil.
hideous *adj* míofar.
hiding-place *n* cró *m* folaigh.
high *adj* ard.
high frequency *adj* ardmhinicíochta.
highland *n* garbhchríoch *f*.
Highlander *n* híleantóir *m*.
Highlands *npl* na Garbhchríocha *fpl*.
highlight *vt* tabhair chun suntais.
high-minded *adj* ardaigeantach.
high-powered *adj* mórchumhachta.
high tide *n* lán mara *m*.
highway *n* bealach *m* mór.
hike *vi* siúil de chois.
hijack *vt* fuadaigh.
hill *n* cnoc *m*.
hillock *n* tulach *m*.
hillside *n* mala *f* chnoic.
hilly *adj* cnocach.
hilt *n* dorn *m*.
him *pn* é.
himself *pn* sé féin, (*object*) é féin.
hind *adj* deiridh.
hinder *vt* bac.
hinge *n* inse *m*.
hint *n* leid *f*.
hip *n* cromán *m*.
hire *vt* fostaigh.
his *adj* a.
hiss *vi* sios.
historian *n* staraí *m*.
historic(al) *adj* stairiúil.
history *n* stair *f*.
hit *vt* buail. • *n* buille *m*.
hitherto *adv* go dtí seo.
HIV *n* VED.
hive *n* coirceog *f*.
hoard *n* stór *m*. • *vt* cuir i dtaisce *f*.
hoarfrost *n* sioc *m* bán.
hoarse *adj* piachánach.
hoarseness *n* piachán *m*.
hobby *n* caitheamh aimsire *m*.
hobnail *n* durnán *m*.
hoe *n* grafóg *f*. • *vt* glan le grafóg *f*.
Hogmanay *n* Oíche *f* Chinn Bhliana.
hold *vt* coinnigh.
hole *n* poll *m*.
holiday *n* saoire *f*.
hollow *adj* cuasach. • *n* cuas *m*.
hollowness *n* folaimhe *f*.
holly *n* (*bot*) cuileann *m*.
holy *adj* naofa.
holy water *n* uisce *m* coisricthe.
homage *n* ómós.
home *n* baile. • *adj* baile.

home page *n* leathanach *m* baile.
home rule *n* rialtas *m* dúchais.
homesick *adj* cumhach.
homesickness *n* cumha *m*.
homespun *adj* simplí.
homosexual *adj n* homaighnéasach.
honest *adj* ionraic.
honesty *n* ionracas.
honey *n* mil *f*.
honeymoon *n* mí *f* na meala.
honeysuckle *n* (*bot*) féithleann *m*.
honour *n* onóir *f*, urraim *f*. • *vt* onóraigh.
hood *n* cochall *m*.
hoof *n* crúb *f*.
hook *n* crúca *m*.
hooked *adj* crúcach.
hooligan *n* maistín *m*.
hoot *vi* séid.
hop *n* truslóg *f*. • *vi* tabhair truslóg *f*.
hope *n* dóchas *m*. • *vi* tá súil agam (go).
hopeful *adj* dóchasach.
horizon *n* bun na spéire *f*.
horizontal *adj* cothrománach.
horn *n* adharc *f*; (*mus*) corn *m*; (*drink*) buabhall *m*.
hornet *n* cearnamhán *m*.
horoscope *n* tuismeá *f*.
horrible *adj* uafásach.
horrid *adj* gránna.
horror *n* uafás *m*.
horse *n* capall *m*.
horseman *n* marcach *m*.
horseshoe *n* crú capaill *m*.
hose *n* (*sock*) stocaí *mpl*; (*pipe*) píobán *m*.
hospitable *adj* flaithiúil.
hospital *n* otharlann *f*.
hospitality *n* flaithiúlacht *f*.
host *n* óstach *m*; (*people*) slua *m*.

hostage *n* giall *m*.
hostess *n* banóstach *m*.
hostile *adj* naimhdeach.
hostility *n* naimhdeas *m*.
hot *adj* te.
hotel *n* óstán *m*.
hour *n* uair *f*.
hourly *adv* gach uair.
house *n* teach *m*. • *vt* tabhair dídean (do).
household *n* teaghlach *m*.
hover *vi* bí ar foluain.
how *adv* cad é mar, conas.
however *adv* áfach.
howl *vi* lig glam *f* asat. • *n* glam *f*.
huddle *vi* teann isteach (le chéile).
hug *vt* beir barróg *f* (ar).
hull *n* cabhail *f*.
hum *n* crónán *m*. • *vi* bí ag crónán.
human *adj* daonna.
humane *adj* daonnachtúil.
humanity *n* (*quality*) daonnacht *f*.
humankind *n* an cine daonna.
humble *adj* umhal. • *vt* ísligh.
humid *adj* tais.
humorist *n* fear *m* grinn.
humorous *adj* greannmhar.
humour *n* greann *m*. • *vt* duine a mholadh.
hump *n* cruit *f*.
hundred *adj n* céad *m*.
hundredth *adj* céadú.
hunger *n* ocras *m*.
hunger strike *n* stailc *f* ocrais.
hungry *adj* ocrach *m*.
hunt *vi vt* seilg. • *n* seilg *f*.
hunter *n* sealgaire *m*.
hurricane *n* stoirm *f* ghaoithe.
hurry *vt vi* déan deifir *f*. • *n* deifir *f*.
hurt *vt* gortaigh. • *n* dochar *m*.
hurtful *adj* goilliúnach.

husband *n* fear *m* céile.
hush! *excl* éist!, fuist!
hut *n* bothán *m*.
hybrid *n* croschineálach *m*.
hydroelectric *adj* hidrileictreach.
hygiene *n* sláinteachas *m*.
hymn *n* iomann *m*.
hypocrisy *n* fimíneacht *f*.
hypocrite *n* fimíneach *m*.
hysterical *adj* histéireach; (*laughter*) sna trithí gáire.
hysterics *npl* taom histéire *m*.

I

I *pn* mé.
ice *n* oighear *m*, siocán *m*.
iceberg *n* cnoc *m* oighir.
ice cream *n* uachtar *m* reoite.
icicle *n* coinlín reo *m*.
icing *n* reoán *m*.
icy *adj* sioctha.
idea *n* smaoineamh *m*, barúil *f*.
ideal *adj* ar fheabhas. • *n* idéal *m*.
identical *adj* ionann.
identification *n* aitheantas *m*.
identify *vt* aithin.
identity *n* aithne *f*; (*particular*) féiniúlacht *f*.
idiom *n* cor cainte *m*.
idiot *n* amadán *m*.
idle *adj* díomhaoin; (*lazy*) falsa.
idleness *n* díomhaointeas *m*.
idler *n* falsóir *m*.
idol *n* íol *m*.
if *conj* (*pres/past*) má; (*cond/impfct*) dá; *conj* (*neg*) mura.
ignite *vt vi* las.
ignition *n* adhaint *f*.
ignominious *adj* náireach.
ignorance *n* aineolas *m*.
ignorant *adj* aineolach.
ignore *vt* déan neamhiontas de.
ill *adj* tinn, breoite.
ill-health *n* easláinte *f*.
illegal *adj* mídhleathach.
illegality *n* aindleathacht *f*.
illegible *adj* doléite.
illegitimate *adj* neamhdhlisteanach.
illiterate *adj* neamhliteartha.
illness *n* tinneas *m*.
illogical *adj* míloighciúil.
illuminate *vt* soilsigh.
illumination *n* soilsiú *m*; (*decoration*) maisiú *m*.
illusion *n* seachmall *m*.
illusory *adj* meallach.
illustrate *vt* léirigh; (*decorate*) maisigh
illustrator *n* maisitheoir *m*.
illustrious *adj* oirirc.
image *n* íomhá *f*.
imaginable *adj* insamhlaithe.
imaginary *adj* samhailteach.
imagination *n* samhlaíocht *f*.
imagine *vt* samhlaigh.
imbecile *n* amadán *m*.
imbibe *vt* ól.
imbue *vt* (*to imbue someone with an idea*) smaoineamh a chur i gceann duine.
imitate *vt* déan aithris *f* (ar).
imitation *n* aithris *f*.
immaculate *adj* gan smál.
immaterial *adj* neamhábhartha.
immature *adj* anabaí.
immaturity *n* anabaíocht *f*.
immeasurably *adv* thar a bheith.
immediate *adj* láithreach.
immediately *adv* láithreach bonn.
immense *adj* ollmhór.
immerse *vt* tum.
immigrant *n* inimirceach *m*.
immigration *n* inimirce *f*.
imminent *adj* (rud) atá ar tí titim amach.
immodest *adj* mínáireach.
immoral *adj* mímhorálta.
immorality *n* mímhoráltacht *f*.

immortal *adj* neamhbhásmhar.
immortality *n* neamhbhásmhaireacht *f*.
immunise *vt* díon.
immunity *n* saoirse *f*; imdhíonacht *f*.
imp *n* grabaire *m*.
impair *vt* loit.
impalpable *adj* dothuigthe.
impart *vt* dáil (ar).
impartial *adj* neamhchlaon.
impassable *adj* dothrasnaithe.
impassive *adj* socair.
impatience *n* mífhoighne *f*.
impede *vt* bac.
impediment *n* constaic *f*.
impel *vt* **to impel someone to do something** cuir d'fhiacha ar dhuine rud éigin a dhéanamh.
impenetrable *adj* dothreáite.
imperative *adj* práinneach.
imperceptible *adj* domhothaithe.
impersonal *adj* neamhphearsanta.
impersonate *vt* pearsanaigh.
impertinence *n* sotal *m*.
impertinent *adj* sotalach.
impervious *adj* beag beann (ar rud); (*to water*) uiscedhíonach.
impetuous *adj* tobann; teasaí.
impetus *n* fuinneamh *m*.
impinge (on something) *vi* buail (ar rud éigin).
implacable *adj* doshásta.
implement *n* uirlis *f*.
implement *vt* cuir i bhfeidhm.
implicate *vt* cuir cuid den mhilleán ar.
implication *n* impleacht *f*.
implicit *adj* intuigthe.
implore *vt* impigh ar.
imply *vt* tabhair le fios; (*mean*) ciallaigh.

impolitic *adj* neamhchríonna.
import *n* (*meaning*) brí *f*. • *npl* (*goods*) earraí *mpl* iompórtálacha. • *vt* iompórtáil.
importance *n* tábhacht *f*.
important *adj* tábhachtach.
impose *vt* cuir ar.
impossibility *n* dodhéantacht *f*.
impossible *adj* dodhéanta.
impostor *n* mealltóir *m*.
impotence *n* éagumas *m*.
impotent *adj* éagumasach.
impoverish *vt* bochtaigh.
impracticable *adj* neamhphraiticiúil.
impregnable *adj* doghafa.
impressive *adj* sonrach.
imprison *vt* cuir i bpríosún.
improbability *n* neamhdhóchúlacht *f*.
improbable *adj* neamhdhóchúil.
improper *adj* mí-oiriúnach.
improve *vt* leasaigh.
improvement *n* feabhas *m*.
improvident *adj* éigríonna.
imprudent *adj* místuama.
impudence *n* sotal *m*.
impulsive *adj* ríogach.
impure *adj* neamhghlan.
impute *vt* cuir i leith (duine).
in *prep* i (**the**, *sing*) sa, (**the**, *pl*) sna. • *adv* (*inwards*) isteach.
inability *n* míchumas *m*.
inaccurate *adj* mícruinn.
inadequate *adj* easnamhach.
inadvertent *adj* neamhchúramach.
inane *adj* leamh.
inarticulate *adj* snagach.
inasmuch as *conj* sa mhéid go.
incarnate *adj* i gcolainn *f* dhaonna.
incense *n* túis *f*. • *vt* cuir fearg *f* ar.
incest *n* ciorrú coil *m*.
incestuous *adj* colach

inch n orlach f.
inclement adj anróiteach.
inclination n claonadh m.
incline vt vi claon.
include vt cuir san áireamh.
incognito adv faoi choim f.
income n ioncam m, teacht m isteach.
income tax n cáin f ioncaim.
incomparable adj dosháraithe.
incompatible adj neamhchomhoiriúnach.
incomplete adj neamhiomlán.
incomprehensible adj dothuigthe.
inconvenience n míchaoithiúlacht f.
incorrect adj mícheart.
increase vt méadaigh. • n méadú m.
incredible adj dochreidte.
incredulous adj amhrasach.
incriminate vt ciontaigh.
incubate vt vi gor.
incur vt fearg f a tharraingt ort.
incurable adj doleigheasta.
indebted adj faoi chomaoin f.
indecent adj mígheanasach.
indeed adv go deimhin.
indelible adj doscriosta.
indemnify vt téigh in urra ar.
indent vt eangaigh.
independence n neamhspleáchas m.
independent adj neamhspleách.
index n innéacs m. • vt vi innéacsaigh.
indicate vt tabhair le fios.
indifferent adj ar nós cuma liom.
indigestion n mídhíleá m.
indignant adj feargach.
indignation n fearg f.
indirect adj neamhdhíreach.
indiscreet adj béalscaoilte.
indiscretion n earráid f.

individual n duine m aonair.
indoor adv istigh.
indulge vt sásaigh.
indulgent adj boigéiseach.
industrial adj tionsclaíoch.
industrious adj saothrach.
industry n (*abstract*) tionscal m; dícheall m.
inedible adj do-ite.
inept adj baoth.
inequality n éagothroime f.
inert adj marbhánta.
inexcusable adj doleithscéil.
inexpensive adj saor.
inexperienced adj gan taithí.
inexplicable adj domhínithe.
inextricable adj dofhuascailte.
infallible adj do-earráide.
infant n naíonán m.
infantile adj leanbaí.
infantry n cos-slua m.
infect vt ionfabhtaigh.
infection n ionfabhtú m.
inferior adj íochtarach.
infertile adj neamhthorthúil.
infest vt: **infested with** foirgthe le.
infinitesimal adj an-bhídeach.
infirm adj easlán.
inflammable adj inlasta.
inflate vt séid.
inflation n (*money*) boilsciú m.
inflict vt (rud) a ghearradh ar.
influence n tionchar m. • vt téigh i bhfeidhm f ar.
influenza n fliú m.
inform vt cuir (rud) in iúl.
informal adj neamhfhoirmiúil.
informality n neamhfhoirmiúlacht f.
information n eolas m.
information technology n teicneolaíocht f an colais.

infrequent *adj* annamh.
infringe *vt* sáraigh.
ingenious *adj* intleachtach.
ingenuous *adj* oscailte.
ingot *n* barra *m*.
ingredient *n* comhábhar *m*.
inhabit *vt* áitrigh.
inhabitable *adj* ináitrithe.
inhabitant *n* áitreabhach *m*.
inhale *vt* ionanálaigh.
inherit *vt* faigh (rud) mar oidhreacht *f*.
inhibit *vt* cros rud ar.
inhibition *n* urchoilleadh *m*.
inhospitable *adj* doicheallach.
inhuman *adj* mídhaonna.
initial *adj* tosaigh. • *n* túslitir *f*.
inject *vt* insteall.
injection *n* instealladh *m*.
injure *vt* gortaigh.
injurious *adj* díobhálach.
injury *n* gortú *m*.
ink *n* dúch *m*.
inland *adj* intíre.
inlet *n* gaoth *m*.
inn *n* óstán *m*.
innate *adj* dúchasach.
inner *adj* inmheánach, istigh.
innkeeper *n* óstóir *m*.
innocent *adj* neamhchiontach.
innovate *vt* nuálaigh.
innovation *n* nuáil *f*.
innovator *n* nuálaí *m*.
innuendo *n* leathfhocal *m*.
inoculate *vt* ionaclaigh
inquire *vi* fiafraigh.
inquiry *n* fiosrúchán *m*.
inquisitive *adj* fiosrach.
insane *adj* as do mheabhair *f*.
insanitary *adj* míshláintiúil.
insanity *n* gealtacht *f*.

insect *n* feithid *f*.
insecure *adj* éadaingean.
inseparable *adj* do-scartha.
insert *vt* cuir isteach.
inside *n* taobh istigh. • *adv* isteach.
insincere *adj* éigneasta.
insipid *adj* leamh.
insist *vi* seas ar.
insolvency *n* dócmhainneacht *f*.
insolvent *adj* dócmhainneach.
insomnia *n* neamhchodladh *m*.
inspect *vt* scrúdaigh.
instal *vt* suiteáil.
instalment *n* (*payment*) glasíoc *m*.
instance *n* sampla *m*.
instant *adj* ar an toirt. • *n* nóiméad *m*.
instil *vt* cuir ina luí ar.
instinct *n* instinn *f*.
instinctive *adj* instinneach.
institute *n* institiúid *f*.
institution *n* institiúid *f*.
instrument *n* (*music*) gléas *m*; (*pol*) beart *m*.
insular *adj* oileánach.
insulate *vt* insligh.
insult *vt* maslaigh. • *n* masla *m*.
insurance *n* (*com*) árachas *m*.
insurance policy *n* polasaí árachais *m*.
insure *vt* árachaigh.
intact *adj* iomlán.
integrity *n* ionracas *m*.
intellect *n* intleacht *f*.
intellectual *adj* intleachtúil.
intelligence *n* intleacht *f*.
intelligible *adj* sothuigthe.
intend *vt* tá de rún ag.
intense *adj* dian.
intensify *vt* géaraigh.
intensity *n* déine *f*.
intention *n* rún *m*.

intentional *adj* d'aon turas.
intercede *vi* déan idirghuí.
intercept *vt* ceap.
intercourse *n* caidreamh *m*; (*sexual*) caidreamh *m* collaí.
interest *n* suim *f*.
interesting *adj* suimiúil.
internal *adj* inmheánach.
international *adj* idirnáisiúnta.
internet *n* idirlíon *m*.
interpret *vt* mínigh.
interpreter *n* ateangaire *m*.
interrupt *vt* cuir isteach.
interruption *n* cur isteach *m*.
intertwine *vt* figh.
intervene *vi* déan idirghabháil *f*.
intervention *n* idirghabháil *f*.
interview *n* agallamh *m*. • *vt* cuir agallamh ar.
intestine *n* stéig *f*.
intimacy *n* dlúthchaidreamh *m*.
intimate *adj* dlúth.
into *prep* isteach i, i.
intonation *n* tuin *f* chainte *f*.
intricate *adj* casta.
intrinsic *adj* ann féin.
introduce *vt* cuir (duine) in aithne *f*.
introduction *n* cur in aithne *f*.
intrude *vi* brúigh isteach ar.
intruder *n* foghlaí *m*.
intuition *n* iomas *m*.
invalid *adj* neamhbhailí. • *n* easlán *m*.
invariable *adj* neamhathraitheach.
invent *vt* fionn.
invention *n* fionnachtain *f*.
inventive *adj* airgtheach.
inventor *n* fionnachtaí *m*.
inventory *n* liosta *m*.
Inverness *n* Inbhir Nis *m*.
invert *vt* inbhéartaigh.
invest *vt* infheistigh.

invisible *adj* dofheicthe.
invitation *n* cuireadh *m*.
invite *vt* tabhair cuireadh (do).
invoice *n* (*com*) sonrasc *m*.
involuntary *adj* éadoilteanach.
involve *vt* baint a bheith (agat) le.
inward *adj* isteach.
inwards *adv* isteach.
Ireland *n* Éire *f*, (*in Ireland*) in Éirinn.
Irish *adj* Éireannach, Gaelach.
irksome *adj* bearránach.
iron *n* iarann *m*. • *adj* iarainn. • *vt* iarnáil.
ironic *adj* íorónta.
irony *n* íoróin *f*.
irrational *adj* éigiallta.
irregular *adj* neamhrialta.
irrelevant *adj* neamhábhartha.
irreverent *adj* easurramach.
irrigate *vt* uiscigh.
irrigation *n* uisciú *m*.
irritable *adj* colgach.
irritation *n* crá *m*.
Islam *n* Ioslamachas *m*.
island *n* oileán *m*.
islander *n* oileánach *m*.
Islay *n* Íle *m*.
isolate *vt* leithlisigh.
isolated *adj* iargúlta.
issue *n* ceist *f*; (*descendents*) sliocht *m*.
isthmus *n* cuing *f*.
it *pn* é, (*fem*) í.
Italian *adj* Iodálach.
Italy *n* An Iodáil *f*.
itch *n* tochas *m*.
itchy *adj* tochasach.
itinerary *n* plean *m* aistir.
its *pn* a.
itself *pn* é féin, í féin.
ivory *n* eabhar *m*.

J

jab *n* instealladh *m*. • *vt* sáigh.
jacket *n* casóg *f*.
Jacobite *n adj* Seacaibíteach *m*
jagged *adj* eangach.
jail *n* príosún *m*.
jam *n* subh *m*; (*traffic*) plódú tráchta *m*.
jangle *vi* bheith ag gliogarnach.
janitor *n* doirseoir *m*.
January *n* Eanáir *m*.
jar *n* crúsca *m*.
jargon *n* béarlagair *m*.
jaundice *npl* na buíocháin *m*.
jaunt *n* turas *m*.
jaunty *adj* aerach.
jaw *n* giall *m*.
jawbone *n* cnámh *f* géill.
jealous *adj* éadmhar.
jealousy *n* éad *m*.
jeans *n* bríste *m* géine.
jeer *vt* déan fonóid *f* faoi.
jelly *n* glóthach *f*.
jellyfish *n* smugairle *m* róin.
jerkin *n* seircín *m*.
jersey *n* geansaí *m*.
jest *vi* déan magadh.
jester *n* fear *m* magaidh.
jet plane *n* scairdeitleán *m*.
jettison *vt* cuir i bhfarraige *f*.
jetty *n* lamairne *m*, caladh cuain *m*.
jewel *n* seoid *f*.
jeweller *n* seodóir *m*.
jib *n* seol *m* cinn. • *vi* cuir stailc suas.
jig *n* port *m*.
jilt *vt* tréig.
job *n* jab *m*.
jockey *n* jacaí *m*.
jog *vi* tabhair broideadh do; bheith ar bogshodar.
join *vt* ceangail.
joiner *n* siúinéir *m*.
joinery *n* siúinéireacht *f*.
joint *adj* comhpháirteach. • *n* alt *m*.
jointly *adv* i gcomhpháirtíocht.
joke *n* magadh *m*.
jollity *n* meidhréis *f*.
jolly *adj* meidhreach.
jolt *n* stangadh *m*. • *vt* croith.
jostle *vt* guailleáil.
jot *n* faic *f* na fríde, dada *m*.
journal *n* iris *f*.
journalism *n* iriseoireacht *f*.
journalist *n* iriseoir *m*.
journey *n* turas *m*.
jovial *adj* meidhreach.
jowl *n* giall *m*.
joy *n* gliondar *m*.
joyful *adj* gliondrach.
jubilant *adj* ríméadach.
jubilee *n* iubhaile *f*.
judge *n* breitheamh *m*. • *vt* tabhair breith ar.
judgment *n* breithiúnas *m*.
judicial *adj* dlíthiúil.
jug *n* crúsca *m*.
juggle *vt* déan lámhchleasaíocht *f*.
jugular *adj* (féith) scornaí *f*.
juice *n* sú *m*.
juicy *adj* súmhar.
July *n* Iúil *m*.
jump *n* léim *f*. • *vi vt* léim.
jumper *n* geansaí *m*.
juncture *n* gabhal *m*.
June *n* Meitheamh *m*.

jungle *n* mothar *m*.
junior *adj* sóisearach; (*rank*) níos sóisearaí.
juniper *n* aiteal *m*.
junk *n* bruscar *m*.
junket *n* juncaed *m*. • *vt* déan féasta
juror *n* giúróir *m*.
just *adj* cóir • *adv* go díreach.
justice *n* ceart *m*.
justifiable *adj* inmhaite.
justification *n* fíorú (ráiteas, etc) *m*; saoradh (duine) ó chion *m*.
justify *vt* saor (duine) ó chion; fíoraigh (ráiteas, etc).
jut *vi* gob amach.
juvenile *adj* óigeanta.
juxtapose *vt* cuir rudaí le hais a chéile.

K

kale *n* cál *m*.
keel *n* cíl *f*.
keen *adj* díograiseach. • *vt vi* caoin.
keenness *n* géire *f*.
keep *n* daingean *m*. • *vt* coinnigh.
keepsake *n* cuimhneachán *m*.
kelp *n* ceilp *f*.
kennel *n* conchró *m*.
kerb *n* colbha cosáin *m*.
kernel *n* eithne *f*.
kettle *n* citeal *m*.
key *n* eochair *f*; (*mus*) gléas *m*.
keyboard *n* eochairchlár *m*.
keystone *n* eochair *f*.
kick *n* cic *m*. • *vt* ciceáil.
kid *n* (*goat*) meannán *m*.
kidnap *vt* fuadaigh.
kidney *n* duán *m*.
kill *vt* maraigh.
killer *n* marfóir *m*.
kilogram *n* cileagram *m*.
kilometre *n* ciliméadar *m*.
kin *n* muintir *f*.
kind *adj* cineál.
kindle *vt* dearg.
kindly *adj* cineálta.
kindred *adj* d'aon chineál.
kindred *n* muintir *f*.
king *n* rí *m*.
kingdom *n* ríocht *f*.
kinsman *n* fear *m* muinteartha.
kinswoman *n* bean *f* mhuinteartha.
kiosk *n* both *f*
kipper *n* scadán *m* leasaithe.
kiss *n* póg *f*. • *vt* póg.
kit *n* trealamh *m*.
kitbag *n* mála *m* taistil; (*mil*) mála *m* trealaimh.
kitchen *n* cistin *f*.
kite *n* eitleog *f*.
kitten *n* puisín *m*.
knack *n* cleas *m* deaslámhaí.
knapsack *n* cnapsac *m*.
knave *n* cneamhaire *m*.
knead *vt* fuin.
knee *n* glúin *f*.
kneecap *n* capán glúine *f*.
kneel *vi* téigh ar do ghlúine *f*, sléact.
knickers *n* brístín *m*.
knife *n* scian *f*.
knight *n* ridire *m*.
knighthood *n* ridireacht *f*.
knit *vt* cniotáil.
knitter *n* cniotálaí *m*.
knitting needle *n* biorán *m* cniotála *f*.
knob *n* cnap *m*; murlán *m*.
knock *n* cnag *m*. • *vt* cnag.
knoll *n* maolchnoc *m*.
knot *n* snaidhm *f*. • *vt* snaidhm.
knotted, knotty *adj* snaidhmeach.
know *vt vi* aithnigh; bheith eolach ar.
knowing *adj* eolach.
knowingly *adj* go heolach.
knowledge *n* eolas *m*.
knowledgeable *adj* go heolach.
knuckle *n* alt *m*.
kyle *n* caol *m*.

L

label *n* lipéad *m*.
labial *adj* liopach.
laboratory *n* saotharlann *f*.
laborious *adj* saothrach.
labour *vi* obair *f*.
labourer *n* oibrí *m*.
labyrinth *n* cathair *f* ghríobháin.
lace *n* lása *m*, iall *f*. • *vt* ceangail.
lacerate *vt* stiall.
laceration *n* stialladh *m*.
lack *n* easnamh *m*. • *vi* bheith easnamhach.
lad, laddie *n* buachaill *m*.
ladder *n* dréimire *m*.
ladle *n* ladar *m*.
lady *n* bean *f* uasal.
ladybird *n* bóín *f* Dé.
ladylike *adj* banúil.
lair *n* uachais *f*.
lake *n* loch *m*.
lake dwelling *n* crannóg *f*.
lamb *n* uan *m*; (*roast*) uaineoil *f*.
lame *adj* bacach.
lameness *n* bacaíl *f*.
lament *n* caoineadh *m*. • *vi vt* caoin.
lamentable *adj* méalach.
lamentation *n* caoineadh *m*.
lamp *n* lampa *m*.
lance *vt* lansaigh.
lancet *n* lansa *m*.
land *n* talamh *m*. • *vt* cuir i dtír *f*.
landholder *n* tiarna *m* talún.
landing *n* ceann *m* staighre; (*of aeroplane*) tuirlingt *f*.
landing strip *n* stráice tuirlingthe *m*.
landlady *n* bean *f* tí.
landlocked *adj* talamhiata.

landmark *n* sprioc *f*.
landscape *n* tírdhreach *m*.
landslide *n* maidhm *f* thalún.
landward *adv* i dtreo na talún.
lane *n* bóithrín *m*.
language *n* teanga *f*.
languish *vi* téigh in ísle *f* brí
lanky *adj* scailleagánta.
lantern *n* laindéar *m*.
lap *n* ucht *m*.
lap *vi* bheith ag lapadáil.
lapel *n* bóna *m*.
lapse *n* earráid *f*.
larceny *n* gadaíocht *f*.
larch *n* learóg *f*.
lard *n* blonag *f*.
larder *n* lardrús *m*.
large *adj* mór.
lark *n* fuiseog *f*.
lass, lassie *n* cailín *m*.
last *adj* deireanach. • *adv* ar deireadh.
lasting *adj* buan.
late *adj* mall.
lately *adv* le déanaí.
lateness *n* déanaí *f*.
latent *adj* folaigh.
lather *n* sobal *m*. • *vt* cuir sobal ar.
Latin *n* Laidin *f*.
lattitude *n* domhanleithead *m*.
latter *adj* deireanach.
laugh *n* gáire *m*. *vi déan gáire.
laughter *n* gáire *m*.
launch *vt* láinseáil.
laurel *n* labhras *m*.
lavatory *n* leithreas *m*.
lavish *adj* fial. • *vt* caith go doscaí.
law *n* dlí *m*.

lawsuit *n* cúis *f* dlí.
lawyer *n* dlíodóir *m*.
laxative *n* purgóid *f*.
lay *vt* leag, cuir, breith.
lay-by *n* leataobh *m*.
layer *n* brat *m*.
layman *n* tuata *m*.
laziness *n* falsacht *f*.
lazy *adj* falsa.
lead *n* (*min*) luaidhe *f*; (*dog*) iall *f*. • *vt* treoraigh.
leaden *adj* ar dhath na luaidhe *f*.
leader *n* ceannaire *m*.
leaf *n* duille *m*.
leafy *adj* duilleach.
league *n* (*pol*) conradh *m*; (*sport*) sraith *f*.
leak *n* deoir *f* anuas. • *vi* (*tank, etc*) lig tríd; (*shoes*) lig isteach; (*boat*) bheith ag déanamh uisce.
leaky *adj* pollta.
lean *adj* caol. *vi* lig do thaca le.
leap *vt vi* léim.
leap year *n* bliain *f* bhisigh.
learn *vt* foghlaim.
lease *n* léas *m*.
leasehold *n* léasacht *f*.
least *adj* is lú.
leather *n* leathar *m*.
leave *n* saoire *f*; cead *m* scoir. • *vt* fág. • *vi* imigh.
lecherous *adj* drúisiúil.
lecture *n* léacht *f*. • *vt* tabhair léacht.
ledge *n* leac *f*.
ledger *n* mórleabhar cuntas *m*.
lee, lee-side *n* taobh *m* an fhoscaidh.
leech *n* súmaire *m*.
leek *n* cainneann *f*.
left *adj* clé; **the left** (*pol*) an eite *f* chlé.
left-hand *n* ciotóg *f*.

left-handed *adj* ciotógach.
left-hand side *n* taobh *m* na láimhe clé.
leg *n* cos *f*.
legacy *n* oidhreacht *f*.
legalise *vt* déan (nós) dlíthiúil.
legend *n* finscéal *m*.
legendary *adj* finscéalach.
legibility *n* inléiteacht *f*.
legible *adj* inléite.
legislate *vi* achtaigh.
legitimate *adj* dlisteanach.
leisure *n* fóillíocht *f*.
leisurely *adj* go socair.
lemon *n* líomóid *f*.
lend *vt* tabhair (rud) ar iasacht *f* do.
lender *n* iasachtóir *m*.
length *n* fad *m*.
lengthen *vt* fadaigh, cuir fad le.
lengthways, lengthwise *adv* ar (a) fhad.
lenient *adj* bog.
lens *n* lionsa *m*.
Lent *n* An Carghas *m*.
leper *n* lobhar *m*.
leprechaun *n* leipreachán *m*.
less *adj* níos lú.
lessen *vt* laghdaigh.
lesson *n* ceacht *f*.
lest *conj* ar eagla *f* go.
let *vt* (lease) lig ar cíos; lig.
lethal *adj* marfach.
letter *n* litir *f*.
letter box *n* bosca *m* litreacha.
lettuce *n* leitís *f*.
level *adj* cothrom.
level *n* leibhéal *m*. • *vt* cuir ar leibhéal.
lever *n* liamhán *m*.
lewd *adj* graosta.
lewdness *n* graostacht *f*.
liability *n* (*responsibility*) freagracht *f*; (*law*) dliteanas *m*.

liable

liable *adj* freagrach.
liar *n* bréagadóir *m*.
libel *vt* leabhlaigh.
liberal *adj* liobrálach.
librarian *n* leabharlannaí *m*.
library *n* leabharlann *f*.
licence *n* ceadúnas *m*.
license *vt* ceadúnaigh.
lichen *n* crotal *m*.
lick *vt* ligh.
lid *n* clár *m*.
lie *vi* luigh. • *n* bréag *f*. • *vt* déan bréag *f*.
life *n* beatha *f*, saol *m*.
lifeboat *n* bád *m* tarrthála.
lifeguard *n* garda *m* tarrthála.
lifestyle *n* stíl *f* bheatha.
lift *n* (*elevator*) ardaitheoir *m*. • *vt* tóg.
light *adj* éadrom.
light *n* solas *m*. • *vt* las.
light-headed *adj* éaganta.
lighten *vt* éadromaigh, laghdaigh.
lighthouse *n* teach *m* solais.
lightness *n* éadroime *f*.
lightning *n* tintreach *f*.
like[1] *adj* den chineál chéanna. • *n* **and the like** agus a leithéid *m*.
like[2] *vt* is maith le.
likeness *n* cosúlacht *f*.
likewise *adv* mar an gcéanna.
limb *n* géag *f*.
limestone *n* aolchloch *f*.
lime tree *n* crann *m* líomaí.
limit *n* teorainn *f*.
limited *adj* (*Ltd*) teoranta *m* (teo.).
limp *n* céim *f* bhacaí. • *vi* bheith ag bacadradh.
limpet *n* bairneach *m*.
lindin tree *n* crann *m* teile *f*.
line *n* líne *f*. • *vt* línigh.
lineage *n* ginealach *m*.

lobster

lineal *adj* díreach.
linear *adj* líneach.
linen *n* líon *m*.
linger *vi* moilligh.
linguist *n* teangeolaí *m*.
link *n* ceangal *m*.
linnet *n* gleoiseach *f*.
lion *n* leon *m*.
lioness *n* leon *m* baineann.
lip *n* liopa *m*.
liquefy *vi vt* leachtaigh.
liquid *adj* leachtach. • *n* leacht *m*.
liquidate *vt* leachtaigh.
lisp *n* gliscín *m*. • *vt vi* labhair go briotach.
list *n* liosta *m*. • *vt* déan liosta de.
listen *vi* éist.
listener *n* éisteoir *m*.
listless *adj* spadánta.
literacy *n* litearthacht *f*.
literal *adj* litriúil.
literate *adj* liteartha.
literature *n* litríocht *f*.
litre *n* lítear *m*.
litter *n* bruscar *m*; (*of young*) ál *m*. • *vt* cuir (seomra, etc) trína chéile.
little *adj* beag.
liturgy *n* liotúirge *m*.
live *adj* beo. • *vi* mair.
livelihood *n* slí *f* bheatha *f*.
lively *adj* bríomhar.
liver *n* ae *m*.
livid *adj* glasghnéitheach.
lizard *n* loghairt *f*.
load *n* ualach *m*. • *vt* lódaigh.
loaf *n* builín *m*.
loan *n* iasacht *f*.
loathe *vt* is leasc le.
loathing *n* gráin *f*.
loathsome *adj* fuafar.
lobster *n* gliomach *m*.

lobster pot *n* pota *m* gliomach.
local *adj* áitiúil.
locality *n* ceantar *m*.
locate *vt* aimsigh.
loch *n* loch *m*.
lock *n* glas *m*; (*of hair*) dlaoi *f*. • *vt* cuir glas ar.
locket *n* loicéad *m*.
locksmith *n* glasadóir *m*.
lodge *n* lóiste *m*. • *vi* bheith ar lóistín (ag).
lodger *n* lóistéir *m*.
loft *n* lochta *m*.
log *n* lomán *m*. • *vi* (*comput*) **to log off** log as, **to log on** log ann.
logic *n* loighic *f*.
logical *adj* loighciúil.
loiter *vi* bheith ag falróid.
loll *vi* bheith ag sínteoireacht.
lollipop *n* líreacán *m*.
lone *adj* aonarach.
loneliness *n* uaigneas *m*.
long *adj* fada. • *adv* i bhfad. • *vi* bheith ag tnúth le.
long ago *adv* i bhfad ó shin.
long-term *adj* fadtréimhseach.
longevity *n* fad *m* saoil.
longing *n* tnúth *m*.
longitude *n* domhanfhad *m*.
long-suffering *adj* fadfhulangach.
long-wave *n* fadtonn *f*. • *adj* fadtonnach.
long-winded *adj* fadchainteach.
look *n* amharc *m*; (*appearance*) cuma *f*. • *vi* amharc, féach; **to look for** lorg.
looking glass *n* scáthán *m*.
loop *n* lúb *f*.
loophole *n* lúb *f* ar lár.
loose *adj* scaoilte. • *vi* scaoil.
lopsided *adj* leataobhach.

lord *n* tiarna *m*.
lore *n* seanchas *m*.
lose *vt* caill.
loss *n* cailleadh *m*.
lost *adj* caillte.
lotion *n* lóis *f*.
lottery *n* crannchur *m*.
loud *adj* ard, glórach.
loudness *n* glóraí *f*.
loudspeaker *n* callaire *m*.
lounge *n* seomra *m* suí.
louse *n* míol *m*.
lousy *adj* ainnis.
lout *n* bodach *m*.
love *n* grá *m*.
lover *n* leannán *m*.
lovesick *adj* i bpian *f* an ghrá.
loving *adj* geanúil.
low *adj* íseal.
low-cut *adj* le brollach íseal.
lower *vt* ísligh.
lowest *adj* is ísle.
lowly *adj* uiríseal.
loyal *adj* dílis.
loyalty *n* dílseacht *f*.
lubricate *vt* bealaigh.
lucid *adj* soilseach.
luck *n* ádh *m*.
lucky *adj* ámharach.
lucrative *adj* éadálach.
ludicrous *adj* áiféiseach.
luggage *n* bagáiste *m*.
lukewarm *adj* bogthe.
lull *vt* cuir chun suain.
lullaby *n* suantraí *f*.
luminous *adj* lonrach.
lump *n* cnap *m*.
lumpy *adj* cnapach.
lunacy *n* buile *f*.
lunar *adj* **lunar year** bliain *f* ghealaí *f*; **lunar eclipse** urú gealaí *f*.

lunch, luncheon *n* lón *m*.
lung *n* scamhóg *f*.
lurch *n* turraing *f*. • *vi* bheith ag stámhailleach
lure *n* mealladh *m*. • *vt* meall.
lurid *adj* scéiniúil.
lurk *vi* fan i bhfolach.
luscious *adj* sáil.
lust *n* ainmhian *f*.
lustre *n* loinnir *f*.
lusty *adj* fuinniúil.
luxuriant *adj* borb, uaibhreach.
luxurious *adj* macnasach.
luxury *n* ollmhaitheas *m*.
lyre *n* lir *f*.
lyric *n* liric *f*.

M

mace *n* más *m*.
machine *n* meaisín *m*.
machinery *n* innealra *m*.
mackerel *n* ronnach *m*.
magazine *n* iris *f*.
magic *adj* draíochta. • *n* draíocht *f*.
magician *n* asarlaí *m*.
magistrate *n* giúistís *f*.
magnet *n* maighnéad *m*.
magnification *n* (*opt*) formhéadú *m*.
magnificence *n* ollástacht *f*.
magnificent *adj* thar barr.
magnify *vt* formhéadaigh.
magnitude *n* méid *f*.
magpie *n* snag *m* breac.
maid *n* cailín *m* (aimsire).
mail *n* post *m*, litreacha *fpl*. • *vt* cuir sa phost.
mail-order *n* postdíol *m*.
main *adj* príomh-.
mainland *n* mórthír *f*.
mainly *adv* den chuid *f* is mó.
maintain *vt* coinnigh; cothaigh.
maintenance *n* cothabháil *f*.
majestic *adj* mórga.
majesty *n* mórgacht *f*.
major *adj* tábhachtach. • *n* (*milit*) maor *m*.
make *vt* déan; **to make for** déan ar; **to make off** bain as; **to make do with** tar le. • *n* cineál *m*.
make-up *n* smideadh *m*.
male *adj* fearúil. • *n* fireannach *m*.
malevolence *n* drochaigeantacht *f*.
malice *n* mailís *f*.
malicious *adj* mailíseach.
malign *vt* caith anuas ar.
malignant *adj* (*med*) urchóideach.
mallet *n* mailléad *m*.
malt *n* braich *f*.
maltster *n* braicheadóir *f*.
maltreat *vt* tabhair drochíde *f* do.
mam, mammy *n* mam *f*, mamaí *f*.
mammal *n* mamach *m*.
man *n* fear *m*.
manage *vt* stiúir.
manageable *adj* soláimhsithe.
management *n* bainisteoireacht *f*.
manager *n* bainisteoir *m*.
manageress *n* bainistréas *f*.
mane *n* moing *f*.
manful *adj* fearúil.
manger *n* mainséar *m*.
mangle *vt* basc.
manhood *n* feargacht *f*.
maniac *n* (*med*) máineach *m*; (*lunatic*) gealt *m*.
manifest *vt* taispeáin.
manifestation *n* taispeánadh *m*.
manifesto *n* forógra *m*.
manipulate *vt* láimhsigh.
mankind *n* an cine daonna *m*.
manner *n* caoi *f*; (*behaviour*) béasa *m*.
mannerism *n* dóigh *f*.
mannerly *adj* múinte.
manners *n* múineadh *m*.
manse *n* bansa *m*.
mansion *n* teach *m* mór.
mantelpiece *n* matal *m*.
manual *adj* láimhe. • *n* lámhleabhar *m*.
manufacture *vt* déan.
manure *n* leasú *m*. • *vt* leasaigh.

manuscript *n* lámhscríbhinn *f*.
many *adj* a lán • *pron* mórán.
map *n* léarscáil *f*.
mar *vt* loit.
marble *n* marmar *m*.
March *n* Márta *m*.
march *n* máirseáil *f*. • *vi* máirseáil.
mare *n* láir *f*.
marijuana *n* marachuan *m*.
marine *adj* mara
mariner *n* maraí *m*.
maritime *adj* (*plants*) mara; (*area*) láimh *f* le muir.
mark *n* smál *m*; rian *m*.
market *n* margadh *m*.
marketable *adj* indíolta.
maroon *vt* cuir ar oileán uaigneach.
marquee *n* ollphuball *m*.
marriage *n* pósadh *m*.
marriageable *adj* inphósta.
married *adj* pósta.
marry *vt* pós.
marsh *n* seascann *m*.
marshy *adj* riascach.
marten *n* cat *m* crainn.
martial *adj* míleata.
martyr *n* mairtíreach *m*.
marvel *n* iontas *m*. • *vi* déan iontas de.
marvellous *adj* iontach.
mascot *n* sonóg *f*.
masculine *adj* fireann.
mash *n* measc *m*, brúigh *m*.
mask *n* masc *m*.
mason *n* saor cloiche *f*.
masonry *n* saoirseacht *f* chloiche *f*.
mass *n* toirt *f*; (*church*) aifreann *m*.
massacre *n* ár *m*.
massage *n* suathaireacht *f*.
massive *adj* oll-.
mast *n* crann *m*.

master *n* máistir *m*.
masterly *adj* máistriúil.
masterpiece *n* sárshaothar *m*.
mat *n* mata *m*.
match *n* lasán *m*. • *vt* meaitseáil.
matchless *adj* díchomórtais.
mate *n* céile *m*, comrádaí *m*; (*chess*) marbhsháinn *f*; (*ship*) máta *m*. • *vt vi* cúpláil.
material *n* ábhar *m*.
maternal *adj* máthartha.
maternity *n* máithreachas *m*.
mathematics *n* matamaitic *f*.
matinee *n* nóinléiriú *m*.
matins *n* maitín *m*.
matrimony *n* pósadh *m*.
matter *n* ábhar *m*, damhna *m*.
mattress *n* tocht *m*.
mature *adj* aibí.
maul *vt* clamhair.
mavis *n* smólach *m*.
maw *n* méadail *f*.
maximum *n* uasmhéid *f*.
may *vb aux* féad.
May *n* Bealtaine *f*.
Mayday *n* Lá Bealtaine *f*.
maze *n* lúbra *m*.
me *pn* mé, mise.
meadow *n* móinéar *m*.
meagre *adj* gortach.
meal *n* min *f*, (*repast*) béile *m*.
mealy *adj* mineach.
mean *adj* suarach.
mean *n* meán *m*.
mean *vt* ciallaigh.
meaning *n* ciall *f*.
meaningless *adj* gan chiall *f*.
meantime *adv* idir an dá linn *f*.
measles *n* bruitíneach *f*.
measurable *adj* intomhaiste.
measure *n* tomhas *m*. • *vt* tomhais.

measurement — millennium

measurement *n* tomhas *m*.
meat *n* feoil *f*.
mechanic *n* meicneoir *m*.
mechanism *n* meicníocht *f*.
medal *n* bonn *m*.
meddle *vi* bain le.
mediate *vt* déan idirghabháil.
mediation *n* idirghabháil *f*.
mediator *n* idirghabhálaí *m*.
medical *adj* leighis.
medicinal *adj* íocshláinteach.
medicine *n* leigheas *m*.
medieval *adj* meánaoiseach.
mediocre *adj* lagmheasartha.
meditate *vi* machnaigh.
meditation *n* machnamh *m*.
medium *n* meán- *m*.
medium wave *n* meántonnach *m*.
meek *adj* ceansa.
meekness *n* ceansacht *f*.
meet *vt* cas le, buail le.
meeting *n* cruinniú *m*.
megalith *n* meigilit *f*.
melancholy *adj* gruama. • *n* gruaim *f*.
mellifluous *adj* milisbhriathrach.
mellow *adj* (*fruit*) méith; (*sound*) séimh.
melodious *adj* fonnmhar.
melody *n* fonn *m*.
melon *n* mealbhacán *m*.
melt *vt vi* leáigh.
melting point *n* leáphointe *m*.
member *n* ball *m*.
member of parliament *n* feisire parlaiminte *f*.
membership *n* ballraíocht *f*.
memento *n* cuimhneachán *m*.
memoirs *npl* cuimhní cinn *mpl*.
memorable *adj* suntasach.
memorise *vt* cuir de ghlanmheabhair.

memory *n* cuimhne *f*.
mend *vt* deisigh.
mental *adj* intinne.
mention *vt* luaigh.
menu *n* biachlár *m*.
merchant *n* ceannaí *m*.
mercy *n* trócaire *f*.
mere *adj* lom-.
merge *vt* cónaisc.
merit *n* fiúntas *m*.
mermaid *n* maighdean *f* mhara.
merriment *n* meidhir *f*.
mess *n* prácás *m*.
message *n* teachtaireacht *f*.
messenger *n* teachtaire *m*.
metal *n* miotal *m*.
metallic *adj* miotalach.
meteor *n* dreige *f*.
meter *n* méadar *m*.
method *n* modh *m*.
metre *n* méadar *m*.
mettle *n* mianach *m*.
microbe *n* bitheog *f*.
micro- *n prefix* (*comput*) micrea-, micri-.
microwave *n* oigheann *m* micreathoinne.
mid *adj* lár-.
middle *n* lár *m*.
middle-aged *adj* meánaosta.
midge *n* míoltóg *f*.
midnight *n* meám oíche *f*.
midwife *n* bean *f* ghlúine *f*.
migrate *vi* téigh ar imirce *f*.
mild *adj* séimh.
mile *n* míle *m*.
military *adj* míleata.
milk *n* bainne *m*. • *vt* bligh.
milky *adj* bainniúil.
mill *n* muileann *m*.
millennium *n* mílaois *f*.

miller *n* muilleoir *m*.
million *n* milliún *m*.
mime *n* mím *f*.
mimicry *n* aithris *f*.
mind *n* intinn *f*.
mine *n* mianach *m*. • *poss pron* mo.
mineral *adj* mianrach • *n* mianra *m*.
mingle *vi* téigh i measc.
miniature *n* mionsamhail *f*.
minister *n* aire *m*. • *vt* riar ar.
minor *n* mionaoiseach *m* • *adj* mion-.
minstrel *n* fear *m* dána.
minus *prep* lúide.
minute *adj* beag bídeach. • *n* bomaite *m*, nóiméad *m*.
minx *n* giodróg *f*.
miracle *n* míorúilt *f*.
mirage *n* mearú súl *f*.
mirror *n* scáthán *m*.
misapprehension *n* míthuiscint *f*.
misbehaviour *n* mí-iompar *m*.
miscarriage *n* breith *f* anabaí.
mischief *n* diabhlaíocht *f*.
mischievous *adj* iomlatach.
misdeed *n* míghníomh *m*.
miser *n* sprionlóir *m*.
miserable *adj* ainnis.
misogyny *n* fuath *m* ban.
Miss *n* Iníon *f*.
miss *vt* caill.
missing *adj* ar iarraidh.
missionary *n* misinéir *m*.
mist *n* ceo *m*.
mistake *n* meancóg *f*.
Mister *n* An tUasal *m*.
mistletoe *n* drualus *m*.
mistress *n* máistreás *f*; bean luí *f*.
misty *adj* ceobhránach.
misunderstand *vt* bain míthuiscint as.
mite *n* fíneog *f*.

mix *vt* measc.
mixture *n* meascán *m*.
moan *n* éagaoin *f*. • *vi* bheith ag éagaoin.
mob *n* gramaisc *f*.
mobile phone *n* guthán *m* póca.
mock *vt* déan magadh faoi.
model *n* samhail *f*. • *vt* múnlaigh.
moderate *adj* cuibheasach.
moderation *n* measarthacht *f*.
modern *adj* nua-aimseartha.
modernise *vt* nuachóirigh.
modest *adj* modhúil.
modesty *n* modhúlacht *f*.
moist *adj* tais.
moisten *vt* fliuch.
mole *n* caochán *m*; (*on the skin*) ball *m* dobhráin.
molest *vt* cuir isteach ar.
mollify *vt* suaimhnigh.
mollusc *n* iasc *m* sliogánach.
moment *n* nóiméad *m*.
momentary *adj* gearrshaolach.
momentous *adj* an-tábhachtach.
monarch *n* monarc *m*.
monastery *n* mainistir *f*.
Monday *n* An Luan *m*.
money *n* airgead *m*.
monitor *n* (*comput*) monatóir *m*.
monk *n* manach *m*.
monkey *n* moncaí *m*.
monopoly *n* monaplacht *f*.
monotony *n* liostacht *f*.
monster *n* arrachtach *m*.
month *n* mí *f*.
monthly *adj* míosúil.
monument *n* séadchomhartha *m*.
mood *n* aoibh *f*.
moody *adj* dúr.
moon *n* gealach *f*.
moor *n* móinteán *m*. • *vt* feistigh.

moral *adj* morálta.
moreover *adv* ar a bharr sin.
morning *n* maidin *f*.
mortal *adj* básmhar.
mosquito *n* corrmhíol *m*.
moss *n* caonach *m*.
most *adj* bunús. • *pron* an mhórchuid *f*.
moth *n* féileacán oíche *f*, leamhan *m*.
mother *n* máthair *f*.
mother-in-law *n* máthair *f* chéile.
motherly *adj* máithriúil.
motion *n* gluaiseacht *f*.
motive *n* cúis *f*.
motor *n* inneall *m*.
motorist *n* gluaisteánaí *m*.
motto *n* mana *m*.
mould *n* múnla *m*.
mouldy *adj* clúmhúil.
moult *vi vt* (*bird*) bheith ag cur na gcleití; (*animal*) bheith ag cur an fhionnaidh.
mound *n* meall *m*.
mountain *n* sliabh *m*.
mountaineer *n* sléibhteoir *m*.
mourn *vt vi* caoin.
mourning *n* brón *m*.
mouse *n* luchóg *f*; (*comput*) luch *f*.
moustache *n* croiméal *m*.
mouth *n* béal *m*.
mouthful *n* bolgam *m*.
move *vi* bog; *vt* bog, gluais; aistrigh.
mow *vt* bain.
Mrs *n* Bean *f*.
much *adj* a lán.

muck *n* salachar *m*.
mud *n* clábar *m*.
muddle *n* cíor *f* thuathail.
muddy *adj* lábánach.
mug *n* muga *m*.
multiple *adj* iomadúil.
multiply *vt* iolraigh.
mumble *vt* mungail.
mumps *n* an plucamas *m*.
murder *n* dúnmharú *m*. • *vt* dúnmharaigh.
murderer *n* dúnmharfóir *m*.
murmur *n* monabhar *m*.
muscle *n* matán *m*.
museum *n* músaem *m*.
mushroom *n* muisriún *m*.
music *n* ceol *m*.
musical *adj* ceolmhar.
musical instrument *n* gléas *m* ceoil.
mussel *n* diúilicín *m*.
muster *n* comhchruinniú *m*.
mutation *n* athrú *m*.
mute *adj* balbh.
mutilate *vt* ciorraigh.
mutiny *n* ceannairc *f*.
mutton *n* caoireoil *f*.
mutual *adj* cómhalartach.
my *pn* mo, m', agam.
myself *pn* mé féin.
mysterious *adj* rúndiamhair.
mystery *n* rúndiamhair *f*.
mystical *adj* mistiúil.
myth *n* miotas *m*.
mythology *n* miotaseolaíocht *f*.

N

nag *vt* tabhair amach do.
nail *n* tairne *m*.
naïve *adj* saonta.
naked *adj* lomnocht.
name *n* ainm *m*.
nap *n* néal *m* codlata.
narrate *vt* aithris.
narrative *n* scéal *m*.
narrow *adj* cúng.
nasal *adj* srónach.
nasty *adj* mailíseach.
nation *n* náisiún *m*.
national *adj* náisiúnta.
nationalism *n* náisiúnachas *m*.
nationalist *n* náisiúnaí *m*.
nationality *n* náisiúntacht *f*.
native *adj* dúchasach. • *n* dúchasach *m*.
natural *adj* nádúrtha.
nature *n* nádúr *m*.
naughty *adj* dána.
nausea *n* samhnas *m*.
nauseous *adj* samhnasach.
nautical *adj* muirí.
navel *n* imleacán *m*.
neap-time *n* mallmhuir *f*
near (to) *prep* cóngarach (do).
near-sighted *adj* gearr-radharcach.
nearly *adv* beagnach.
neat *adj* slachtmhar.
necessary *adj* riachtanach.
necessity *n* riachtanas *m*.
neck *n* muineál *m*.
need *n* riachtanas *m*. • *vt* tá ~ ó.
needle *n* snáthaid *f*.
needy *adj* bocht.
negative *adj* diúltach.

neglect *vt* déan faillí i rud.
negligent *adj* neamhchúramach.
negotiate *vt* tar ar chomhréiteach.
neighbour *n* comharsa *f*.
nephew *n* nia *m*.
nerve *n* néaróg *f*.
nest *n* nead *f*.
Netherlands *n* An Ísiltír *f*.
net *n* líon *m*.
nettle *n* neantóg *f*.
neutral *adj* neodrach.
never *adv* riamh, go deo.
nevertheless *adv* mar sin féin.
new *adj* nua, úr.
New Year *n* An Bhliain Úr *m*.
next *adj* seo chugainn
nice *adj* deas.
niche *n* almóir *m*.
nickname *n* leasainm *m*.
niece *n* neacht *f*.
night *n* oíche *f*.
nightingale *n* filiméala *f*.
nil *n* náid *f*.
nine *adj n* naoi *m*.
nineteen *adj n* naoi (gcinn) déag *m*.
ninety *adj n* nócha *m*.
ninth *adj n* naoú *m*.
nip *n* liomóg *m*; (*drink*) braon *m*.
nipple *n* dide *f*, sine *f*.
noble *adj* uasal.
nod *n* sméideadh cinn *m*.
noise *n* gleo *m*.
noisy *adj* glórach.
nominate *vt* ainmnigh.
nonsense *n* amaidí *f*.
nonstop *adv* gan stad.
noon *n* meán *m* lae.

normal *adj* gnáth-.
normally *adv* de ghnáth.
north *n* tuaisceart *m*. • *adj* tuaisceartach.
northeast *n* oirthuaisceart *m*.
northern *adj* tuaisceartach.
northwest *n* iarthuaisceart *m*.
nose *n* srón *f*.
note *n* nóta *m*. • *vt* tabhair faoi deara.
notebook *n* leabhar *m* nótaí.
nothing *n* faic *f*.
notice *n* fógra *m*. • *vt* tabhair faoi deara.
notify *vt* cuir (rud) in iúl do.
nuclear *n* núicléach *m*.
numb *adj* bodhar.
number *n* uimhir *f*. • *vt* cuir uimhir *f* ar.
numeral *n* uimhir *f*.
numerous *adj* líonmhar.
nurse *n* banaltra *f*.
nursery *n* plandlann *f*; (*children*) naíolann *f*.
nursing home *n* teach banaltrachta *f*.
nut *n* cnó *m*.
nutshell *n* blaosc *f* cnó

O

oak n dair f.
oar n maide m rámha.
oatcake n arán m coirce.
oath n mionn m.
oatmeal n min f choirce.
obdurate adj crua.
obedience n umhlaíocht f.
obey vt géill.
object n rud m. • vt cuir i gcoinne.
objection n agóid f.
oblige vt cuir rud ina oibleagáid ar; déan gar do.
oblique adj fiar.
oblivion n díchuimhne f.
oboe n óbó m.
obscene adj gáirsiúil.
obscenity n gáirsiúlacht f.
observant adj grinnsúileach.
observe vt féach ar.
obsession n gnáthsheilbh f.
obsolete adj as feidhm f.
obstinate adj dáigh.
obstruct vt bac.
obstinacy n dígeantacht f.
obvious adj soiléir.
occasion n ócáid f.
occasional adj fánach.
occult adj diamhair.
occupancy n seilbh f.
occupy vt áitigh; sealbhaigh.
ocean n aigéan m.
octagon n ochtagán m.
octave n ochtáibh f.
October n Deireadh m Fómhair.
octopus n ochtapas m.
odd adj corr.
ode n óid f.
odour n boladh m.
of prep de (*grammatically: represented by putting the following word in the genitive case, e.g.* **lack of money** easpa airgid [airgead]).
offence n coir f.
offend vt cuir olc ar.
offer n tairiscint f.
office n oifig f.
officer n oifigeach m.
officious adj postúil.
often adv go minic.
ogle vt tabhair catsúil ar.
oil n ola f.
oilfield n olacheantar m.
oil rig n rige ola m.
oily adj olúil.
ointment n ungadh m.
old adj sean.
old-fashioned adj seanfhaiseanta.
omen n tuar m.
ominous adj tuarúil.
omit vt fág ar lár.
on prep ar. • adv ar.
once adv uair (amháin).
one adj aon.
onion n oiniún m.
only adj amháin.
onward adv ar aghaidh.
ooze vi úsc.
open adj oscailte. • vt oscail.
opening n oscailt f.
operation n feidhmiú m; (*med*) obráid f.
opinion n barúil f.
opponent n céile m comhraic.
opportune adj tráthúil.

opportunity *n* deis *f*.
opposite *prep* os comhair.
optical *adj* radharcach.
optimism *n* soirbhíochas *m*.
optimistic *adj* soirbhíoch.
or *conj* nó.
oral *adj* cainte.
orange *adj* oráiste.
orator *n* óráidí *m*.
orbit *n* fithis *f*.
orchard *n* úllord *m*.
ordain *vt* oirnigh.
order *n* ordú *m*. • *vt* ordaigh.
ordinary *adj* gnáth-; coitianta.
ore *n* mianach *m*.
organ *n* ball *m*; orgán *m*.
organic *adj* orgánach.
organise *vt* eagraigh.
organiser *n* eagraí *m*.
orgasm *n* orgásam *m*.
orgy *n* fleá *f* chraois.
oriental *adj* oirthearach.
origin *n* bun *m*; foinse *f*.
originality *n* éagoitinne *f*.
originate *vi* tar ó.
ornithology *n* éaneolaíocht *f*.
orphan *n* dílleachta *m*.
osprey *n* iascaire *m* coirneach.
ostensible *adj* mar dhea.
ostrich *n* osrais *f*.
other *pn* eile.
otherwise *adv* ar chuma *f* eile.
otter *n* dobharchú *m*.
ought *vb aux* ba chóir (dom, *etc*).
ounce *n* unsa *m*.
our *pn* ár.

ours *pn* ár . . . ne, na; againne.
ourselves *pn pl* muid féin, sinn féin.
oust *vt* caith amach.
out *adv* amach.
out of date *adj* asdáta; seanaimseartha.
outdo *vt* sáraigh.
outlaw *n* coirpeach *m*.
outrage *n* fearg *f*.
outright *adv* ar fad. • *adj* iomlán.
outside *adv* taobh amuigh.
outskirts *n* imeall *m*.
outspoken *adj* díreach.
outward *adj* ón taobh amuigh.
outwit *vt* faigh an ceann is fearr ar.
oven *n* oigheann *m*.
over *prep* thar; os cionn. • *adv* **over here** abhus anseo; **over there** *adv* thall ansin.
overall *adv* ar an iomlán.
overboard *adv* thar bord.
overcharge *vt* gearr barraíocht *f* ar.
overflow *vt* sceith. • *n* (píopa, *etc*) sceite *m*.
overnight *adj adv* thar oíche.
overrule *vt* cuir ar neamhní.
overseas *adv* thar lear.
overtake *vt* téigh thar, scoith.
overtime *n* ragobair *f*.
overturn *vi* iompaigh.
overweight *adj* ramhar.
owe *vt* tá (*money, etc*) ag ar.
owl *n* ulchabhán *m*.
own *pron* féin.
owner *n* úinéir *m*.
oxter *n* ascaill *f*.
oyster *n* oisre *m*.

P

pace *n* coiscéim *f*. • *vi* (**to pace up and down**) siúl suas agus anuas.
pacifism *n* síocháinachas *m*.
pacifist *n* síochánaí *m*.
pack *vt* pacáil.
packet *n* paca *m*.
pad *n* ceap *m*; (*helicopter*) ardán *m*.
paddle *vi* céaslaigh.
paddling *n* bheith *f* ag lapadaíl.
padlock *n* banrach *f*.
page *n* leathanach *m*; (*boy*) péitse *m*; buachaill *m* freastail.
pageant *n* tóstal *m*.
pain *n* pian *f*.
painful *adj* pianmhar.
painless *adj* gan phian.
paint *n* péint *f*; • *vt* péinteáil.
painting *n* (*art*) péintéireacht *f*; (*picture*) pictiúr *m*.
pair *n* péire *m*.
palace *n* pálás *m*.
palate *n* (*hard*) carball *m*; (*soft*) coguas *m*.
pale *adj* mílitheach. • *vi* éirí bán san aghaidh *f*.
pallid *adj* mílitheach.
palm *n* bos *f*.
pamper *vt* peata a dhéanamh de dhuine.
pan *n* scilléad *m*, sáspan *m*.
pancake *n* pána *m*.
pane *n* gloine *f*.
panic *n* scaoll *m*.
pant *vi* cnead.
pantry *n* pantrach *f*.
pants *nsg* brístín *mpl*; fobhríste *m*.
papal *adj* pápach.

paper *n* páipéar *m*.
parable *n* fáthscéal *m*.
paradise *n* parthas *m*.
paradox *n* paradacsa *m*.
paradoxical *n* paradacsúil *m*.
paragraph *n* paragraf *m*.
parallel *adj* comhthreomhar.
paralysis *n* pairilis *f*.
paralytic, paralytical *adj* pairiliseach.
parapet *n* slatbhalla *m*.
paranoid *adj* paranóiach.
parcel *n* beart *m*.
pardon *n* pardún *m*. • *vt* tabhair pardún do.
parent *n* tuismitheoir *m*.
parish *n* paróiste *m*.
park *n* páirc *f*.
parliament *n* parlaimint *f*.
parody *n* scigaithris *f*.
parrot *n* pearóid *f*.
parsimonious *adj* barainneach.
parsley *n* peirsil *f*.
part *n* cuid *f*. • *vt* scar.
partake *vi* bheith rannpháirteach i rud.
particle *n* cáithnín *m*.
particular *adj* áirithe.
parting *n* (*of people*) scaradh *m*; (*in hair*) stríoc *f*.
partition *n* (*wall*) spiara *m*; (*pol*) coíochdheighilt *f*.
partly *adv* breac-; leath-.
partner *n* páirtí *m*; céile *m*.
pass *n* bearnas *m*.
pass *vt* scoith; (*sport*) pasáil.
passable *adj* cuibheasach.
passage *n* pasáiste *m*; (*in book*) sliocht *m*.

passion n paisean m.
passionate adj paiseanta.
passive adj síochánta.
passivity n fulangacht f.
passport n pas m.
past n an t-am atá thart m. • prep thar, i ndiaidh.
pasta n pasta m.
pastry n taosrán m.
pasture n féarach m.
pat vt slíoc m.
patch n paiste m.
paternal adj athartha.
path n cosán m.
pathetic adj truamhéalach.
patience n foighne f.
patient adj foighneach. • n othar m.
patrimony n atharthacht f.
patronymic n ainm m sinsearthachta.
pattern n patrún m.
paunch n maróg f.
pause n sos f; moill f. • vi déan moill f.
paw n lapa m.
pawn n (chess) ceithearnach m; (fig) fichillín m. • vt cuir i ngeall.
pay n pá m. • vt díol, íoc.
pea n pis f.
peace n síocháin f.
peaceful adj síochánta.
peach n péitseog f.
peak n (mountain) binn f, stuaic f.
pear n piorra m.
pearl n péarla m.
peat n móin f.
pebble n méaróg f.
peck vt gob.
pectoral adj uchtach.
peculiar adj corr, aisteach.
pedal n troitheán m.
pedantry n saoithíntacht f.

peddle vt déan mangaireacht f.
pedestrian n coisí m.
pee vt vi mún.
peel n craiceann m. • vt scamh.
peep n spléachadh m. • vt tabhair spléachadh ar.
peevish adj colgach.
peewit n pilibín m.
pelt vt (**to pelt someone with stones**) caith clocha le duine.
pen n peann m.
penalty n pionós m.
penance n aithrí f.
pending adj ar feitheamh.
penetrate vt poll.
peninsula n leithinis f.
penis n bod m.
penny n pingin f.
pension n pinsean m.
pensioner n pinsinéir m.
people n daoine m.
pepper n piobar m.
perceive vt airigh.
per cent adv faoin gcéad.
perch n (for bird) fara m; (fish) péirse f. • vi suigh ar.
percolator n síothlán m.
percussion n greadadh m.
perennial adj síoraí.
perfect adj foirfe.
perform vt comhlíon.
perfume n cumhrán m.
perhaps adv b'fhéidir, seans.
period n tréimhse f.
perish vi éag, meath.
perishable adj meatach.
permanence n buaine f.
permanent adj buan.
permissive adj ceadaitheach.
permit n ceadúnas m. • vt ceadaigh.
perpendicular adj ingearach.

perquisite *n* solamar *m*.
persecute *vt* céas.
persevere *vt* coinnigh ort le.
persistent *adj* dígeanta.
person *n* duine *m*.
personal *adj* pearsanta.
persuade *vt* áitigh (ar).
persuasion *n* áitiú *m*.
pertinent *adj* oiriúnach.
peruse *vt* grinnléigh.
perverse *adj* saobh.
pervert *n* saofóir *m*.
pessimist *n* duarcán *m*.
pest *n* plá *f*.
pestle *n* tuairgnín *m*.
pet *n* peata *m*.
petition *n* achainí *f*. • *vt vi* impigh ar.
petrol *n* peitreal *m*.
petticoat *n* fo-ghúna *m*.
pew *n* suíochán *m*.
pharmacist *n* poitigéir *m*.
phantom *n* taibhse *f*.
pheasant *n* piasún *m*.
phenomenon *n* feiniméan *m*.
philosopher *n* fealsamh *m*.
philosophy *n* fealsúnacht *f*.
phlegmatic *adj* réamach.
phone *n* fón *m*.
phosphorescence *n* tine *f* ghealáin.
photograph *n* grianghraf *m*.
phrase *n* frása *m*.
physical *adj* fisiceach.
piano *n* pianó *m*.
pianist *n* pianódóir *m*.
pick *vt* pioc.
pickle *n* picilí *fpl*.
Pict *n* Piocht *m*.
picture *n* pictiúr *m*.
picturesque *adj* pictiúrtha.
pie *n* píóg *f*.
piece *n* píosa *m*.

pier *n* cé *f*.
pierce *vt* poll.
pig *n* muc *f*.
pigeon *n* colúr *m*.
pigsty *n* cró *m* muc *f*.
pile *vt* carn.
pilfer *vt* déan mionghadaíocht *f*.
pilfering *n* mionghadaíocht *f*.
pilgrim *n* oilithreach *m*.
pill *n* piollaire *m*.
pillar *n* colún *m*.
pillow *n* piliúr *m*.
pilot *n* píolóta *m*.
pimple *n* goirín *m*.
pin *n* biorán *m*.
PIN *abbr* (*number*) Uimhir *f* Aitheantais Phearsanta.
pinch *vt* bain liomóg *f* as duine.
pine *n* (*bot*) péine *m*.
pink *adj* bándearg.
pipe *n* píopa *f*; (*mus*) píb *f*.
pirate *n* foghlaí *m* mara.
pirouette *n* fiodrince *m*. • *vi* déan fiodrince.
piss *n* mún *m*. • *vt vi* mún.
pistol *n* piostal *m*.
pitch *n* (*mus*) airde *f*; (*sport*) páirc *f* imeartha.
pitiful *adj* truacánta.
pittance *n* miontuarastal *m*.
pity *n* trua *f*.
place *n* áit *f*. • *vt* (*object*) cuir; (*identify*) aithin.
placidity *n* ciúnas *m*.
plague *vt* ciap.
plaice *n* leathóg *f* bhallach.
plaid *n* breacán *m*.
plain *adj* simplí.
plaintiff *n* (*law*) gearánaí *m*.
plait *n* trilseán *m*.
plan *n* plean *m*. • *vt* pleanáil.

planet *n* plainéad *m*.
plank *n* planc *m*.
plant *n* planda *m*. • *vt* cuir.
plantation *n* fáschoill *f*; plandáil *f*.
plaster *n* plástar *m*.
plastic *adj* plaisteach.
plate *n* pláta *m*.
plateau *n* ardchlár *m*.
plausible *adj* inchreidte.
play *vt* (*game*) imir; (*instrument*) seinn ar.
player *n* imreoir *m*.
plead *vi vt* pléadáil.
pleasant *adj* pléisiúrtha.
please *vt* sásaigh; taitin le.
pleasure *n* pléisiúr *m*.
pleat *n* filleadh *m*.
plenty *adv* go leor; flúirse (+ *gen*).
plight *n* cruachás *m*.
plod *vi* siúil go costrom.
plot *n* comhcheilg *f*; plota *m*.
plough *n* céachta *m*. • *vt* treabh.
plug *n* (*elec*) plocóid *f*; stopallán *m*.
plum *n* pluma *m*.
plumb *vt* tomhais doimhneacht (+ *gen*).
plump *adj* ramhar.
plunder *n* creach *f*. • *vt* creach.
plunge *vi* báigh.
plural *adj n* iolra *m*.
plurality *n* iolracht *f*.
plus *prep* móide.
poach *vt* póitseáil.
poacher *n* póitseálaí *m*.
pocket *n* póca *m*.
poem *n* dán *m*.
poet *n* file *m*.
poetry *n* filíocht *f*.
point *vt* taispeáin; dírigh do mhéar *f* ar.
poison *n* nimh *f*.

police *n* gardaí *mpl*; péas *m*; póilíní *mpl*.
polish *n* snas *m*.
polite *adj* múinte.
pollute *vt* truailligh.
pompous *adj* mustrach, mórchúiseach.
pond *n* linn *f*.
pony *n* pónaí *m*.
pool *n* linn *f*; (*rain*) slodán *m*.
poor *adj* bocht.
Pope *n* Pápa *m*.
popular *adj* coitianta.
population *n* daonra *m*.
porch *n* póirse *m*.
porridge *n* brachán *m*; leite *f*.
port *n* port *m*.
portable *adj* iniompartha.
portion *n* roinn *f*.
Portugal *n* An Phortaingéil *f*.
positive *adj* dearfach.
possess *vt* (**to possess something**) rud a bheith i do sheilbh.
possible *adv* is féidir go.
possibly *adv* seans.
post *vt* postáil; cuir sa phost.
postal order *n* ordú *m* poist.
post card *n* cárta *m* poist.
postcode *n* cód *m* poist.
postman *n* fear *m* poist.
post office *n* oifig *f* an phoist.
pot *n* pota *m*.
potato *n* práta *m*.
pottery *n* potaireacht *f*.
potty *adj* gan tábhacht *f*; (*sl*) mearaí.
pound *n* punt *m*.
pour *vt* doirt.
powder *n* púdar *m*.
power *n* cumhacht *f*.
power station *n* stáisiún *m* cumhachta.
practical *adj* praiticiúil.
practice *n* cleachtadh *m*.

practise *vt* cleacht.
praise *n* moladh *m*. • *vt* mol.
prank *n* cleas *m*, bob *m*.
prawn *n* cloichéan *m*.
pray *vi vt* guigh.
prayer *n* paidir *f*.
prayerbook *n* leabhar *m* urnaí.
preach *vi* tabhair seanmóir.
precarious *adj* neamhchinnte.
precaution *n* réamhchúram *m*.
precautionary *adj* réamhchúramach.
precentor *n* réamhchantóir *m*.
precious *adj* luachmhar.
precipitous *adj* rite.
precise *adj* beacht.
precocious *adj* seanchríonna.
predatory *adj* foghlach.
predict *vt* réamhaithris.
predominant *adj* ardcheannasach.
preface *n* réamhrá *m*.
prefer *vt* is fearr (liom, etc).
pregnant *adj* torrthach.
prehistorical *adj* réamhstairiúil.
prejudice *n* réamhchlaonadh *m*.
preliminary *adj* tosaigh, réamh-.
premises *n* áitreamh *m*.
premonition *n* tuar *m*.
prepare *vt* ullmhaigh.
preposterous *adj* míréasúnta.
prescription *n* oideas *m*.
presence *n* láithreacht *f*.
present *n* an t-am i láthair; (*gift*) bronntanas *m*. • *vt* bronn.
presently *adv* ar ball.
president *n* uachtarán *m*.
press release *n* preasráiteas *m*.
pretence *n* cur *m* i gcéill *f*.
pretend *vi* cuir i gcéill *f*.
pretty *adj* gleoite, deas.
prevailing *adj* coitianta.
previously *adv* roimhe sin.

prey *n* creach *f*. • *vi* creach, seilg.
price *n* praghas *m*.
prick *vt* prioc.
prickly *adj* deilgneach.
pride *n* uabhar *m*.
priest *n* sagart *m*.
prim *adj* deismíneach.
primary school *n* bunscoil *f*.
primitive *adj* seanársa.
primrose *n* (*bot*) sabhaircín *m*.
prince *n* prionsa *m*.
print *vt* clóbhuail.
printer *n* (*comput*) printéir *m*.
print out *n* asphrionta *m*.
private *adj* príobháideach.
privilege *n* pribhléid *f*.
prize *n* duais *f*.
probable *adj* dócha.
probably *adv* is dócha.
probity *n* cneastacht *f*.
problem *n* fadhb *f*.
problematic *adj* fadhbach.
process *n* próiseas *m*.
proclaim *vt* fógair.
prod *vt* prioc, broid.
produce *n* toradh *m*. • *vt* táirg.
producer *n* táirgeoir *m*.
profession *n* slí *f* bheatha.
professor *n* ollamh *m*.
profit *n* brabús *m*. • *vt* déan brabús ar.
profound *adj* domhain.
profuse *adj* raidhseach, flúirseach.
program *n* (*comput*) ríomhchlár *m*.
programme *n* (*TV, etc*) clár *m*.
programmer *n* ríomhchláraitheoir *m*.
progress *n* dul chun cinn *m*.
prohibit *vt* coisc.
prolific *adj* torthúil.
prominent *adj* suntasach; feiceálach.

promontory *n* ros *m*, rinn *f*.
prompt *adj* pras.
pronoun *n* forainm *m*.
pronounce *vt* fuaimnigh.
prop *vt* tacaigh le.
proper *adj* cóir.
property *n* sealúchas *m*; maoin *f*.
prophesy *vt* tairngir.
proportion *n* comhréir *f*; cionmhaireacht *f*.
proprietor *n* dílseánach *m*, úinéir *m*.
propulsion *n* tiomáint *f*.
prose *n* prós *m*.
prosecute *vt* ionchúisigh.
prostitute *n* striapach *f*.
prostrate *adj* faon; sínte.
protect *vt* cosain.
protection *n* cosaint *f*.
protest *vt* dearbhaigh.
Protestant *n* Protastúnach *m*.
proud *adj* bródúil.
prove *vt* cruthaigh.
proverb *n* seanfhocal *m*.
provide *vt* soláthair.
province *n* cúige *m*.
provocation *n* saighdeadh *m*.
provost *n* uachtarán *m*.
prow *n* (*mar*) srón *f*.
prowl *vi* bheith ag smúrthacht *f* thart.
prude *n* duine *m* róchúisiúil.
prudent *adj* críonna.
prune *vt* bearr.
pry *vi* bí ag srónaíl.
psalm *n* salm *m*.
psalter *n* saltair *f*.
psychic *adj* síceach.

ptarmigan *n* tarmachan *m*.
pub *n* teach *m* tábhairne.
public *adj* poiblí.
publicity *n* poiblíocht *f*.
public relations *n* caidreamh *m* poiblí.
publish *vt* foilsigh.
pudding *n* (*sausage*) putóg *f*; (*sweet*) milseog *f*; maróg *f*.
puddle *n* slodán *m*, lochán *m*.
puffin *n* fuipín *m*.
pull *vt* tarraing.
pulpit *n* puilpid *f*.
pulse *n* cuisle *f*.
pump *n* caidéal *m*; (*shoe*) buimpéis *f*.
punctual *adj* poncúil.
puncture *n* poll *m*.
punish *vt* cuir pionós ar.
punishment *n* pionós *m*.
pupil *n* dalta *m*; (*eye*) mac imrisc *m*.
puppy *n* coileáinín *m*.
pure *adj* glan-.
purge *vt* purgaigh.
purity *n* glaineacht *f*.
purple *adj* corcra.
purse *n* sparán *m*.
pursue *vt* tóraigh.
pursuit *n* tóir *f*.
push *n* brú *m*. • *vt* brúigh.
pussy cat *n* puisín *m*.
put *vt* cuir.
putrid *adj* lofa.
putt *vt* déan amas.
puzzle *n* dúcheist *f*.
pylon *n* piolón *m*.
pyramid *n* pirimid *f*.

Q

quack *vi* vác a ligean as.
quaint *adj* den tseandéanamh.
Quaker *n* duine *m* de Chumann na gCarad.
qualification *n* cáilíocht *f.*
qualify *vt* cáiligh.
quality *n* tréith *f.*
quantity *n* méid *m.*
quarrel *n* troid *f.* • *vi* troid.
quarrelsome *adj* trodach.
quarry *n* (*geog*) cairéal *m*; creach *f.*
quarter *n* ceathrú *f*; (*season*) ráithe *f.*
quartz *n* (*min*) grianchloch *f.*
quaver *n* crith *m*; (*mus*) camán *m.*
queasy *adj* samhnas a bheith ort.
queen *n* ríon *f.*
quell *vt* smachtaigh.
quench *vt* báigh.
quern *n* bró *f.*
question *n* ceist *f.* • *vt* ceistigh.
question mark *n* comhartha ceiste *f.*
queue *n* scuaine *f.*
quibble *vi* éirigh argóntach.
quick *adj* gasta, mear.
quicksand *n* gaineamh *m* beo.
quiet *adj* suaimhneach; ciúin.
quieten *vt* ciúnaigh.
quilt *n* cuilt *f.*
quirk *n* aiste *f.*
quit *vt* fág.
quite *adv* go maith, ar fad.
quiver *vi* crith. • *n* crith *m.*
quiz *n* tráth ceisteanna *m.*
quotation *n* sliocht *m*; (*price*) pragh as *m* luaite.
quote *vt* luaigh; tabhair mar údar.

R

rabbit *n* coinín *m*.
rabid *adj* fíochmhar.
race *n* rás *m*; (*human*) cine *m*.
racism *n* ciníochas *m*.
racket *n* raicéad *m*; (*noise*) callán *m*.
radiant *adj* dealraitheach.
radiate *vt vi* radaigh.
radiator *n* radaitheoir *m*.
radical *adj* radacach.
radio *n* raidió *m*.
raffle *n* crannchur *m*.
raft *n* rafta *m*.
rafter *n* rachta *m*.
rag *n* giobal *m*.
rage *n* cuthach *m*.
raid *n* ruathar *m*.
railroad, railway *n* iarnród *m*.
rain *n* fearthainn *f*. • *vi* bheith ag cur fearthainne.
rainbow *n* bogha *m* báistí.
rainy *adj* báistiúil, fliuch.
raise *vt* ardaigh, tóg.
rake *vt* racáil.
ram *n* reithe *m*. • *vt* pulc.
RAM *abbr see* **random access memory**.
rambler *n* spaisteoir *m*.
rampant *adj* rábach.
rancid *adj* bréan.
random *adj* fánach, randamach.
random access memory (**RAM**) *n* (*comput*) cuimhne *f* randamrochtona.
range *n* raon *m*; sliabhraon *m*. • *vt* rangaigh.
rank *n* rang *m*; céimíocht *f*.
rankle *vi* goill ar.
ransom *n* fuascailt *f*. • *vt* cuir duine ar fuascailt.
rapacious *adj* amplach.
rape *n* éigniú *m*. • *vt* éignigh.
rapid *adj* tapaidh.
rapidity *n* tapúlacht *f*.
rare *adj* annamh.
rarity *n* teirce *f*.
rash *adj* tobann. • *n* gríos *m*.
raspberry *n* sú *f* craobh.
rat *n* francach *m*.
rate *n* ráta *m*; táille *f*.
rather *adv* beagán.
ravage *vt* slad; scrios; creach.
rave *vi* bí ag rámhaille.
raven *n* fiach dubh *m*.
ravenous *adj* craosach, amplach.
raw *adj* amh.
razor *n* rásúr *m*.
reach *vt* sroich. • *n* fad *m* láimhe.
read *vt vi* léigh.
reader *n* léitheoir *m*.
readily *adv* go toilteanach.
readiness *n* réidhe *f*.
ready *adj* réidh.
real *adj* fíor-.
realise *vt* cuir i ngníomh.
reality *n* réaltacht *f*.
really *adv* go fírinneach.
reap *vt* bain.
rear *n* cúl *m*; deiridh *m*.
reason *n* cúis *f*; réasún *m*; ciall *f*.
rebate *n* lacáiste *m*.
rebel *n* ceannairceach *m*. • *vi* éirigh amach.
rebuff *n* gonc *m*.
rebuild *vt* atóg.
recall *vt* athghair.

recede *vi* cúlaigh.
receive *vt* faigh; glac.
recent *adj* deireanach.
recently *adv* ar na mallaibh.
reception *n* glacadh *m*; fáiltiú *m*.
receptive *adj* soghabhála.
recession *n* meathú *m*.
recipe *n* oideas *m*.
reciprocal *adj* cómhalartach.
recital *n* aithris *f*; (*mus*) ceadal *m*.
reckless *adj* meargánta.
reckon *vt* áirigh.
reclaim *vt* faigh *or* iarr ar ais.
recline *vi* luigh siar.
recognise *vt* aithin.
recommend *vt* mol.
reconcile *vt* déan athmhuinteáras idir.
record *vt* cláraigh; taifead. • *n* taifead *m*; cuntas *m*; (*mus*) ceirnín *m*; cáipéis *f*.
recover *vt* faigh ar ais.
recovery *n* athghabháil *f*; biseach *m*.
recreation *n* caitheamhm *m* aimsire *f*.
rectify *vt* ceartaigh.
rector *n* reachtaire *m*.
recur *vi* atarlaigh; fill.
red *adj* dearg; rua.
redeem *vt* fuascail.
redirect *vt* athsheol.
redouble *vt vi* athdhúblail.
reduce *vt* laghdaigh.
redundant *adj* iomarcach; díomhaoin.
reed *n* giolcach *f*.
reef *n* (*mar*) sceir *f*.
reel *n* (*fishing*) roithleán *m*; (*thread*) ceirtlín *m*; (*dance*) ríl *f*.
refer *vt* seol (duine) chuig; tagair (do).
referee *n* réiteoir *m*.
reference *n* (*for job*) teistiméireacht *f*.
refill *vt* athlíon.
refit *vt* athchóirigh.
reflect *vt* frithchaith; smaoinigh ar.
reform *vt* leasaigh.
refrain *vi*: **to refrain from something** staon ó rud.
refresh *vt* úraigh.
refreshment *npl* soláistí *mpl*.
refuge *n* tearmann *m*.
refund *vt* aisíoc. • *n* aisíoc *m*.
refusal *n* diúltú *m*.
refuse *vt* diúltaigh.
refute *vt* bréagnaigh.
regard *vt* breathnaigh, amharc. • *n* aird *f*.
register *n* clár *m*.
regret *n* aithreachas *m*. • *vt* tá aithreachas orm (faoi).
regulate *vt* rialaigh.
rehearsal *n* cleachtadh *m*.
rehearse *vt* cleacht.
reign *vi* rialaigh.
reimburse *vt* aisíoc.
rein *n* srian *m*.
reinforce *vt* treisigh.
rejoice *vt* déan ollghairdeas faoi (rud).
relate *vt* aithris.
related *adj* (*akin*) gaolmhar.
relation *n* gaol *m*.
relative *adj* coibhneasta.
relax *vt* bog; scaoil. • *vi* déan scíth *f*.
release *vt* scaoil; fuascail.
relent *vi* maolaigh.
relentless *adj* neamhthrócaireach.
relevant *adj* ag baint le hábhar.
reliable *adj* iontaofa.
relic *n* iarsma *m*.
relief *n* faoiseamh *m*.
relieve *vt* maolaigh.
religion *n* creideamh *m*.

relish n (culin) anlann m; díograis f. • vt faigh blas ar.
reluctant adj drogallach.
rely vi braith ar.
remain vi fan.
remains n fuílleach m; (human) corp m, corpán m.
remark n focal m.
remarkable adj sonraíoch.
remedy n leigheas m.
remember vt cuimhnigh ar.
remind vt cuir (rud) i gcuimhne do.
reminiscence n athchuimhne f.
remorse n doilíos m.
remote adj iargúlta.
remote control n cianrialú m.
renaissance m athbheochan f.
rend vt stróic.
renew vt athnuaigh.
rent n cíos m. • vt lig ar cíos; faigh ar cíos.
repair vt deisigh. • n deisiú m.
repay vt aisíoc.
repeat vt athchraol (TV); abair arís.
repel vt ruaig.
replace vt cuir ar ais.
replay vt athimir.
replete adj lán.
reply n freagra m. • vi freagair.
report vt tuairiscigh.
reporter n tuairisceoir m.
representative n ionadaí m.
reprieve n (law) spásas m; faoiseamh m.
reprimand n casaoid f.
reprisal n díoltas m.
reproach vt cuir rud i leith duine.
reproduce vt atáirg.
reproduction n atáirgeadh m.
reptile n reiptíl f.
republic n poblacht f.

reputation n clú m.
request n iarratas m. • vt iarr ar.
rescue vt sábháil.
research vt taighd.
researcher n taighdeoir m.
resent vt is fuath (liom).
resentment n doicheall m.
reserve n taisc. • n cúlchiste m.
reservoir n taiscumar m.
residence n cónaí m.
resign vt éirigh as.
resistance n frithbheart m.
resolute adj diongbháilte.
resonant adj athshondach.
resource n seift f.
respect n meas m. • vt meas a bheith agat (ar dhuine).
respectable adj measúil.
respectful adj urramach.
respective adj faoi seach.
respite n cairde m.
responsibility n freagracht f.
responsive adj freagrach.
rest n scíth f; (mus) sos m. • vt luigh (ar); fan.
restaurant n bialann f.
restful adj suaimhneach.
restless adj corrthónach.
restore vt athchóirigh.
restrict vt cúngaigh.
result n toradh m.
retain vt coinnigh.
reticent adj tostach.
retire vi éirigh as (post).
retirement n scor m.
retreat vi cúlaigh.
retribution n cúiteamh m.
return vi fill. • n filleadh m.
reveal vi foilsigh.
revelation n foilsiú m.
revenge n díoltas m.

reverend *adj* urramach.
reverent *adj* urramach.
review *vt* athbhreithnigh.
revival *n* athbheochan *f*.
revive *vt* athbheoigh.
revolve *vt* imrothlaigh.
reward *n* duais *f*.
rheumatic *adj* réamatach.
rheumatism *n* scoilteacha *f* daitheachen *nfpl*.
rhinoceros *n* srónbheannach *m*.
rhubarb *n* biabhóg *f*.
rhyme *n* rím *f*. • *vi* déan rím *f*.
rib *n* easna *f*.
ribbon *n* ribín *m*.
rice *n* rís *f*.
rich *adj* saibhir.
riches *npl* saibhreas *m*.
riddle *n* tomhas *m*.
ride *vi* déan marcaíocht *f*.
rider *n* marcach *m*.
ridge *n* droim *m*.
ridiculous *adj* amaideach.
right *adj* ceart; (*hand*) deas. • *n* ceart *m*; (*side*) deiseal *m*. • *vt* cuir i gceart.
rigid *adj* docht.
rigour *n* déine *f*.
rim *n* fonsa *m*.
rind *n* craiceann *m*.
ring *n* fáinne *m*; ciorcal *m*. • *vt* (*telephone*) glaoigh ar.
rinse *vt* sruthlaigh.
ripe *adj* aibí.
ripen *vt vi* aibigh.
ripple *n* (*on water*) cuilithín *m*.
rise *vi* éirigh.
risk *n* priacal *m* • *vt* rud a chur i gcontúirt *f*.
rival *adj* iomaíochta. • *n* iomaitheoir *m*.
rivalry *n* iomaíocht *f*.

river *n* abhainn *f*.
rivulet *n* sruthán *m*.
road *n* ród *m*, bóthar *m*.
roam *vi* (imigh) ar fud na háite
roar *vi* béic. • *n* béic *f*.
roast *vt vi* róst.
rob *vt* creach, robáil.
robber *n* creachadóir *m*, robálaí *m*.
robbery *n* slad *m*.
robe *n* róba *m*.
robin (redbreast) *n* spideog *f* bhronndearg.
rock *n* cloch *f*. • *vt* luasc.
rod *n* slat *f*.
roe *n* fia *m* rua; (*fish*) eochraí *f*.
rogue *n* rógaire *m*.
roll *vt* roll. • *n* rolla *m*.
romance *n* rómánsaíocht *f*.
romantic *adj* rómánsach.
roof *n* díon *m*.
rook *n* (*orn*) préachán *m* dubh.
room *n* seomra *m*; (*space*) fairsingeacht *f*.
roomy *adj* fairsing.
root *n* fréamh *f*.
rope *n* rópa *m*, téad *f*.
rosary *n* paidrín *m*.
rose *n* rós *m*.
rosy *adj* rósach.
rot *n* lobhadh *m*.
rotten *adj* lofa.
rough *adj* garbh.
round *adj* cruinn. • *adv* thart, timpeall.
rouse *vt vi* dúisigh.
rout *n* ruaig *f*.
routine *n* gnáthchúrsa *m*.
row *n* (*rank*) líne *f*; (*fight*) racán *m*.
rowan *n* caorthann *m*.
rower *n* rámhaí *m*.
rub *vt* cuimil.
rubbish *n* bruscar *m*, (*idea*) seafóid *f*.

rudder *n* stiúir *f*.
rude *adj* borb.
rue *vt* aiféala a bheith ort.
rueful *adj* dubhach.
ruffian *n* bithiúnach *m*.
rug *n* ruga *m*.
ruin *n* scrios *m*; (*house*) fothrach tí *m*.
rule *n* riail *f*. • *vt* rialaigh.
rumble *vi* déan tormáil *f*.
rummage *vi* ransaigh.
rumour *n* ráfla *m*.
run *vt*: **to run the risk** teigh sa tseav *vi* rith.
runnel *n* sruthlán *m*.
rural *adj* tuaithe.
rush *vi* brostaigh.
rust *n* meirg *f*.
rut *n* cis *f*.
ruthless *adj* neamhthruacánta.

S

Sabbath *n* sabóid *f*.
sack *n* sac *m*, mála *m*. • *vt* bóthar a thabhairt do.
sacrament *n* sacraimint *f*.
sacred *adj* naofa.
sacrifice *n* íobairt *f*. • *vt* íobair.
sad *adj* brónach.
sadden *vt* dubhaigh.
saddle *n* diallait *f*.
sadness *n* brón *m*.
safe *adj* slán; sábháilte.
safety *n* sábháilteacht *f*.
saffron *n* cróch *m*.
sag *vi* tit.
sagacious *adj* géarchúiseach.
sail *n* seol *m*. • *vi vt* seol.
saint *n* naomh *m*.
sake *n* **for God's sake** ar son Dé *m*.
salad *n* sailéad *m*.
sale *n* reic *f*.
saleable *adj* indíolta.
saliva *n* seile *f*.
sallow *adj* liathbhuí.
salmon *n* bradán *m*.
salmon trout *n* breac *m* geal.
salt *n* salann *m*.
salt cellar *n* sáiltéar *m*.
salutary *adj* tairbheach.
salute *vt* beannaigh do.
salvage *n* tarrtháil *f*.
same *adj* céanna.
sameness *n* ionannas *m*.
sample *n* sampla *m*.
sanctify *vt* naomhaigh.
sanctuary *n* tearmann *m*.
sand *n* gaineamh *m*.
sandstone *n* gaineamhchloch *f*.
sandy *adj* gainmheach.

sane *adj* céillí.
sapling *n* buinneán *m*.
sapphire *n* saifír *f*.
sarcasm *n* tarcaisne *f*.
sarcastic *adj* searbhasach.
satanic *adj* diabhlaí.
satchel *n* mála *m* scoile.
sate *vt* sásaigh.
satellite *n* satailít *f*.
satiate **vt** sásaigh.
satin *n* sról *m*.
satire *n* aoir *f*.
satirical *adj* aorach.
satirist *n* aorthóir *m*.
satisfaction *n* sásamh *m*.
satisfied *adj* sásta.
satisfy *vt* sásaigh.
saturate *vt* maothaigh.
Saturday *n* Dé Sathairn *m*.
sauce *n* anlann *m*.
saucepan *n* sáspan *m*.
saucer *n* fochupán *m*.
sausage *n* ispín *m*.
save *vt* sábháil; tarrtháil.
savour *vt* faigh blas ar.
savoury *adj* blasta.
saw *n* sábh *m*. • *vt* sábh.
say *vt* abair.
saying *n* seanfhocal *m*.
scald *vt* scall.
scale *n* scála *m*; (*fish*) lann *f*; (*mus*) scála *m*.
scaly *adj* gaineach.
scalp *n* craiceann *m* an chinn.
scan *vt* breathnaigh.
scandal *n* scannal *m*.
scandalise *vt* scannalaigh.
scandalous *adj* scannalach.

scar *n* colm *m*.
scarce *adj* tearc.
scare *vt* cuir eagla *f* ar.
scarecrow *n* fear *m* bréige.
scarf *n* scaif *f*.
scatter *vt* scaip.
scattering *adj* scaipeadh.
scene *n* radharc *m*.
scenic *adj* álainn.
scent *n* cumhracht *f*.
scented *adj* cumhraithe.
sceptical *adj* amhrasach.
scheme *n* scéim *f*.
school *n* scoil *f*.
schoolmaster *n* máistir scoile *m*.
schoolmistress *n* máistreás *f* scoile *f*.
schoolteacher *n* múinteoir scoile *f*.
science *n* eolaíocht *f*.
scientific *adj* eolaíoch.
scissors *n* siosúr *m*.
scold *vt* scoill.
scone *n* bonnóg *f*; scóna *m*.
scorch *vt* ruadhóigh.
score *n* scór *m*. • *vt* scríob.
scorn *n* tarcaisne *f*.
scornful *adj* tarcaisneach.
Scotland *n* Albain *f*.
Scottish *adj* Albanach.
scour *vt* sciúr.
scourge *n* sciúirse *m*.
scout *n* (*milit*) scabhta *m*.
scowl *vi* gruig.
scrape *vt vi* scríob.
scratch *vt* scríob. • *n* scríobadh *m*.
scream *vi* lig scread *f*. • *n* scread *f*.
scree *n* sciollach *m*.
script *n* script *f*.
scroll *n* scrolla *m*.
scrotum *n* cadairne *m*.
scrub *vt* sciúr.
scruple *n* scrupall *m*.

scrupulous *adj* scrupallach.
scuffle *n* racán *m*.
sculptor *n* dealbhóir *m*.
sculpture *n* dealbhóireacht *f*.
scythe *n* speal *f*. • *vt* speal.
sea *n* muir *f*, farraige *f*.
seagull *n* faoileán *m*.
seal *n* rón *m*; (*official*) séala *m*. • *vt* séalaigh.
sea level *n* leibhéal na farraige *f*.
seaport *n* calafort *m*.
sear *vt* feoigh.
search *vt* cuardaigh. • *n* cuardach *m*.
seashore *n* cladach *m*.
season *n* séasúr *m*.
seasonable *adj* tráthúil.
seat *n* suíochán *m*.
seaweed *n* feamainn *f*.
second *adj* dara.
secondary *adj* tánaisteach.
secondary school *n* meánscoil *f*.
secondhand *adj* athláimhe.
secondly *adj* sa dara cás.
secrecy *n* rúndacht *f*.
secret *adj* rúnda *m*. • *n* rún *m*.
secretary *n* rúnaí *m*.
secretive *adj* ceilteach.
secretly *adv* faoi cheilt *f*.
sect *n* seict *f*.
sectarian *n* seicteach *m*.
secular *adj* saolta.
secure *adj* daingean. • *vt* daingnigh.
security *n* slándáil *f*.
seduce *vt* meall.
seduction *n* meabhlú *m*.
see *vt* feic.
seed *n* síol *m*. • *vt vi* síolaigh.
seeing *conj*: **seeing that** ós rud é go/ nach.
seek *vt* cuardaigh.
seer *n* fáidh *m*.

seize *vt* gabh.
seldom *adv* annamh.
select *vt* togh.
self- *pref* féin, féin-.
self-interest *n* leithleachas *m*.
selfish *adj* leithleach.
sell *vt* díol.
semiquaver *n* leathchamán *m*.
seminary *n* cliarscoil *f*.
semitone *n* (*mus*) leath-thon *m*.
senate *n* seanad *m*.
send *vt* cuir (sa phost); seol.
senile *adj* seanaoiseach.
senior *adj* sinsearach.
sensation *n* mothú *m*.
sense *n* ciall *f*.
senseless *adj* gan chiall *f*.
sensible *adj* céillí.
sensitive *adj* íogair.
sensual, sensuous *adj* macnasach.
sentence *n* abairt *f*; (*law*) breith *f*.
sentimental *adj* maoithneach.
separate *vt* dealaigh, deighil.
separation *n* scaradh *m*.
September *n* Mí *m* Mheán Fómhair.
septic *adj* seipteach.
sepulchral *adj* tuamúil.
sequence *n* ord *m*, sraith *f*.
serene *adj* sámh.
sergeant *n* sáirsint *m*.
series *n* sraith *f*.
serious *adj* dáiríre.
serpent *n* nathair *f*.
serrated *adj* fiaclach.
servant *n* searbhónta *m*.
serve *vt* freastal ar; riar ar.
service *n* seirbhís *f*.
serviceable *adj* áisiúil.
session *n* seisiún *m*.
set *vt* cuir; socraigh.
settle *vt* socraigh.

settlement *n* socraíocht *f*; (*of land*) lonnaíocht *f*
seven *adj* seacht. • *n* (*people*) seachtar *m*.
seventeen *adj n* seacht déag *m*.
seventh *adj n* seachtú *m*.
seventy *adj n* seachtó *m*.
sever *vt* teasc.
severe *adj* géar.
severity *n* géire *f*.
sew *vt vi* fuaigh.
sewage, sewer *n* séarachas *m*.
sewing *n* fuáil *f*.
sex *n* gnéas *m*.
sexual intercourse *n* caidreamh *m* collaí.
shade *n* scáth *m*. • *vt* scáthaigh.
shadow *n* scáth *m*.
shady *adj* scáthach.
shaggy *adj* mothallach.
shallow *adj* tanaí.
sham *adj* cur i gcéill.
shame *n* náire *f*. • *vt* náirigh.
shameful *adj* náireach.
shanty *n* seantán *m*.
shape *vt* múnlaigh. • *n* cruth *m*.
shapely *adj* comair.
share *n* roinnt *f*. • *vt* roinn.
shark *n* siorc *m*.
sharp *adj* géar.
sharpen *vt* faobhraigh.
sharpness *n* géire *f*.
shave *vt* bearr.
shawl *n* seál *m*.
she *pn* sí, í.
shear *vt* lom.
shearing *n* lomadh *m*.
sheath *n* (*contraceptive*) coiscín *m*.
shed *vt* doirt. • *n* bothán *m*.
sheep *n* caora *f*.
sheepdog *n* madra *m* caorach.

sheet n (*bed*) braillín m.
shelf n seilf f; (*rock*) laftán m.
shellfish npl bia m sliogán.
shelter n dídean m.
shepherd n aoire m.
sheriff n sirriam m.
Shetland n Sealtainn f.
shield n sciath f. • vt cosain.
shieling n bothán m.
shine vi lonraigh.
shinty n iomáint f.
shinty stick n camán m.
ship n long f.
shipwreck n longbhriseadh m.
shire n sír f.
shirt n léine f.
shiver vi crith.
shoal n scoil f.
shock n (*elec*) turraing f. • vt bain croitheadh as.
shoe n bróg f.
shoelace n iall f bróige.
shoemaker n gréasaí m.
shoot vt scaoil (le); (*grow*) péac.
shop n siopa m.
shore n cladach m.
short adj gearr.
shortage n ganntanas m.
shorten vt giorraigh.
shortly adv gan mhoill f.
short-sighted adj gearr-radharcach.
shorts n bríste m gairid.
shortwave n gearrthonn f.
shot n urchar m.
shoulder n gualainn f.
shout n scairt f.
shove vt brúigh. • n brú m.
show vt taispeáin.
shower n cithfholcadh m.
shred n ribeog f.
shriek n scréach f.

shrimp n sreabhlach m.
shrink vi crap.
shudder vi téigh creathán trí. • n creathán m.
shuffle vt (*cards*) suaith.
shut vt druid, dún. • adj druidte m, dúnta m.
sick adj tinn.
sickness n tinneas m.
side n taobh m.
sidelong adj ar fiar.
sideways adv i leataobh.
siege n léigear m.
sieve n criathar m.
sigh vi lig osna f.
sight n amharc m, radharc m.
sign n comhartha m.
signature n síniú m.
significant adj tábhachtach.
signpost n cuaille m eolais.
silence n ciúnas m.
silent adj ciúin.
silk n síoda m.
sill n leac f.
silly adj amaideach.
silver n airgead m.
similar adj cosúil.
simple adj simplí.
simplify vt simpligh.
simultaneous adj comhuaineach.
sin n peaca m. • vi peacaigh.
since prep ó. • conj ó, nuair.
sincere adj macánta.
sing vt can, ceol, cas.
singer n amhránaí m.
single adj singil; díomhaoin.
singly adv ceann ar cheann.
singular adj uatha.
sinister adj urchóideach.
sink vi téigh go tóin f poill. • n doirteal m.

sip *vt* bain suimín as. • *n* suimín *m*.
sister *n* deirfiúr *f*.
sister-in-law *n* deirfiúr *f* chleamhnais.
sit *vi* suigh.
sitting room *n* seomra *m* suí.
six *adj* sé. • *n* (*people*) seisear *m*.
sixteen *adj n* sé déag.
sixth *adj n* séú *m*.
size *n* méid *f*.
skate *n* scáta *m*. • *vi* scátáil.
skate *n* (*fish*) sciata *m*.
skeleton *n* cnámharlach *m*.
skerry *n* sceir *f*.
sketch *n* sceitse *m*.
ski *vi* sciáil.
skid *vi* scoirr.
ski-lift *n* ardaitheoir *m* sciála.
skill *n* scil *f*.
skim *vt* scimeáil.
skin *n* craiceann *m*. • *vt* bain ann craiceann de.
skinny *adj* caol.
skip *vt* léim.
skirmish *n* scliúchas *m*.
skirt *n* sciorta *m*.
skull *n* cloigeann *m*.
sky *n* spéir *f*.
Skye *n* An tOileán Sciathanach *m*.
skylark *n* fuiseog *f*.
slam *vt* druid de phlab.
slander *n* clúmhilleadh *m*.
slant *vt vi* claon. • *n* claonadh *m*.
slap *n* boiseog *f*.
slash *vt* gearr.
slate *n* slinn *f*.
slaughter *n* ár *m*.
slave *n* sclábhaí *m*.
sledge *n* carr *m* sleamhnáin.
sleek *adj* slíoctha.
sleep *vi* codail. • *n* codladh *m*.
sleepy *adj* codlatach.

sleet *n* flichshneachta *m*.
sleeve *n* muinchille *f*.
sleigh *n* carr *m* sleamhnáin.
slice *n* slisín *m*.
slide *vi* sleamhnaigh.
slip *vi* sleamhnaigh. • *n* sciorradh *m*.
slipper *n* slipéar *m*.
slippery *adj* sleamhain.
slit *n* gearradh *m*.
slogan *n* sluaghairm *f*.
slope *n* fána *f*.
sloven *n* leibide *f*.
slovenly *adj* leibideach.
slow *adj* mall.
slowness *n* moille *f*.
slur *n* masla *m*; (*speech*) bachlóg *f*.
sly *adj* glic.
smack *n* greadóg *f*.
small *adj* beag.
smart *adj* cliste.
smattering *n* smearadh *m*.
smear *vt* smear.
smell *vt* bolaigh. • *n* boladh *m*.
smile *vi* déan miongháire. • *n* miongháire *m*.
smith *n* gabha *m*.
smoke *n* deatach *m*. • *vt* caith (tabac, toitín).
smoky *adj* deatúil.
smooth *adj* mín.
smooth *vt* smúdáil.
smother *vt* múch.
smoulder *vi* cnádaigh.
smuggle *vt* smuigleáil.
smuggler *n* smuigléir *m*.
snack *n* smailc *f*.
snake *n* nathair *f*.
snatch *vt* sciob.
sneak *vi* déan rud go fáilí.
sneer *vi* déan fonóid *f*.
sneeze *vi* lig sraoth.

sniff *vt vi* smúr. • *n* boladh *m*.
snipe *n* naoscach *f*.
snivel *n* smugairle *m*.
snob *n* duine *m* ardnósach.
snooze *n* néal *m* codlata.
snore *vi* lig srann *f*.
snout *n* smut *m*.
snow *n* sneachta *m*. • *vi* cuir sneachta.
snowdrift *n* ráth sneachta *m*.
snug *adj* seascair.
snuggle *vi* luigh isteach le.
so *adv* amhlaidh, chomh, mar sin.
soak *vt* maothaigh.
soap *n* gallúnach *f*.
soapy *adj* lán gallúnaí.
sober *adj* stuama.
sociable *adj* cuideachtúil.
socialism *n* sóisialachas *m*.
society *n* sochaí *f*.
sock *n* stoca *m*.
sod *n* fód *m*.
soft *adj* bog.
soften *vt* bog.
softness *n* boige *f*.
software *npl* bogearraí *mpl*.
soil *vt* salaigh. • *n* ithir *f*.
solar *adj* grianda.
soldier *n* saighdiúir *m*.
sole *n* bonn (na coise *f*); (*fish*) sól *m*.
solemn *adj* sollúnta.
solicit *vt* iarr.
solicitor *n* aturnae *m*.
solid *adj* daingean.
solidarity *n* dlúthpháirtíocht *f*.
solitude *n* uaigneas *m*.
solo *n* (*mus*) (ceol) aonair *m*.
soloist *n* aonréadaí *m*.
soluble *adj* intuaslagtha.
solve *vt* fuascail.
solvent *adj* sóchmhainneach.

some *adj* roinnt *f* (*separate items*); cuid *f*.
somebody *pn* duine éigin.
somehow *adv* ar dhóigh *f* éigin.
something *pn* rud éigin.
sometime *adv* am éigin.
sometimes *adv* uaireanta.
somewhere *adv* áit *f* éigin.
son *n* mac *m*.
son-in-law *n* cliamhain *m*.
soon *adv* gan mhoill.
sophisticated *adj* sofaisticiúil.
sordid *adj* suarach.
sore *n* cneá *f*. • *adj* nimhneach, frithir.
sorrow *n* brón *m*.
sorry *adj* buartha; (*sad*) brónach.
sort *n* sórt *m*. • *vt* socraigh.
soul *n* anam *m*.
sound *n* fuaim *f*. • *vt* fuaimnigh.
soup *n* anraith *m*.
sour *adj* searbh.
south *n* deisceart *m*; aneas *m*; theas *m*.
southerly, southern *adj* theas, aneas.
sow *n* cráin *f*.
space *n* spás *m*.
space probe *n* tóireadóir spáis *m*.
spacious *adj* fairsing.
Spain *n* An Spáinn *f*.
spaniel *n* spáinnéar *m*.
Spanish *n* Spáinnis *f*.
spare *vt* spáráil.
spark *n* splanc *f*.
spawn *vi vt* sceith.
speak *vi vt* labhair.
spear *n* sleá *f*.
special *adj* speisialta.
species *n* gné *f*.
spectacles *npl* spéaclaí *mpl*.
spectre *n* arracht *f*.
speech *n* caint *f*; (*oration*) óráid *f*.
speed *n* luas *m*. • *vt* gabh ar luas.

spell *vt* litrigh.
spend *vt* caith.
spider *n* damhán alla *m*.
spill *vt* doirt.
spin *vt* rothlaigh; (*thread*) sníomh. • *vi* cas *m*.
spine *n* dromlach *m*.
spinning wheel *n* tuirne *m*.
spirit *n* spiorad *m*.
spirited *adj* anamúil.
spit *vi* caith seile *f*.
spite *n* faltanas *m*.
splendid *adj* ar fheabhas.
split *vt* scoilt.
spoil *vt* mill.
spoon *n* spúnóg *f*.
sporran *n* sparán *m*.
sport *n* spórt *m*.
spot *n* ball *m*.
spouse *n* céile *m*.
spreadsheet *n* scairbhileog *f*.
spree *n* spraoi *m*.
spring *n* (*season*) (an t)earrach *m*.
spring *n* lingeán *m*; (*water*) fuarán *m*.
spume *n* cúr *m*.
spur *n* spor *m*.
spy *n* spiaire *m*.
squalid *adj* suarach.
squall *n* cóch *m*.
square *adj* cearnach. • *n* cearnóg *f*.
squash *vt* fáisc.
squat *adj* dingthe.
squeak *n* gíog *f*.
squirrel *n* iora *m*.
squirt *vt* scaird.
stable *n* stábla *m*. • *adj* cobhsaí.
stag *n* carria *m*.
stairs *n* staighre *msg*.
stale *adj* stálaithe.
stalk *n* gas *m*.
stallion *n* stail *f*.
stammer *vi* bac a bheith agat i do chuid cainte.
stamp *n* stampa *m*; (*embossing*) stampa *m*.
stand *vi* seas.
standstill *n* stad *m*.
star *n* réalta *f*; (*movies*) príomhaisteoir *m*.
starboard *n* deasbhord *m*.
stare *vi*: **to stare at** stánadh ar.
starfish *n* crosóg *f* mhara.
starry *adj* réaltach.
start *vt vi* tosaigh. • *vt* (*motor*) cuir ag dul *m*.
starvation *n* gorta *m*.
state *n* staid *f*; (*country*) stát *m*. • *vt* maígh
station *n* stáisiún *m*.
statue *n* dealbh *f*.
stature *n* meas *m*.
stave *n* cliath *f*.
stay *n* cuairt *f*. • *vi* fan.
steak *n* stéig *f*.
steal *vt* goid.
steam *n* gal *f*.
steel *n* cruach *f*.
steep *adj* crochta.
steer *vt* stiúir.
step *n* céim *f*, coiscéim *f*.
sterile *adj* aimrid.
stern *adj* dian. • *n* (*mar*) deireadh *m*.
stick *n* maide *m*. • *vt* (*adhere*) greamaigh.
stiffen *vi vt* righnigh.
still *n* stil *f*. • *adv* fós, go fóill.
sting *vt* cealg. • *n* cealg *f*.
stink *n* bréantas *m*.
stir *vt* corraigh.
stitch *n* greim *m*.
stocking *n* stoca *m*.
stomach *n* goile *m*.

stone *n* cloch *f*.
stool *n* stól *m*.
stop *vt* stad.
store *n* stór *m*. • *vt* stóráil.
storehouse *n* teach *m* stórais.
stork *n* corr *f* bhán.
storm *n* stoirm *f*; doineann *f*.
stormy *adj* stoirmeach.
story *n* scéal *m*.
stove *n* sornóg *f*.
straight *adj* díreach.
strain *vt* teann; (*filter*) síothlaigh. • *n* teannas *m*; (*mental*) strus *m*.
strange *adj* aisteach.
stranger *n* strainséir *m*.
strath *n* srath *m*.
straw *n* tuí *m*.
strawberry *n* sú *f* talún.
streaky *adj* stríocach.
stream *n* sruth *m*.
streamer *n* sraoilleán *m*.
street *n* sráid *f*.
strength *n* láidreacht *f*.
stretch *vt* sín.
strict *adj* docht.
stride *n* céim *f* fhada.
strike *vt* buail; (*work*) gabh ar stailc *f*.
string *n* sreang *f*; corda *m*.
stringed *adj* sreangach.
stroke *vt* slíoc.
stroll *vi* bí ag spaisteoireacht.
strong *adj* láidir.
struggle *vi* streachail. • *n* streachailt *f*.
stubble *n* coinleach *m*.
stubborn *adj* ceanndána.
stuff *n* stuif *m*.
stupid *adj* amaideach; bómánta.
sturdy *adj* téagartha.
sty *n* cró *m* uice *f*.
stye *n* sleamhnán *m*.

style *n* stíl *f*.
stylish *adj* faiseanta.
subject *adj* ábhar. • *vt* beith faoi réir (ruda).
sublime *adj* oirirc.
submit *vt* géill.
subside *vi* tráigh.
subsidy *n* fóirdheontas *m*.
substance *n* substaint *f*; tathag *m*.
substitute *vt* cuir rud in ionad ruda eile.
subtle *adj* caolchúiseach.
subtract *vt* (*math*) dealaigh.
succeed *vi* **I succeeded** d'éirigh liom.
successful *adj* rathúil.
such *adj* a leithéid de.
suck *vt vi* súigh.
suckle *vt* tabhair an chíoch *f* do.
sudden *adj* tobann.
suddenly *adv* go tobann.
sue *vt* cuir an dlí ar.
suffer *vi vt* fulaing.
sufferer *n* fulangaí *m*.
sufficient *adj* go leor.
sugar *n* siúcra *m*.
suggest *vt* mol.
suicide *n* féinmharú *m*.
suit *n* culaith *f*. • *vt* fóir do.
suitable *adj* cuí.
sum *n* suim *f*; iomlán *m*.
summer *n* samhradh *m*.
summit *n* mullach *m*.
summon *vt* glaoigh.
sun *n* grian *f*.
sunbathe *vi* déan bolg le gréin *f*.
Sunday *n* Dé Domhnaigh *m*.
sunny *adj* grianach.
sunrise *n* éirí *m* na gréine.
sunset *n* luí *m* na gréine.
supermarket *n* ollmhargadh *m*.

supernatural *n* osnádúrtha *m*.
superstition *n* piseog *f*.
supper *n* suipéar *m*.
supple *adj* aclaí.
support *n* taca *m*.
suppose *vt vi* síl.
suppress *vt* cuir faoi chois.
supreme *adj* ard-.
sure *adj* cinnte.
surely *adv* go cinnte.
surface *n* dromchla *m*.
surge *vi* borr.
surgeon *n* máinlia *m*.
surgery *n* (*doctor's*) clinic *m*.
surly *adj* dúr.
surname *n* sloinne *m*.
surplus *n* farasbarr *m*.
surprise *vt* tar aniar aduaidh ar. • *n* iontas *m*.
surprising *adj* iontach.
surrender *n* géilleadh *m*.
surround *vt* timpeallaigh.
survive *vi* mair.
survivor *n* marthanóir *m*.
suspect *vt* caith amhras ar.
suspend *vt* croch.
suspense *n* beophianadh *m*; **to be in suspense** bheith ar cipíní.
suspension bridge *n* droichead *m* crochta.
suspicious *adj* amhrasach.
swallow *n* (*bird*) fáinleog *f*. • *vt* slog.
swamp *n* seascann *m*.
swan *n* eala *f*.
swarm *vi* imigh i saithe.
swear *vt* mionnaigh.
sweat *n* allas *m*. • *vi* cuir allas.
swede *n* (*neep*) svaeid *m*.
Sweden *n* An tSualainn *f*.
sweep *vt* scuab.
sweet *adj* milis.
sweeties *npl* milseáin *m*.
sweetheart *n* grá *m* geal; leannán *m*.
swim *vt vi* snámh.
swimming pool *n* linn *m* snámha.
swing *n* luascán *m*.
switch *n* lasc *f*.
sword *n* claíomh *m*.
symbol *n* siombail *f*.
symbolic *adj* siombalach.
sympathetic *adj* báúil.
sympathise *vi* bí báúil le.
syringe *n* steallaire *m*.
syrup *n* síoróip *f*.
system *n* córas *m*.

T

table *n* tábla *m*, bord *m*.
tablet *n* taibléad *m*; tabhall *m*.
tacit *adj* tostach.
taciturn *adj* tostach.
tack *n* tacóid *f*.
tacket *n* tacóid *f*.
tadpole *n* torbán *m*.
tail *n* eireaball *m*.
taint *vt* truaill.
take *vt* tabhair (leat), glac.
tale *n* scéal *m*.
talent *n* tallann *f*.
talk *vi* labhair.
tall *adj* ard.
tame *adj* ceansa. • *vt* ceansaigh.
tangle *n* achrann *m*, aimhréidh *f*.
tanker *n* tancaer *m*.
tantalise *vt* griog.
tap *n* sconna *m*.
taper *vi* éirigh caol.
tapestry *n* taipéis *f*.
target *n* sprioc *f*.
tart *adj* searbh. • *n* toirtín *m*.
task *n* tasc *m*.
taste *vt* blais.
tawny *adj* ciarbhuí.
tax *vt* gearr cáin *f* (ar). • *n* cáin *f*.
tea *n* tae *m*.
teach *vi vt* teagasc, múin.
teacher *n* múinteoir *m*.
teach-in *n* seisiún *m* teagaisc.
teacup *n* taechupán *m*.
team *n* foireann *f*.
tear *vt* stróic. • *n* deoir *f*.
tease *vt* bí ag spochadh (as).
tedious *adj* fadálach.
teenager *n* déagóir *m*.

telephone *n* guthán *m*, telefón *m*.
television *n* teilifís *f*; (*set*) teilifíseán *m*.
tell *vt* inis.
temper *n* meon *m*.
temperament *n* meon *m*.
temperature *n* teocht *f*.
tempest *n* stoirm *f*.
temple *n* teampall *m*.
temporary *adj* sealadach.
tempt *vt* cuir cathú (ar).
ten *adj n* deich *m*. • *n* (*persons*) deichniúr *m*.
tenacious *adj* coinneálach.
tenant *n* tionónta *m*.
tender *adj* maoth.
tennis *n* leadóg *f*.
tent *n* puball *m*.
tenth *adj n* deichniú *m*.
term *n* téarma *m*.
tern *n* greabhóg *f*.
terrier *n* brocaire *m*.
terrorism *n* sceimhlitheoireacht *f*.
test *n* triail *f*.
testament *n* tiomna *m*.
testicle *n* magairle *m*.
than *adv* ná.
thank *vt* gabh buíochas (le). • *interj*
 thank you go raibh maith agat.
thankful *adj* buíoch.
that *pn* sin, siúd. • *conj* go (gur *in past*); (*neg*) nach (nár *in past*); (*relative*) a, ar, nach, nár.
thatch *n* tuí *m*.
thaw *vi* leáigh.
the *art* an, (*plur*) na, (*fem gen sing*) na.

theft *n* goid *f*.
their *pn* a (+ *eclipse*).
them *pn* iad(san).
themselves *pn pl* iad féin.
then *adv* ansin; ina dhiaidh sin.
thence *adv* uaidh sin.
theory *n* teoiric *f*.
therapy *n* teiripe *f*.
there *adv* ansin.
thereby *adv* dá bharr sin.
therefore *adv* dá bhrí *f* sin.
these *pn pl* (iad) seo.
they *pn pl* siad, iad.
thick *adj* tiubh.
thief *n* gadaí *m*.
thigh *n* ceathrú *f*.
thin *adj* tanaí.
thing *n* ní *m*, rud *m*.
think *vi* smaoinigh.
third *adj* tríú.
third rate *adj* ainnis.
thirst *n* tart *m*.
thirsty *adj*: **I am thirsty** tá tart orm.
thirteen *adj n* trí *m* déag.
thirty *adj n* tríocha *m*.
this *pn* seo.
thistle *n* feochadán *m*.
thorny *adj* deilgneach.
those *pn pl* siad sin, iad sin.
though *conj* cé go; bíodh go.
thought *n* smaoineamh *m*.
thousand *adj n* míle *m*.
thrash *vt* léas, *n*; (*corn*) buail.
threat *n* bagairt *f*.
threaten *vt* bagair.
three *adj n* trí *m*; (*persons*) triúr *m*.
thrilling *adj* corraitheach.
throat *n* scornach *f*.
through *prep* trí.
throw *vt* caith.
thrush *n* smólach *m*.

thumb *n* ordóg *m*.
thunder *n* toirneach *f*.
thunderous *adj* toirniúil.
Thursday *n* Déardaoin *f*.
thus *adv* mar seo.
ticket *n* ticéad *m*.
ticking *n* ticeáil *f*.
tide *n* taoide *f*.
tidy *vt* cuir slacht ar.
tiger *n* tíogar *m*.
till *prep* go, go dtí.
tiller *n* curadóir *m*.
time *n* am *m*, aimsir *f*.
timely *adj* tráthúil.
timeous *adj* i ndea-am.
tinker *n* tincéir *m*.
tiny *adj* bídeach.
tipsy *adj* súgach.
tired *adj* tuirseach.
tiresome *adj* tuirsiúil.
title *n* teideal *m*.
to *prep* go; go dtí; chuig; chun (+ *gen*).
toad *n* buaf *f*.
toast *vt* ól sláinte *f* duine.
tobacco *n* tobac *m*.
today *adv* inniu.
together *adv* le chéile.
toilet *n* leithreas *m*.
tomb *n* tuama *m*.
tomorrow *adv n* amárach *m*.
tone *n* ton *m*; glór *m*.
tongue *n* teanga *f*.
tonight *adv n* anocht *m*.
too *adv* fosta, chomh maith.
tool *n* uirlis *f*.
tooth *n* fiacail *f*.
top *n* mullach *m*, barr *m*.
torch *n* tóirse *m*.
torrent *n* tuile *f*.
tortoise *n* toirtís *f*.

Tory n Tóraí m.
toss vt caith (rud) san aer.
total adj n iomlán m.
touch vt leag (lámh f, etc) ar, bain de.
tough adj righin.
tour n turas m.
tourist n turasóir m.
toward, towards prep i dtreo (+ gen), i leith (+ gen).
tower n túr m.
town n baile m.
toy n bréagán m.
trace n lorg m.
track n rian m.
trade n trádáil m.
tradition n traidisiún m.
train vt traenáil. • n traein f; (retinue) lucht coimhdeachta f.
traitor n fealltóir m.
trance n (támh)néal m.
transfer vt aistrigh.
transient adj díomuan.
translate vt aistrigh.
transmitter n tarchuradóir m.
transparent adj trédhearcach.
trap n gaiste m. • vt ceap.
travel vt vi taistil. • n taisteal m.
tray n tráidire m.
treasure n stór m. • vt taisc.
treat vt caith le (duine, etc). • n coirm f.
tree n crann m.
tremor n crith m.
trespass n coir f; peaca m. • vt sáraigh (dlí).
trews npl triús mpl.
trial n triail f.
tribe n treibh f, sliocht m.
tributary n craobhabhainn f.
trick n cleas m.

trim adj comair.
trip vi **I tripped (up)** baineadh tuisle asam.
triumph n caithréim f. • vt bua a bhreith ar (dhuine).
triumphal adj caithréimeach.
triumphant adj buach.
trivial adj suarach.
trot vi bheith ag sodar.
trouble vt buair. • n trioblóid f.
trousers n bríste m.
trout n breac m.
true adj fíor.
trump card n mámh m.
trust n muinín f. • vt **I trust (her)** tá muinín f agam aisti.
truth n fírinne f.
try vt tabhair faoi or féach le rud a dhéanamh.
tub n tobán m.
Tuesday n Dé Máirt f.
tumble vi tit.
tumult n clampar m.
tune n fonn m, port m. • vt tiúin.
tuneful adj ceolmhar.
tup n reithe m.
turf n fód m; (fuel) móin f.
turn vt vi cas, tiontaigh.
turnip n tornapa m.
turtle n turtar m.
tutor n (guardian) oide m.
tweak vt bain cor as.
tweed n bréidín m.
twelfth adj n (an) dara (ceann) déag.
twelve adj n dó m dhéag.
twentieth adj n fichiú m.
twenty adj n fiche m.
twice adv faoi dhó.
twilight n clapsholas m.
twin n leathchúpla m.
twist vt cas.

two *n* dó *m*. • *adj* dhá, (*persons*) beirt *f*.
typical *adj* samplach.
typography *n* clóghrafaíocht *f*.

tyrant *n* aintiarna *m*.
tyre *n* bonn *m*.
tyro *n* núíosach *m*.

U

udder *n* úth *m*.
ugliness *n* gránnacht *f*.
ugly *adj* gránna.
ulcer *n* othras *m*.
ultimate *adj* deiridh.
umbrella *n* scáth fearthainne *f*.
unable *adj* neamhchumasach.
unaccustomed *adj* aincleachta.
unanimous *adj* d'aon ghuth.
unarmed *adj* neamharmtha.
unavoidable *adj* dosheachanta.
unaware *adj* aineolach (ar).
unbolt *vt* bolta a scaoileadh.
unbreakable *adj* dobhriste.
uncle *n* uncail *m*.
uncomfortable *adj* míchompardach.
uncommon *adj* neamhghnách.
unconditional *adj* gan choinníoll.
uncork *vt* corc a bhaint as.
unction *n* ungadh *m*.
undecided *adj* neamhchinnte.
under *prep* faoi.
undergo *vt* fulaing.
underground *adj* faoi thalamh.
underneath *adv* thíos. • *prep* faoi.
understand *vi vt* tuig.
understandable *adj* intuigthe.
underwear *npl* fo-éadaí *mpl*.
undeserved *adj* neamhthuillte.
undistinguished *adj* coitianta
undisturbed *adj* neamhchorraithe.
undo *vt* leasaigh.
unemployed *adj* dífhostaithe.
unequal *adj* neamhionann.
uneven *adj* míchothrom.
unexpected *adj* gan dúil *f*.
unfair *adj* leatromach.

unfinished *adj* neamhchríochnaithe.
unfold *vt* oscail amach.
unfriendly *adj* neamhchairdiúil.
unfurl *vt* scaoil (amach).
ungrateful *adj* míbhuíoch.
uniform *n* culaith *f*.
uniformity *n* comhionannas *m*.
unimportant *adj* neamhthábhachtach.
uninhabited *adj* neamháitrithe.
union *n* aontas *m*.
Unionist *n adj* (*pol*) Aontachtaí *m*.
unique *adj* ar leith.
unit *n* aonad *m*.
United States (of America) *npl* Stáit Aontaithe *mpl* (Mheiriceá) (SAM).
unity *n* aontacht *f*.
universal *adj* uilíoch.
universe *n* cruinne *f*.
university *n* ollscoil *f*.
unless *conj* mura(r).
unlike *adj* éagsúil.
unload *vt* dífhuchtaigh.
unmask *vt* masc a bhaint de.
unmusical *adj* neamhcheolmhar.
unnecessary *adj* neamhriachtanach.
unoccupied *adj* folamh.
unpack *vt* dífhpacáil.
unpardonable *adj* do-mhaite.
unpleasant *adj* míthaitneamhach.
unpopular *adj* míghnaíúil.
unpremeditated *adj* gan réamhsmaoineamh.
unproductive *adj* neamhthorthúil.
unreal *adj* bréagach.
unreasonable *adj* míréasúnta.
unrest *n* míshocracht *f*.
unripe *adj* mí-aibí.

unsafe *adj* contúirteach.
unsatisfactory *adj* míshásúil.
unsightly *adj* míshlachtmhar.
unsuccessful *adj* mírathúil.
unsuitable *adj* mífhóirsteanach.
unsure *adj* éiginnte.
untidy *adj* amscaí.
untie *vt* scaoil.
until *prep* go, go dtí. • *conj* go dtí.
unused *adj* ainchleachta.
unusual *adj* neamhghnách.
unwanted *adj* gan iarraidh *f*.
unwieldy *adj* liobarnach.
unwise *adj* dícheíllí.
unworthy *adj* neamhfhiúntach.
unwrap *vt* oscail.
up *adv* suas, (*from below*) aníos, thuas.
upbringing *n* tógáil *f*.
uphill *adv* in éadan na mala *f*.
uphold *vt* seas le.
upon *prep* ar.
upper *adj* uachtarach.
upright *adj* ingearach, díreach.
uproar *n* racán *m*.

upset *n* suaitheadh *m*.
upshot *n* deireadh *m*.
upside-down *adv adj* bunoscionn.
upstairs *adv* thuas staighre, suas staighre.
upward *adj* suas, (*from below*) aníos.
urban *adj* uirbeach.
urge *vt* gríosaigh.
urgency *n* práinn *f*.
urgent *adj* práinneach.
urinal *n* fualán *m*.
us *pn* muid, sinn.
usage *n* úsáid *f*.
use *n* úsáid *f*. • *vt* úsáid.
useful *adj* úsáideach.
usefulness *n* úsáid *m*.
useless *adj* gan feidhm *f*.
usual *adj* gnáth-, coitianta.
usurp *vt* forghabh.
uterus *n* broinn *f*.
utmost *adj* as cuimse *f*.
utter *adj* iomlán, lán; dearg-. • *vt* abair, labhair.
utterly *adv* ar fad.

V

vacancy n folúntas m.
vacant adj saor.
vaccinate vt vacsaínigh.
vagabond n spailpín m.
vagina n faighin f.
vague adj doiléir.
vain adj díomhaoin.
vale n gleann m.
valid adj bailí.
valley n gleann m; srath m.
valour n crógacht f.
valuable adj luachmhar.
value n luach m.
value added tax n cáin f bhreisluacha.
valve n comhla f.
van n veain f.
vandal n creachadóir m, sladaí m.
vanish vi téigh as radharc.
vapour n gal f.
varied adj éagsúil.
variegated adj breac.
variety n éagsúlacht f.
various adj éagsúil.
vary vt vi athraigh.
vase n vás m.
vast adj ollmhór.
veal n laofheoil f.
vegetable n glasra m.
vegetarian n feoilséantóir m.
vegetation n fásra m.
vehement adj tréan.
vehicle n feithicil f.
veil n caille f. • vt clúdaigh.
vein n féith f.
velvet n veilbhit f.
vengeance n díoltas m.
venison n fiafheoil f.
venom n nimh f.
venture n fiontar m.
venue n ionad m.
verdict n (law) breithiúnas m.
verge n bruach m.
verify vt fíoraigh.
vermin n míolra m.
vernacular n caint f na ndaoine.
verse n véarsaíocht f; (stanza) véarsa m.
version n leagan m.
vertical adj ingearach.
vertigo n meadhrán m.
very adv iontach, an-.
vest n veist f.
vestige n lorg m.
vet n tréidlia m.
vex vt cráigh.
viable adj inmharthana.
vibrate vi crith.
vicarious adj ionadach.
vice n duáilce f; (tool) bís f.
victim n íobartach m.
victor n buaiteoir m.
victory n bua m.
video recorder n fístaifeadán m.
view n dearcadh m; amharc m. • vt amharc (ar).
viewpoint n dearcadh m.
vigil n faire f.
vigour n fuinneamh m.
vile adj táir.
village n sráidbhaile m.
villain n bithiúnach m.
vindicate vt **she was vindicated** tugadh le fios go raibh an ceart aici.
vine n fíniúin f.

vintage *n* (*wine*) bliain *f*.
violence *n* foréigean *m*.
violent *adj* foréigneach.
violin *n* (*mus*) veidhlín *m*.
violinist *n* veidhleadóir *m*.
viper *n* nathair *f*.
virgin *n* maighdean *f*, ógh *f*.
virginity *n* ócht *f*.
virile *adj* fearúil.
virility *n* fearúlacht *f*.
virtual *adj* samhalta.
virtue *n* suáilce *f*.
virtuous *adj* suáilceach.
virus *n* víreas *m*.
visibility *n* infheictheacht *f*.
visible *adj* infheicthe.
vision *n* radharc *m*; (*mental*) fís *f*, aisling *f*.
visit *vt* tabhair cuairt *f* ar.

visitor *n* cuairteoir *m*.
vital *adj* riachtanach.
vitality *n* beogacht *f*.
vivacious *adj* bíogúil.
vocal *adj* guthach.
vocalist *n* amhránaí *m*.
vocation *n* gairm *f*.
voice *n* guth *m*.
void *adj* ar neamhní. • *n* folús *m*.
voluble *adj* líofa.
voluntary *adj* deonach.
vomit *vt vi* aisig. • *n* aiseag *m*.
vote *n* vóta *m*. • *vt* vótáil.
voucher *n* dearbhán *m*.
vow *n* móid *f*. • *vi vt* móidigh.
vowel *n* guta *m*.
voyage *n* turas farraige *f*.
vulgar *adj* gáirsiúil.
vulnerable *adj* soghonta.

W

wade *vi* siúil trí.
wafer *n* abhlann *f*.
wag *vt vi* croith.
wager *n* geall *m*.
wagon *n* vaigín *m*.
wagtail *n* glasóg *f*.
wail *vi* déan olagón.
waist *n* coim *f*.
wait *vi* fan.
waiter/waitress *n* freastalaí *m*.
wake *vi* múscail. • *n* (*relig*) faire *f*.
waken *vt* múscail.
Wales *n* An Bhreatain *f* Bheag.
walk *vi* siúil. • *n* siúl.
walking stick *n* bata *m* siúil.
wall *n* balla *m*.
walrus *n* rosualt *m*.
wan *adj* báiteach.
wander *vi* bheith ag falróid.
wanderer *n* fanaí *m*.
want *vt* tá (rud) de dhíth *f* ar. • *n* easpa *f*; díth *f*.
war *n* cogadh *m*.
warble *vt* ceiliúir.
wardrobe *n* vardrús *m*.
warehouse *n* stór *m*.
warlike *n* cogúil *m*.
warm *adj* te. • *vt* téigh.
warmth *n* teas *m*.
warn *vt* tabhair rabhadh do.
warren *n* coinicéar *m*.
warship *n* long *f* chogaidh.
wart *n* faithne *m*.
wary *adj* airdeallach.
wash *vt* nigh.
washing *n* níochán *m*.
wasp *n* foiche *f*.
waste *vt* cuir amú. • *n* fuíoll *m*.
watch *n* uaireadóir *m*. • *vt* amharc (ar); breathnaigh (ar).
watchdog *n* gadhar faire *m*.
water *n* uisce *m*. • *vt* cuir uisce ar.
water power *n* cumhacht *f* uisce.
waterfall *n* eas *m*.
waterproof *adj* uiscedhíonach.
watershed *n* (*geog*) dobhardhroim *m*.
watertight *adj* uiscedhíonach.
waulk *vt* úc.
waulking *n* úcadh *m*.
wave *n* tonn *f*. • *vi vt* croith.
wax *n* céir *f*.
way *n* slí *f*; bealach *m*.
waylay *vt* déan luíochán roimh dhuine.
we *pn* muid; sinn.
weak *adj* lag.
weaken *vt* lagaigh.
wealthy *adj* saibhir.
wear *vt* (*clothes*) caith.
weather *n* aimsir *m*.
weave *vt* figh.
weaver *n* fíodóir *m*.
web *n* líon *m* (damháin alla); (*comput*) idirlíon *m*.
webbed *adj* scamallach.
wed *vt* pós.
wedding *n* bainis *f*.
Wednesday *n* An Chéadaoin *f*.
wee *adj* beag.
weed *n* fiail *f*. • *vt* déan gortghlanadh.
week *n* seachtain *f*.
weep *vt vi* caoin.
weigh *vt* meáigh.

weight *n* meáchan *m*.
weir *n* cora *f*.
welcome *n* fáilte *f*. • *vt* fáiltigh.
well *n* tobar *m*. • *adj* maith. • *adv* go maith.
west *n* iarthar *m*. • *adj* iartharach. • *adv* thiar; siar (*to the west*); aniar (*from the west*).
westerly *adj* (gaoth *f*) aniar.
westward *adv* siar.
wet *adj* fliuch.
whale *n* míol *m* mór.
what *interr pn* cad (é). • *rel pn* a.
wheat *n* cruithneacht *f*.
wheel *n* roth *m*.
wheeze *vi* cársán a bheith ionat.
whelk *n* cuachma *f*.
when *adv* cén uair. • *conj* nuair.
whence *adv* cad as.
whenever *adv* an uair.
where *interr pn* cá (háit *f*). • *conj* an áit *f*.
whereas *conj* cé go.
whereby *adv* trína.
wherever *adv* cibé áit.
whereupon *adv* agus leis sin.
whether *conj* cé acu.
which *pn* cé acu. • *adj* cé (acu).
while *n* tamall *m*. • *conj* fad; le linn.
whin *n* aiteann *m*.
whip *n* fuip *f*. • *vt* fuipeáil.
whirlpool *n* coire *m* guairneáin.
whiskers *npl* (*of cat*) guairí *m*.
whisky *n* uisce *m* beatha, fuisce *m*.
whisper *n* cogar *m*. • *vi* abair i gcogar.
whistle *vi* lig fead. • *n* (*sound*) fead *f*; (*instrument*) feadóg *f*.
white *adj* bán; (*wine*) geal.
who *interrog pn* cé. • *rel pn* a; (*neg*) nach, nár.
whoever *pn* cibé; an té.

whole *adj* iomlán.
wholesale *n* mórdhíol *m*.
whoop *vi* lig liú.
whose *pn* cé.
why *adv* cad chuige; cén fáth.
wick *n* buaiceas *m*.
wicked *adj* droch-; urchóideach.
wide *adj* leathan.
widow *n* baintreach *f*.
widower *n* baintreach *f* fir.
width *n* leithead *m*.
wife *n* bean *f* (chéile).
wild *adj* allta; fiáin.
wilderness *n* fásach *m*.
will *n* toil *f*; (*last*) uacht *f*.
willing *adj* toilteanach.
willow *n* saileach *f*.
willpower *n* neart *m* tola *f*.
wily *adj* glic.
win *vt* buaigh.
wind *n* gaoth *f*.
window *n* fuinneog *f*.
windpipe *n* píobán *m*.
windward *n* taobh na gaoithe *f*.
windy *adj* gaofar.
wine *n* fíon *m*.
wing *n* sciathán *m*.
wink *vi* caoch (súil *f*).
winter *n* geimhreadh *m*.
wintry *adj* geimhriúil.
wipe *vt* cuimil.
wire *n* sreang *f*.
wiry *adj* miotalach.
wisdom *n* críonnacht *f*.
wise *adj* críonna.
wish *vt* is mian liom. • *n* mian *f*.
wit *n* meabhair *f*; ciall *f*.
witch *n* cailleach *f*.
with *prep* le; in éineacht le.
wither *vi* searg; feoigh.
within *adv* istigh.

without *adv* amuigh. • *prep* gan.
witness *n* finné *m*. • *vt* feic.
witty *adj* dea-chainteach.
wizard *n* draíodóir *m*.
wolf *n* mac tíre *f*.
woman *n* bean *f*.
womanly *adj* banúil.
womb *n* broinn *f*.
wonder *n* ionadh *m*; iontas *m*. • *vi* níl a fhios agam.
woo *vt* meall.
wood *n* coill *f*; (*timber*) adhmad *m*.
woodland *n* talamh *m* coille.
woodlouse *n* míol *m* críon.
wool *n* olann *f*.
word *n* focal *m*.
word processor *n* próiseálaí focal *m*.
wordy *adj* foclach.
work *vi* oibrigh. • *n* obair *f*.
worker *n* oibrí *m*.
workmanship *n* ceardaíocht *f*.
world *n* domhan *m*.
worldly *adj* saolta.
worldwide web *n* líon *m* domhanda.
worm *n* péist *f*.
worn *adj* caite.
worry *n* imní *f*. • *vt* cuir imní ar.
worse *adj* níos measa.
worsen *vi* téigh in olcas.

worship *n* adhradh *m*.
worst *adj* is measa.
worth *n* fiúntas *m*; luach *m*. • *adj* fiú.
worthless *adj* beagmhaitheasach.
worthy *adj* fiúntach.
wound *n* cneá *f*. • *vt* cneáigh.
wrangle *vi* déan clampar.• *n* clampar *m*.
wrap *vt* corn; fill.
wrapper *n* forchlúdach *m*.
wrath *n* fraoch *m*.
wreath *n* fleasc *f* (bláthanna).
wreck *n* long *f* bhriste; carr *m* scriosta. • *vt* scrios.
wren *n* dreoilín *m*.
wrench *vt* srac (rud) ó (dhuine).
wrest *vt* srac (ó).
wrestle *vi* déan iomrascáil *f* (le).
wrestling *n* iomrascáil *f*.
wring *vt* fáisc.
wrinkle *n* roc *m*. • *vt* roc.
wrist *n* caol *m* na láimhe.
wristwatch *n* uaireadóir *m* (láimhe).
write *vt* scríobh.
writer *n* scríbhneoir *m*.
writhe *vi* bí ag lúbarnáil.
writing *n* scríbhneoireacht *f*.
wrong *n* olc *m*; éagóir *f*. • *adj* cearr; contráilte; mícheart.
wry *adj* cam; searbh.

XYZ

xenophobe *n* seineafóbach *m*.
xenophobia *n* seineafóibe *f*.
X-ray *n* x-gha *m*; x-ghathú *m*.
yacht *n* luamh *m*.
Yankee *n* Poncánach *m*.
yard *n* slat *f* (0.914m); clós *m*.
yarn *n* snáth *m*; (*story*) scéal *m*.
yawn *n* meanfach *f*.
year *n* bliain *f*.
yearly *adj* bliantúil.
yearn *vi* bheith ag tnúth le.
yearning *n* tnúthán *m*.
yeast *n* giosta *m*.
yellow *adj* n buí *m*.
yelp *vi* lig sceamh.
yes *adv* (*gram: repeat verb and tense used in question in positive—see also* **no**).
yesterday *adv* inné.
yet *conj* mar sin féin. • *adv* go fóill.
yew *n* iúr *m*.
yield *vt* táirg; (*submit*) géill.
yoke *n* cuing *f*.
yolk *n* buíocán *m*.
yonder *adv* thall.
you *pn* (*sing*) tú, tusa, (*pl*) sibh, sibhse.
young *adj* óg.
youngster *n* (*boy*) buachaill *m*; (*girl*) girseach *f*; (*child*) páiste *m*.
your *pn* (*sing*) do.
yours *pn* (*pl*) bhur; **sincerely yours** is mise (le meas).
yourself *pn* tú féin.
yourselves *pn* sibh féin.
youth *n* (*state*) óige *f*; (*person*) ógánach *m*.
youthful *adj* óigeanta.
yuppie *n* suasóg *f*.
zeal *n* díograis *f*.
zealous *adj* díograiseach.
zebra *n* séabra *m*.
zenith *n* buaic *f*.
zero *n* nialas *m*.
zest *n* flosc *m*.
zigzag *n* fiarlán *m*.
zip, zipper *n* sip *f*.
zodiac *n* stoidiaca *m*.
zoo *n* zú *m*.
zoology *n* míoleolaíocht *f*.

Other Irish Interest Titles from Hippocrene...

Irish Love Poems: DÁNTA GRÁ
Edited by Paula Redes
Illustrated by Peadar McDaid

Mingling the famous, the infamous, and the unknown into a striking collection, these works span four centuries up to the most modern of poets such as Nuala Ní Dhomhnaill and Brendan Kennelly.
146 pages • 6 x 9 • illus. • 0-7818-0396-9 • $17.50hc • (70)

Treasury of Irish Love Poems, Proverbs & Triads
Edited by Gabriel Rosenstock

This compilation of over 70 Irish love poems, proverbs and triads spans 15 centuries and features original works and English translations of poetry from such prominent Irish poets as Colm Breathnach and Nuala Ní Dhomhnaill.
153 pages • 5 x 7 • 0-7818-0644-5 • $11.95hc • (732)

Irish Proverbs
Illustrated by Fergus Lyons

A collection of Irish wit and wisdom–These 200 proverbs address the good and hard times with classic Irish humor! Twenty-five illustrations add to the collection's charm.
120 pages • 25 illustrations • 5^1/$_2$ x 8^1/$_2$ • 0-7818-0676-3 • $14.95hc • (761)

Ogham: An Irish Alphabet
Críostóir Mag Fhearaigh
Illustrated by Tim Stampton

The form of Irish known as Ogham was established as a medium of written communication by the fourth century A.D. Ogham is believed to have been influenced by the Latin alphabet and consists of twenty letters each represented by one or more lines or notches carved along a vertical line, for example along the edge of a standing stone, as illustrated in this book. *Ogham: An Irish Alphabet* includes a bilingual explanation and beautifully illustrated representation of the ancient and enigmatic Ogham alphabet.
80 pages • 5^1/$_2$ x 8^1/$_2$ • 0-7818-0665-8 • $7.95pb • (757)

Irish Grammar: A Basic Handbook
Noel McGonagle
Valuable for students and teachers, this reliable reference guide features an accessible approach to the fundamentals of Irish grammar.
100 pages • 5¼ x 7½ • 0-7818-0667-4 • $9.95pb • (759)

Irish-English/English-Irish Dictionary and Phrasebook
This 1,400-word dictionary indicates pronunciation in English spelling and will swiftly acquaint visitors with a basic key vocabulary. Phrases cover travel, sight-seeing, shopping, and recreation, and notes are provided on grammar, pronunciation, and dialect.
160 pages • 1,400 entries/phrases • 3¾ x 7 • 0-87052-110-1 • $7.95pb • (385)

Hippocrene Children's Illustrated Irish Dictionary
English-Irish/Irish-English
Designed for ages 5-10, this dictionary provides 500 words, each with a large full-color illustration and common-sense pronunciation of the Irish word. A perfect way to teach Irish to young children!
500 entries • 94 pages • 8½ x 11 • 0-7818-0713-1 • $14.95hc • (798)

Beginner's Irish
Gabriel Rosenstock
Learn the basics of Irish structure and grammar in ten easy-to-follow and comprehensive lessons. An introduction to the history of the language and cultural information provide insight into customs and everyday situations, for students, travelers, and all those interested in the Irish language.
145 pages • 5½ x 8½ • 0-7818-0784-0 • $14.95pb • (320)

Ireland: An Illustrated History
Henry Weisser
This concise, illustrated volume examines the people, religion, social changes, and politics that have evolved into modern Ireland; the reader is taken on a journey through Ireland's past—to show how historic events have left an indelible mark on everything from architecture and economy, to the spirit and lifestyles of the Irish people.
166 pages • 50 illustrations • 5 x 7 • 0-7818-0693-3 • $11.95hc • (782)

Celtic World: An Illustrated History
700 B.C. to the Present
Patrick Lavin

This concise yet insightful survey of Celtic history, culture and tradition is a handy reference guide for scholars, travelers, and those simply interested in Celtic heritage, covering the historical gamut: from the valleys of Bronze Age Urnfielders to the works of 20th century Irish-American literary greats Mary Higgins Clark and Seamus Heaney.

185 pages • 50 illustrations • 5 x 7 • 0-7818-0731-X • $14.95hc • (582

OTHER CELTIC INTEREST TITLES...

Scots-English/English-Scots Practical Dictionary

This dictionary is a fascinating and up-to-date guide to the language that developed alongside English in the northern parts of the British Isles. As well as introducing such well-known words as *dreich*, *sassenach*, *kirk* and *kittle*, it contains thousands of the other words that have enriched Scotland's culture over the centuries. A delight for everyone interested in Scottish heritage!

256 pages • 20,000 entries • 4 x 6 • 0-7818-0779-4 • $12.95pb • (402)

Gaelic-English/English-Gaelic Practical Dictionary

Formerly the predominant language of the area, the Celtic language of the Western Highlands and Islands of Scotland is again becoming an important part of Scotland's culture.

252 pages • 15,000 entries • 4 x 6½ • 0-7818-0789-1 • $12.95pb • (245)

Beginner's Gaelic

Gaelic is spoken in both Ireland and Scotland, in two distinct varieties. The 54 chapters and exercises in this introduction to the Gaelic language are presented in a step-by-step format, from basics to more complex grammar lessons, making this book a valuable guide for classroom use and for individuals learning on their own. With its simple, helpful explanations and illustrations, this book is designed for everyone interested in learning this ancient and venerable language.

224 pages • 5½ x 8½ • 0-7818-0726-3 • $14.95pb • (255)

Hippocrene Children's Illustrated Scottish Gaelic Dictionary
English-Scottish Gaelic/Scottish Gaelic-English

Hippocrene adds this volume to its best-selling Scottish Gaelic library. The dictionary provides parents with a tool to teach children, ages 5 – 10, the language of their forefathers, thus keeping both language and tradition alive in new generations. Each entry features the word in both languages, accompanied by a large illustration and commonsense pronunciation.

94 pages • 500 entries • $8^{1}/_{2}$ x $11^{1}/_{2}$ • 0-7818-0721-2 • $14.95hc • (224)

Scottish [Doric]-English/English-Scottish [Doric]
Concise Dictionary

This dictionary is a guide to the Scots language as spoken in parts of the northeastern corner of the country and northern England. Along with a brief introduction to spelling, pronunciation and grammar, it presents a two-way lexicon of North-east Scots with 12,000 significant entries.

186 pages • 12,000 entries • $5^{1}/_{2}$ x $8^{1}/_{2}$ • 0-7818-0655-0 • $12.95pb • (705)

Scottish Gaelic-English/English-Scottish Gaelic Dictionary

This dictionary provides the learner or traveler with a basic, modern vocabulary and the means to communicate in a quick fashion. Included are 8,500 entries, a list of abbreviations, an appendix of irregular verbs, and a grammar guide.

162 pages • $5^{1}/_{2}$ x $8^{1}/_{2}$ • 0-7818-0316-0 • $8.95pb • (285)

Etymological Dictionary of Scottish-Gaelic
412 pages • 6,900 entries • $4^{1}/_{4}$ x 7 • 0-7818-0632-1 • $14.95pb • (710)

Dictionary of Scots Words and Phrases in Current Use
256 pages • $5^{1}/_{2}$ x $8^{1}/_{2}$ • 0-7818-0664-X • $11.95pb • (758)

Scottish Proverbs
130 pages • 6 x 9 • 25 illustrations • 0-7818-0648-8 • $14.95hc • (719)

Twenty Scottish Tales and Legends
Ages 9 and up • 215 pages • $5^{1}/_{2}$ x $8^{1}/_{2}$ • 0-7818-0701-8 • $14.95hc • (789)

Scottish Tartan Weddings: A Practical Guidebook
180 pages • illustrations • $5^{1}/_{2}$ x $8^{1}/_{2}$ • 0-7818-0754-9 • $22.50hc • (353)

Scottish Love Poems: A Personal Anthology
Lady Antonia Fraser
253 pages • 5¹/₂ x 8¹/₄ • 0-7818-0406-X • $14.95pb • (482)

Beginner's Welsh

The Welsh language with its rich culture and heritage is spoken by more than half a million people throughout Wales, while thousands in England, the United States and elsewhere have continued to keep the language alive. *Beginner's Welsh* is an easy to follow guide to grammar, pronunciation and rules of the language. A concise introduction to Welsh politics, the economy, literature, and geography preface the language guide.
171 pages • 5¹/₂ x 8¹/₂ • 0-7818-0589-9 • $9.95pb • (712)

COOKBOOKS

The Scottish-Irish Pub and Hearth Cookbook
272 pages • 5¹/₂ x 8¹/₂ • 0-7818-0741-7 • $24.95hc • (164)

Traditional Food from Scotland: The Edinburgh Book of Plain Cookery Recipes
334 pages • 5¹/₄ x 7¹/₂ • 0-7818-0514-7 • $11.95pb • (620)

The Art of Irish Cooking
166 pages • 5¹/₂ x 8¹/₂ • 0-7818-0454-X • $12.95pb • (335)

Feasting Galore Irish-Style:
Recipes and Food Lore from the Emerald Isle
144 pages • 5¹/₂ x 8¹/₂ • line drawings • 0-7818-0869-9 • $14.95pb • (94)

All prices subject to change without prior notice. To purchase **Hippocrene Books** contact your local bookstore, call (718) 454-2366, visit www.hippocrenebooks.com, or write to: Hippocrene Books, 171 Madison Avenue, New York, NY 10016. Please enclose check or money order, adding $5.00 shipping (UPS) for the first book and $.50 for each additional book.